도시문화와 도시문화산업전략

－경주·춘천·전주의 사례를 중심으로－

도시문화와 도시문화산업전략

-경주·춘천·전주의 사례를 중심으로-

원 도 연 著

한국학술정보㈜

〔저자 서문〕

도시는 스스로 말을 한다
- 한국도시들의 말걸기 전략에 대한 연구

도시는 스스로 말을 한다. 도시의 딱딱한 아스팔트와 빛바랜 기와지붕과 거리에 즐비하게 서있는 상점과 심지어 전봇대조차도 말을 한다. 낯선 이방인들에게 그렇게 말을 거는데 성공한 도시들은 일단 문화도시의 가능성을 갖는다. 요컨대 도시의 말걸기 전략은 2000년대 한국도시들의 문화도시만들기 전략의 요체인 것이다.

1990년대 중반 이래로 한국은 문화의 열풍이다. 문화는 이 시대의 모든 트렌드를 좌우하고 있다. 시공을 넘나드는 최첨단의 하이테크 문화로부터 평범한 소시민의 일상을 지배하는 안방의 TV에 이르기까지 문화는 우리 삶의 핵심적 요소로 등장하고 있다. 문화와 함께 '지방' 역시 20세기말 한국사회를 이해하는 키워드의 하나였다.

이때부터 한국의 도시들은 도시문화에 대해 새롭게 지각하기 시작했다. 문화가 21세기의 새로운 경쟁력으로 떠오르고, 지방자치제가 정착하면서 나타난 현상이었다. 각 도시가 갖는 고유한 문화가 상품이 될 수 있다는 경제의 논리와 각 도시의 정체성을 정치적 의미로 바꾸고자 하는 정치적 욕망이 접합되었다.

사실 오랜 중앙집권의 정치구조에서도 한국의 도시들은 각기 나름대로의 특성을 갖고 발전해왔다. 적어도 근대화가 급진전되기 전까지 한국의 도시들은 고유하고 전통적인 문화를 갖고 있었다. 중앙집권이 가져다준 보편의 문화와 각 도시가 생존과 번영을 위해 스스로 발전시킨 특수의 문화가 공존하고 있었다.

1960년대 이후의 근대화와 빠른 성장은 우리사회의 전통적 문화와 가치를 표준화시키는 결과로 이어졌다. 마을의 전통적 놀이와 문화가 빠르게 사라져갔다. 아이러니컬하게도 근대화의 끝자락이었던 1990년 중반의 세계화 열풍은 우리 스스로의 정체성에 대한 강력한 물음과 회귀를 불러왔다. 각 도시들은 일제히 이제 잃었던 도시문화를 되찾기 위해 예산과 열정을 쏟았고, 문화도시만들기 프로젝트는 거의 일상화되었다.

처음에는 문화와 정치가 만났고 다음으로 문화와 산업이 만났다. 이 모든 연관의 핵심고리에 문화산업이 존재했다. 신흥공업도시건 전통문화도시건 문화도시의 꿈은 같았다. 수많은 성공사례가 탐색되었고 문화도시를 만들기 위한 전략과 전문가들의 토론이 그야말로 백화만방이었다.

그런 와중에 한국의 문화도시만들기 사업은 몇 가지 경향성을 갖고 진행되었다. 끝내 도시는 자신을 통째로 상품으로 내놓는 도시마케팅으로까지 이어졌다. 그러나 모든 도시가 자신이 원하는 대로 그렇게 이루어지지는 않았다. 한국의 어떤 도시들은 성공했고 어떤 도시들은 실패했으며 또 어떤 도시들은 꾸준히 진화하고 있다.

이 책은 그런 의미에서 한국의 도시문화가 어떻게 문화도시만들기 전략으로 전환하고 어떤 과정을 거치며, 어떤 요소들이 성공적으로 문화도시만들기로 발전하는가를 살펴보자는 의도로 씌여졌다.

이 책에서 집중하고 있는 한국의 도시는 춘천과 경주와 전주다. 전주는 필자가 살고 있는 곳이고 경주는 한국의 영원한 역사도시이며 춘천은 뭔가 가슴 설레게 하는 낯설음이 있는 도시다. 이 세 도시는 각기 한국의 문화도시를 대표한다. 경주는 고분과 역사로 전주는 전통과 문화로 춘천은 역동과 현대적인 문화로 한국의 문화를 대표한다. 이 세 도시는 끊임없이 낯선 이방인들에게 말을 걸고, 이방인들은 이 도시들을 통해 한국을 이해하게 된다.

도시의 말걸기 전략에서 첫 번째는 느낌이다. 누구나 그 도시를 다 알고 찾지는 않는다. 처음 그 도시에 들어섰을 때 그 도시가 어떻게 말을 거는가가 중요하다. 그것이 도시의 아우라이며 느낌이며 감각이다. 그러나 그 아우라는 결코 쉽게 만들어지지 않는다. 그 도시가 가진 상징과 역사와 장소와 사람들을 통해서 드러난다. 적어도, 한 도시가 누군가에게 말을 걸고자 한다면 그 도시는 이런 모든 요소들을 적절하게 제어하고 종합하고 체계화시켜야 한다. 이 책에서 다루는 세 도시는 자의든 타의든 각기 이런 노력들을 경주해왔다.

한편 도시들은 늘 투쟁한다. 말걸기 전략이 모든 사람들에게 성원을 받는 것은 아니다. 그것으로 인해 뜻밖의 피해를 입는 사람도 있으며, 자칫 문화도시만들기가 실패했을 경우 다른 가능성을 잃을 수도 있다. 무엇보다 중요한 것은 그 속에 정치와 권력이 있다는 것이다. 한국의 문화도시만들기 전략에서 핵심은 언제나 시민적 합의다. 그것을 통해서 누구나 이익을 얻을 수 있고 혜택을 공유할 수 있다는 흔쾌한 동의가 있을 때 도시는 진정 문화적으로 진보한다.

한국의 도시들은 지금 기로에 서있다. 일견 불같이 일어났던 문화도시만들기의 열정은 이제 산업화의 단계로 넘어가고 있다. 이 책은 그런 의미에서 도시문화에 대한 기본적인 이해와 문화도시만들기의 전략을 유형적으로 설명해주는 역할을 할 수 있을 것이다. 한국의 도시들은 여전히 낯선 이들에게 말을 거는데 서투르다. 도시문화를 구성하는 요소들에 대해 한번씩 더 생각해 볼 수 있다면 이 연구는 그 소기의 의무를 다한 것이다.

마지막으로 도서관에서 묵혀있던 논문 한편을 발굴하여 햇빛을 보게 한 한국학술정보에 감사드린다. 또 이 연구를 진행하던 시절, 온갖 짜증과 초조함을 다 너그럽게 받아주며 꿋꿋이 버텨준 사랑하는 아내와 든든한 두 아들 세현이와 석현이 그리고 한없이 너그러우셨던 부모님께 감사드린다. 지금은 은퇴하셨지만 지도교수로서 사실상 논문을 완성시켜주신 고려대의 임회섭 교수님의 은혜는 평생 잊지 않을 것이다. 낯설고 외롭던 박사과정 시절 늘 따뜻하게 대해주셨던 고려대 사회학과의 선생님들과 사회학이 무엇인가를 가르쳐주신 서울대 정근식, 박명규 교수님 그리고 이 연구의 시작과 끝을 이끌어 주신 전북대 사회학과 김영정 교수님과 사회학과 교수님들께도 깊이 감사드린다.

2006. 2

목 차

표 목 차

그림목차

제1장 서론: 도시발전의 새로운 패러다임과 문화산업

1. 문제의 설정: 도시에 대한 문화적 접근의 필요성과 문화산업

'근대'라는 문명사의 전환 속에서 성장하고 발전해온 도시는 오늘날 새롭게 도전받고 있다. 근대성을 가장 극적으로 구현한 공간으로서 도시는 산업자본주의의 발달과 궤를 같이해 왔으나, 21세기의 도시는 새로운 형식과 내용을 요구하고 있다. 이미 오래 전부터 공간에 대한 관심은 인문학과 사회과학의 영역으로까지 확장되었고 도시는 바로 그 공간연구의 핵심적인 영역이라고 할 수 있다. 현재의 도시연구는 물리적인 건조 환경으로부터 시작되어 지금에 와서는 그 속에 살고 있는 사람들의 삶과 일상이라는 공간의 사회적 성격으로까지 확대되고 있다. 예컨대 환경, 범죄 등 20세기 후반의 주요한 도시문제들을 '근대성의 경험'이라는 차원에서 바라보는 식의 분석들은(M. Savage & A. Warde. 1993) 도시사회학의 범위가 좀 더 확장되고 있음을 시사해준다.

이제 지역발전은 소득 및 고용증가로 대표되는 경제적 번영과 지역민들이 향유하는 문화의 수준향상을 포함하는 보다 폭넓은 개념으로 변화하고 있다. 또한 공업화를 통한 성장전략의 한계에 부딪친 한국의 도시들이 새로운 발전전략으로 모색하고 있는 지역특성화전략 속에서 문화산업(Art-polis 전략)은 정보산업과 함께 가장 성장가능성이 높고 파급력이 큰 정책으로 평가받고 있다.(김영정, 2000) 이 같은 배경에서 도시가 갖는 다양한 사회적 성격 가

18

운데 이 연구가 주목하고 있는 지점은 도시의 재구성전략(reforming strategy) 속에서 '문화'가 차지하는 사회적 위치와 의미에 관한 것이다. 좀 더 구체적으로는 1990년대 이후 두드러지게 나타나고 있는 한국 도시발전전략의 전환과 그 과정에서 등장한 도시문화산업을 문화적 자원과 내적 동학이라는 관점에서 분석하고자 하는 것이다.

무릇 현대의 도시는 하나의 '이미지'[1]로 받아들여지고 있으며, 그것은 곧 한 도시의 정서적 측면만이 아니라 구조적인 변화까지를 포괄하는 실천적인 내용과 의미가 담겨져 있다.

전통적인 의미에서 도시의 상징은 그 도시가 겪어온 전통과 역사 속에서 형성되었으나 보다 현대적인 의미에서 도시는 상징과 이미지에 의해서 새롭게 창조되고 있다. 도시의 상징은 때때로 전통 또는 공동체, 집합의식 등과 같은 맥락에서 사용되며 그것은 연속성(continuity)을 본래적인 속성으로 한다. 그것은 전통이 역사를 통해 형성된 집합의식(collective consciousness), 즉 문화의 정체성을 내포하고 있기 때문이다.(Durkheim, 1982) 그러나 사회가 비교적 빠른 속도로 변화하는 환경에서는 흔히 전통적 유형이 새로운 환경에서 그 적합성을 상실하거나 약화된다.(임희섭, 1987: 17) 같은 맥락에서 도시의 문화적 상징과 이미지 역시 끊임없이 변동하고 재창조된다.

그런 의미에서 오늘날의 도시를 하나의 '이미지'로 바라보자는 것은 이제 일종의 슬로건이 되었다. 도시를 새롭게 바라보자는 운동은 한 도시를 있는 그대로 인식하는 단계를 넘어서서 '보이지 않는 어떤 것'들에 대한 강렬한 추구로 이어지고 있다. 문화가 '산업'으로 각광받기 시작하면서 나타난

1) 이미지는 상징이라는 거울을 통해서 해석된다. 이미지는 어떤 사물에 대한 의미작용의 집합이다. 상징은 기본적으로 해석의 영역이며 이미지는 그 배후에 존재하는 의미작용의 집합을 의미한다. 이 연구에서 상징은 이미지의 사회적 또는 집합적 해석이라는 의미로 사용하며, 그것은 과정적 개념이 될 것이다. 사실상 이미지는 이미 현실세계의 가장 강력한 구성요소로 존재하고 있다. 미디어의 발달과 함께 이미지는 그 자체로 하나의 상품으로 존재한다. 이미지는 상품의 영역에서 뿐만 아니라 권력과 정치의 영역까지도 지배한다. 같은 맥락에서 탈산업화된 현대사회에서 도시의 현실적인 힘은 그 이미지에 의해서 주도된다.

이런 변화들은 이제 거의 모든 도시들의 가장 긴요한 정책목표가 되고 있다. 탈산업화와 세계화의 진전이 가져다준 결과로서 도시는 기존의 전통적 경계를 넘어 서로 다른 국민성과 문화가 유입되면서 문화적 의미들이 서로 겨루고 넘나드는 격투장이 되었다.(Ewen, 1996: 98)

'굴뚝 없는 산업'으로서 문화산업은 이제 개인과 기업을 넘어 국가와 도시를 그 대상으로 발전하기 시작했다. 프랑스의 마르크스주의자인 르페브르는 도시의 사회적 의미를 공간의 사회적 생산이라는 관점에서 주목하고 있다. 그는 자본주의 사회에서 공간은 더 이상 지리적이고 물리적인 속성으로 규정되는 것이 아니라 자본주의적 힘의 생산물 즉 하나의 상품이라고 주장한다. 산업자본주의는 '도시혁명(urban revolution)'으로 넘어가고 있으며, 세계가 점차 자본주의적 세계시장에 종속되면서 공간을 상징적으로 차별화시키는 대항운동이 나타난다는 것이다. 레저산업이 번창하고 자본이동이 원활해지면서 다른 장소에 비해 더 매력적으로 보이고자 하는 장소의 이미지를 둘러싼 투쟁이 발생한다는 것이다.(Lefevre, 1991)

그렇다면 도시의 이미지는 무엇으로부터 파생되는 것일까. 이미지는 상상력과 가능성의 영역이다. 상상력을 갖는다는 것은 세계를 보다 폭넓게 그리고 깊이 있게 바라본다는 뜻이다. 그래서 이미지는 현실세계로부터 출발하지만 개념에 저항하는 힘을 의미하기도 한다.[2] 로맨틱한 도시라든가 꿈의 도시라든가 하는 이미지와 관련된 목표들은 도시가 지닌 기존의 규범 즉 개념에 대한 저항인 것이다. 도시의 이미지는 그 도시가 가진 전통과 역사에 기반하면서도, 그 모든 것들을 의심하고 검증하고 동의하는 다양한 과정을 거쳐 상징화된다.

그런 의미에서 도시문화를 둘러싼 이러한 기획은 한 도시가 갖는 기존의

---

2) 상상력은 규범적 모델을 모방하고 재생시키고 재현 실화시키고 무한히 반복한다. 상상력을 가진다는 것은 세계를 그 전체성 속에서 바라본다는 뜻이다. 개념에 저항하는 모든 것을 지시해주는 것이 이미지의 힘이자 사명이다. (Mircea Eliade,(이재실 역) 1952: 24) '개념에 저항한다'는 의미는 우리가 가진 도시에 대한 기존의 관점에 대한 도전과 그를 통한 새로운 이미지의 창조를 의미한다.

개념에 대한 저항이다. 60년대 이후 한국에서의 도시화는 곧 공업화를 의미했고 그것은 도시의 풍요로움과 선진을 의미했다. 60-70년대 산업화의 과정을 거치면서 한국의 도시는 규격화되고 획일화되었으며, 사실상 자체적인 도시발전전략은 있을 수 없었다. 공장의 굴뚝에서 뿜어져 나오는 새카만 매연은 발전의 상징이었고[3], 그것은 모든 도시들의 꿈이자 목표였다. 그러나 1980년대 중반을 기점으로 그간의 성장전략에 대한 회의와 함께 탈중심적이고 다원화된 가치관이 부각되면서 도시전략은 이른바 공해 없는 첨단산업화전략으로 이동했다. 이러한 첨단산업화전략은 근본적으로 성장정책의 틀을 벗어나지 않는 발전패러다임의 연속선상에 있으면서도 한편으로는 새로운 시대적 가치에 부합하는 것이었다. 그러나 이 같은 첨단산업화전략은 단기적인 성과를 거둘 수 없었고, 1996년 민선지방정부의 출범은 또 다른 변화를 가져오는 기점이 되었다.(정근식, 2000)

오랜 역사적 공백 끝에 등장한 이른바 '지방화 시대'는 한국의 거의 모든 도시들에게 도시의 정체성에 대한 근본적인 물음을 가져왔고, 이에 기반하여 자체적인 도시발전전략을 수립해야 한다는 과제로 이어졌다. 민선지방정부에게 주어진 이 두 가지 과제를 연결하는 고리는 바로 문화산업으로부터 찾아졌다. 한국의 거의 모든 도시들이 스스로의 도시적 정체성을 지역문화로부터 찾았고, 그렇게 확인되거나 발굴된 문화적 자원들을 문화산업화 하는 도시전략을 세워나갔다.

---

3) 지난 62년 2월 당시 박정희 국가재건최고회의의장은 울산공단 기공식에 참석, 치사를 통해 "공업생산의 검은 연기가 대기 속에 뻗어나가는 그날엔 국가민족의 희망과 발전이 눈앞에 도래하였음을 알 수 있을 것"이라고 강조했다. (동아일보, 1994. 8. 15 '공단 30년 공해 30년' 기획기사) 이 발언은 60-70년대 한국 도시의 규범이자 발전모델이 되었다. 그러나 이러한 공업화의 도시전략은 90년대 들어 뼈아픈 사회적 대가를 치러야 했다. 같은 기사에서 울산의 현실에 대한 다음의 리포트는 한국도시의 성장모델이 가져다준 결과를 잘 보여준다. "공해의 상징인 검은 연기가 무지갯빛 미래를 나타내고 있지만 울산의 현실이 밝은 것만은 아니다. 굴뚝에서 내뿜는 연기가 사람과 농작물의 숨통을 죄고 폐수가 흘러든 바다에는 어패류가 자취를 감추고 죽음의 그림자가 어른거린다." 공업화에 따른 환경오염의 표본지역으로 손꼽히는 울산공단은 우리경제성장의 명암을 극명하게 나타내주고 있는 것이다.

물론 도시의 문화산업을 둘러싼 이러한 운동은 당연히 정치적이며 경제적인 의미를 내포한다. 도시 속에 숨겨져 있는 이미지를 새롭게 조직하고 그것을 판매하겠다는 장소판매(selling place)의 전략이나 이른바 CI(city identity)에 대한 관심은 이런 현상을 잘 보여주는 것이다. 한국사회의 거의 모든 도시들에서 일종의 붐처럼 일고 있는 이러한 운동은 과거 몇 십 년 동안 한국사회가 걸어왔던 '건설의 시대'와 견주어 본다면 놀랄만한 변화가 아닐 수 없다.

도시의 문화적 상징 및 문화산업에 대한 연구와 그것을 현실화시켜 관광산업화 하려는 도시들의 노력과 투자는 다양하게 이루어지고 있다. 도시의 문화사적 의미를 부각시키고 그를 통해 집단적 정체성을 확보하며 그것을 문화산업으로 연결시키겠다고 하는 도시발전의 구도는 충분한 설득력을 갖고 있다. 그러나 한국의 도시들이 세우고 있는 이러한 발전전략은 그 진취성에도 불구하고 여전히 기존의 발전전략 속에 흡수되거나 또는 갈등하고 있다. 예컨대 문화산업이 '문화의 고유한 특성'을 무시한 채 또 다른 의미에서 성장전략의 논리로 설정되거나, 또는 문화산업의 전략과 기존의 도시발전전략이 충돌하는 양상으로 발전하는 등의 상황도 나타나고 있다.4) 또한 도시의 이미지가 형성되는 과정 역시 지역정체성을 둘러싼 상징투쟁의 과정을 포괄하고 있다. 여기에 르페브르가 지적한 바와 같이 도시들 간의 보이지 않는 경쟁과 갈등 역시 치열하게 전개되고 있다.

도시발전전략의 전환이라는 조건 속에서 이 연구가 주목하고 있는 것은 도시문화산업이다. 문화산업이라는 용어는 지난 90년대 중반 이후부터 가장 빈번하게 사용되어왔으며 일종의 정치사회적 담론으로 발전하고 있는 개념이다. 물론 문화산업은 그 범위가 대단히 넓고 지속적으로 확장되고 있는 발전적인 개념이다. 그리고 최근 몇 년간의 문화산업 혹은 관광산업을

---

4) 지역이미지나 상징이 형성되는 과정 즉 지역정체성을 형성하는 과정은 필연적으로 가치의 충돌을 가져온다. 이를 정근식은 '상징투쟁'이라는 개념으로 표현했다.(정근식, 1996)

둘러싼 도시들 간의 실천적인 노력은 미래의 한국사회에 커다란 영향을 미칠 것이다. 탈중심적이고 다원화된 가치의 보편화와 정치적 민주화, 그리고 상대적으로 독자적인 발전전략에 힘입은 도시의 변화는 개성적인 도시발달과 정치적 지역주의의 해소를 가져오는 긍정적인 변화를 가져올 수 있는 구체적인 실천과 절차로서의(김문조, 1993) 의미도 주어질 수 있다.5)

이러한 변화는 지방 도시들뿐만 아니라 현재 한국사회의 전반의 문화적 지형에도 상당한 영향을 미치고 있다. 장기적으로 도시전략의 전환은 정치적 분권화와 함께 문화의 지방화와 특성화를 가져오게 될 것이기 때문이다. 그런 의미에서 현재까지 이루어진 도시의 문화적 변화가 어떤 조건 속에서 어떤 방향성을 갖고 발전해갈 것인가를 규명하는 것은 도시사회학의 중요한 질문이 될 수 있다. 이러한 질문에 답하기 위해서는 도시문화가 의미하는 것이 무엇인가에 대한 이해를 바탕으로 도시문화산업의 유형과 발전방향을 분석적으로 살펴볼 필요가 있다.

도시문화산업이 성장전략에 대한 대안적 발전전략으로서 의미를 부여받게 되면서 새롭게 부각되는 것이 '문화도시'라는 개념이다. 문화산업의 경제적 가치에 대한 인식, 그리고 그 바탕이자 결과가 되는 문화도시에 대한 관심의 증대는 오늘날 한국의 도시들이 겪고 있는 사회변동의 단면을 보여준다. 따라서 이러한 도시적 변화를 이끄는 주체는 누구인가, 그렇다면 그러한 변화는 어떤 과정을 거치며 또 어떻게 전략화되는가 하는 등등의 문제들은 도시연구의 중요한 주제가 된다.

전통적으로 한국의 도시전략은 국가의 국토종합개발계획으로부터 시작되었고 지방정부는 그것을 추진하는 행정주체로서의 역할을 주로 담당해왔다. 그러나 현재의 변화된 지방정치의 구도 속에서 민선지방정부는 가장 중요

---

5) 한국의 지역주의는 과거로부터 내려오는 전통적 지역관이라든가 정책적 소외의 결과라는 식의 단선적인 설명만으로는 완전히 설명되지 않는다. 현재의 지역주의는 지역격차와 정치조작을 통해 끊임없이 순환되어 왔다. 지역주의의 근본적인 해결을 위해서는 우선 문제를 해결하기 위한 구체적인 실천의 절차나 방법이 중요하다.(김문조, 1993) 그런 의미에서 도시의 문화적 발전은 지역문제의 해결에 대단히 중요한 역할을 할 수 있다.

한 주체로 부상했다. 지방정부의 역할변화와 함께 전통적으로 도시의 산업
화전략 속에서 거의 영향력을 행사하지 못했던 시민 단체들과 문화단체의
역할도 신장되었다. 그러나 전통적으로 도시의 성장전략을 주도해왔던 이른
바 성장연합의 구성원들 역시 문화도시로의 전환에 어떤 형태로든 영향을
미치고 있다.

결국 한 도시가 도시의 문화를 형성하는 과정은 그 자체로 정치적 의미
를 반드시 전제하고 있고, 따라서 그 속에는 다양한 사회관계와 집단 간의
갈등 및 대립이 존재하기 마련이다. 도시의 새로운 발전전략으로 문화산업
과 시민의 '삶의 질'이라는 측면은 도시문화의 두 가지 중심축으로 긴밀하
게 상호 연관되어 있다. 궁극적으로 도시문화산업의 발전이 시민의 문화적
환경과 삶의 질의 향상으로 발전되지 못하는 경우 문화도시로 뿌리내리기
란 쉽지 않다. 따라서 현재 한국사회에서 이루어지고 있는 도시문화산업의
전환과정에서 그것을 주도하는 주체는 누구인가, 도시 내부의 각 행위주체
들이 어떤 방식으로 참여하고 있는가 하는 문제는 도시문화 분석에서 핵심
적인 과제가 된다.

문화도시를 지향한다고 해서 모든 도시들이 같은 전략과 같은 과정을 거
치지는 않는다. 문화란 본디 다양성을 특징으로 하고 있으며, 따라서 도시
문화산업과 문화도시는 그 도시가 가진 자원의 성격에 따라 그리고 그 도
시의 이미지와 그로부터 정책적으로 추구되는 특성화전략에 따라 전혀 다
르게 나타난다.

이 연구는 바로 이러한 문제의식으로부터 출발했다. 물론 이러한 관심과
연구는 이미 새로운 것이 아니다. 90년대 중반 이후 이러한 사회적 관심
을 반영하여 도시에 대한 연구는 학제 간의 경계를 뛰어넘어 대단히 다양
한 차원에서 접근되고 있다. 이 같은 변화는 사실상 도시연구에 있어서 패
러다임의 질적인 전환을 의미한다. 즉 그동안의 도시연구가 농촌공동체와
의 차별성에 주목하거나 또는 산업자본주의의 계급적 구현으로서 도시가
가진 공간적 구조를 분석해왔던데 반해서(조명래, 1992; 김영정, 2000)
현재 도시들이 겪고 있는 변화는 문화적 접근을 필요로 하고 있는 것이다.

이 같은 변화는 사회학의 영역에서는 도시사회학과 문화사회학 그리고 최근 부상하고 있는 문화연구 및 공간연구의 차원에서도 제기되고 있다.

2. 기존연구의 검토

사회학의 출발은 본질적으로 도시의 출현으로부터 시작되었다고 할 수 있고, 따라서 도시사회학은 가장 오랜 전통을 가진 연구 분야이다.6) 초기의 도시사회학은 산업화의 진전에 따라 새롭게 출현한 도시의 특성을 농촌 공동체와 비교하며 그 특성을 설명하는데 주력했었다. 이후 산업자본주의의 급속한 발전과 함께 등장한 정치경제학적 관점은 도시를 자본주의적 공간 전략이라는 차원에서 분석했다. 이러한 두 가지 연구경향의 사이에 인류학적인 방법론을 차용한 도시빈민연구가 자리 잡고 있었고, 최근에는 지역사회를 하나의 독립적인 단위로 놓고 도시를 구조적으로 분석하는 지역연구 또는 도시연구가 왕성하게 이루어졌다.

그러나 현재까지의 도시사회학적 연구들은 근본적으로 현대도시의 구조적 변동을 여전히 근대적인 발전전략 속에서 파악하거나, 지역이라는 정치사회적 범주로부터 벗어나지 못한 채 공간에 대한 문화사적 도시 분석에는 이르지 못한 것으로 보여진다. 또 한국사회의 경우 그간의 도시연구가 공간적이고 구조적인 분석에 집중함으로써 도시문화에 대한 연구는 상대적으로 풍부하지 못했다. 이와 함께 최근 몇 년 동안 도시연구의 성과들이 쏟아져 나오고 있지만 대체로 서울을 비롯한 수도권 중심지역에 한정되어 있

---

6) 산업혁명 이후 세계 각국은 도시를 중심으로 생산과 소비, 문화와 정치제도를 구축하기 시작했다. 영국의 산업혁명은 도시에서 출발했고, 근대 민주주의는 시민권이라는 새로운 신분의식으로부터 출발하였다. 한국의 경우에도 근대적 교육, 의학, 정치 등 여러 활동분야 역시 도시를 중심으로 발전되었다. 따라서 도시의 성장은 개인적 생활로부터 사회제도, 조직, 정치체제의 내용까지를 변화시키기 때문에 사회변동을 이해하는데 중요한 위치를 차지한다.(윤인진, 1999)

었다.7) 그동안 이루어진 한국의 도시연구를 간략하게 정리한다면 공동체 연구로부터 지역연구로 그리고 다시 도시연구로 연구대상 및 범위가 이동하는 경향을 보여주고 있다.

그런 의미에서 도시문화산업에 대한 본격적인 이론적 검토에 앞서 여기에서는 그동안의 전통적인 도시연구의 경향을 전통적 도시문화론과 정치경제학적 도시연구의 두 가지 방향에서 간략하게 점검하고자 한다.

1) 도시와 문화에 대한 전통적 접근

사회학은 도시화와 산업화에 따른 급격한 사회변동의 와중에서 그것을 해명하기 위해 출발했다. 도시에 대한 최초의 관심은 산업화와 도시화로 인해 기존의 사회구조가 변화하고 삶의 방식 역시 근본적으로 변화하면서 나타난 다양한 사회적 변화에 관한 것이었다. 이 시기의 도시연구는 크게 두 가지 방향으로 나타나고 있었다. 첫째는 인도주의적 관점에서 도시지역을 중심으로 일어나고 있는 변화를 정확하게 기술하고 정리하는 형태였고,

---

7) 1990년대 지역연구가 일종의 붐을 이루면서 한국의 도시에 대한 다양한 연구 성과들이 제출되었다. 이러한 연구 성과에 포함될 수 있는 저작들은 1991년과 1999년 한림대 사회조사연구소가 주관하여 조사와 분석이 이루어진 『춘천리포트』, 한국공간 환경연구회의 『서울연구』(1993), 문석남 외, 『지역사회와 사회의식―광주·진남 지역연구』(1994), 하종근 외, 『창원시 연구』(1995), 강명구 외, 『수원지역의 현황과 과제』(1996), 전남대사회과학연구소 편, 『지역사회 연구방법의 모색』(1996), 경남대학교경남지역문제연구원 편, 『마산 창원지역 연구』(1996), 김문조·윤인진, 『대전·충청권의 도시화와 도시발전』(1998), 김석준 외, 『부산지역 현실과 지역운동』(1999), 한상진, 『도시와 공동체』(1999) 등이다. 여기에 최근에는 인류학적 방법으로 도시를 연구하는 성과들도 나오고 있다. 진양교, 『청량리의 공간과 일상』(1998), 서울시립대부설 서울학연구소, 『주민생애사를 통해 본 20세기 서울 현대사』(2000) 등은 시민들의 개인사 또는 생활공간에 대한 인류학적인 보고서로 분류할 수 있다. 이러한 연구사 이전에 1980년대 중반에는 한국의 대표적인 공업도시를 노동운동 전략적 관점에서 분석한 연구 성과들도 있었다. 한국기독교사회문제연구원이 시리즈로 펴낸 『부산지역실태와 노동운동』(1986), 『성남지역실태와 노동운동』(1986), 『대구·울산 지역실태와 노동운동』(1988) 등이 그것이다.

둘째는 전통적인 공동체의 붕괴와 그로 인한 새로운 사회적 관계의 출현을 이론적으로 정리하는 것이었다. 전자의 경우 엥겔스의 『영국 노동자계급의 상태』나 토크빌의 『미국의 민주주의』 등이 그 범주에 들어가는 저작이라고 할 수 있다. 엥겔스의 저작은 산업화 과정에서 노동자들이 겪어야만 했던 참혹한 생활에 대한 탁월한 리포트였고, 토크빌은 미국의 민주주의를 그 나라 특유의 지방자치와 지역사회의 민주주의적 관행·인습·제도와 관련하여 해석함으로써 지역사회를 분석해냈다.8)

여기에 초기 사회학자들인 퇴니스, 뒤르케임 등의 연구 역시 도시화와 사회적 관계의 변화에 주목했다. 퇴니스의 공동사회(Gemeinschaft)와 이익사회(Gesellschaft) 혹은 뒤르케임의 유기적 연대와 기계적 연대 등은 산업화된 도시의 사회적 관계의 특성을 설명하는 중요한 개념이었다.(박준식, 1997: 70-74) 이러한 분류는 한편으로 농촌공동체와 도시적 생활양식의 분화과정을 통해서 나타난 개념들로 초기 사회학이 지니고 있었던 공동체에 대한 관심을 보여주는 것이기도 했다.

주지하다시피 본격적인 도시사회학의 첫 출발은 시카고학파의 도시생태학적 접근으로부터 시작되었다. 로버트 파크(R. Park), 버제스(E. Burgess) 등 초기 도시사회학자들은 기본적으로 도시의 성장과 발전을 일련의 생태학적 과정으로 파악하고 있었다. 그러나 적응과 안정성을 본래적인 속성으로 하는 도시생태학의 유기체적 패러다임은 바로 그 속성으로 인해 스스로 무너지고 말았다. 1960년대 고도의 집중성을 특징으로 한 거대도시(metropolis)들의 등장은 초기 근대도시들이 부딪쳐야 했던 도시문제와는 질적으로 다른 문제들을 가져왔다. 당연히 기존의 도시생태학은 그러한 문제들에 적절하게 대응할 수 없었고, 이른바 정치경제학적 관점에서 도시문제는 분석

---

8) 또 엥겔스의 『영국 노동자계급의 상태』와 함께 역사사회학 또는 인류학적 연구의 전통에 기반하고 있는 E. P. 톰슨의 『영국 노동계급의 형성』 역시 중요한 저술로 평가된다. 톰슨은 기본적으로 아래로부터의 역사 즉 민중의 능동성에 바탕한 역사해석을 보여주고 있다. 그는 18세기 후반부터 이중혁명의 시대에 이르기까지 사회구조와 도시의 변화를 노동자들의 경험이라는 관점에서 설명하여, 노동자계급에 대한 이해의 폭을 넓혀주고 있다.

되기 시작했다.

세비지와 와드는 도시문화에 대한 사회학적 연구의 연원으로서 두 편의 글을 꼽고 있다. 그들은 워스의 「생활양식으로서의 도시성」(1938)과 짐멜의 『돈의 철학(Philosophy of money)』을 새롭게 해석하면서 도시문화의 역사를 분석했다.[9] 먼저 워스(Wirth)는 도시문화가 크기, 밀도, 이질성이라는 세 가지 요소에 의해서 결정된다고 보았다. 그는 고립과 사회적 해체를 도시문화의 특징으로 보았는데 그것은 도시가 크고 조밀하고 이질적인 특성을 지니고 있기 때문에 나타난 결과라고 분석했다. 워스가 본 도시문화의 특성은 익명성, 외로움, 고립, 찰나적 관계의 경험 등이었다. 그러나 워스의 도시문화에 대한 사회심리적 분석을 비판적으로 이어받은 갠스(Herbert Gans), 디어와 월치(Dear & Wolch) 등은 도시적 고립은 도시 중심부에 살고 있는 사회집단의 형태, 그들을 그곳에 집중시키는 과정, 그들의 자원과 환경에 영향을 주는 도시정책의 형태들과 관련되어 있다고 주장했다. 그들은 도시문화가 고립적이고 해체적으로 나타나는 것은 워스의 주장처럼 도시가 크고 조밀하고 이질적이어서가 아니라, 도시 속에 살아가는 사람들과 정책과정 및 시설물의 형태가 서로 상호 연관되어 나타난 결과라고 보았다. 또한 워스가 규정한 도시적 고립에 대해서도 많은 비판이 이루어졌다. 그 비판의 요지는 도시지역 내에서도 강력한 공동체적 유대가 존재할 수 있다는 것이었고, 그것은 많은 학자들의 인류학적 연구에 의해서 뒷받침되었다.

다음으로 세비지와 와드는 짐멜(George Simmel)을 분석하면서 그가 특정한 문화적 특성을 도시 자체의 인과적 영향으로 보지 않았다는 점에 주목하였다. 짐멜이 주목한 것은 화폐경제의 중심지로서 도시의 역할이었고 프리스비(David Frisby)는 그것을 '근대성'이라고 표현했다. 즉 화폐

---

9) 워스와 짐멜의 도시문화에 대한 논의는 세비지와 와드의 글을 참조했다. Mike Savage and Alan Warde, 1993, *Urban Socialogy, Capitalism and Modernity*, 김왕배 · 박세훈 역(1996), 『자본주의 도시와 근대성』, 한울. pp.127-156.

경제에 기초한 근대사회는 전통적인 사회와는 아주 다른 문화적 속성을 갖는다고 보았던 것이다.[10] 이와 함께 손더스는 짐멜의 연구에서 수의 사회학적 중요성을 지적하고 있다. 즉 짐멜은 작은 집단이 큰 집단으로 진화하는 어떤 시점에서 또 다른 질적인 변화가 나타난다고 보았다는 것이다.[11]

짐멜과 워스는 서로 다른 방법론과 관점을 견지하고 있지만, 근본적으로 그들이 주목하고 있는 것은 '규모'의 문제였다. 워스가 도시문화의 분석에서 비교개념으로 주로 사용했던 '공동체'나 짐멜의 '화폐경제'(혹은 '근대성'이라고 평가되기도 하는)의 개념은 본질적으로는 규모의 문제로부터 출발하고 있었다. 도시문화에 대한 이들 초기 연구자들의 관심은 전통적인 공동체의 붕괴와 함께 등장하기 시작한 새로운 형식과 내용의 근대적인 공동체로서 도시를 분석하는데 있었다.

하지만 도시문화에 대한 연구는 아직까지는 이렇다할 이념형적인 분석틀을 갖추지는 못한 것으로 보여진다. 앞서 언급한 워스와 짐멜의 연구 이후 도시문화에 대한 연구는 주로 도시화의 정도를 측정하는 실증주의적 작업을 통해서 부분적으로 분석되거나, 어떤 특정한 공동체에 대한 민속지학적 (ethnology) 방법으로 연구되어왔다. 이 같은 민속지학적 방법론은 그 자체로 일상생활의 양식과 형태의 다양성을 일반화하기 어렵다는 본질적인 한계를 갖고 있었지만, 상이한 문화에 대해 이해의 폭을 넓히는데 커다란 장점을 갖는 것이었다. 예컨대 영과 윌모트(Young & Willmott, 1962)는 런던

---

10) 새비지와 와드에 앞서 워스와 짐멜에 주목한 사람은 손더스(Peter Saunders)였다. 그러나 손더스는 새비지와 와드가 도시 분석에서 화폐경제의 기능과 결과에 주목한 것과 달리 '규모'의 문제를 집중적으로 평가했다. 손더스의 논의에 대해서는 다음을 참조. Peter Saunders. 1984, Social theory and the Urban Question, 김찬호·이경춘·이소영 역 (1998), 『도시와 사회이론』, 한울아카데미. pp.88-119.

11) '관습'과 '법', '개별성'과 '공식성' 등은 소집단과 대규모 집단이라는 규모의 차이가 가져다주는 사회적 결과를 잘 말해준다. 즉 공동체적인 소집단의 관습은 대집단(현대도시와 같은)에서 공식적인 사회적 통제기구로 대치되고 개인의 영향력은 많은 사회적 단체로 확장되며, 개인적 자유의 범위는 넓어진다.(P. Saunders의 앞의 책 94-95쪽 참조)

의 베드날그린 지역과 그린라히 지역을 비교하면서 도시 내부의 동료애 또는 공동체적 정서와 유대감이 강한 베드날그린이 주택구조가 편리하고 선진적인 그린라히보다 오히려 선호되고 있다는 점을 밝혀냈다.

갠스 역시 보스톤의 웨스트엔드를 분석하면서 이곳이 다양한 국적의 혼합지역이며 지저분하고, 시끄럽고, 공공시설이 열악하며 주거시설이 나쁜 슬럼지역으로 보이지만, 그럼에도 불구하고 이곳은 활기차고 동년배집단이나 혈연을 통하여 사회적으로 매우 잘 조직되어 있다는 점을 지적했다. 갠스가 이곳의 도시문화 통해서 밝혀낸 것은 인종집단의 유사한 행위가 사실은 인종적 특수성 때문이 아니라 계급적 동질성 때문이라는 것이었다.12)

2) 정치경제학적 시각

초기 산업사회에서 도시의 형성과 성장 및 그 결과에 주목했던 생태학적 관심과 달리, 정치경제학적 관점은 도시를 갈등과 투쟁의 장으로 파악하면서 그 이면에 존재하는 구조적이고 역사적인 문제들의 분석을 시도했다. 예컨대 정치경제학적 관점의 선구자로 꼽히는 까스텔(Manuel Castells)은 도시의 구성과 변화가 자본에 의한 전략적 투자에 의해서 이루어지고 이를 가능케 하는 국가의 개입에 의해서 뒷받침되고 있다는 점에 주목하고 있었다. 하비(David Harvey) 역시 자본축적의 과정에서 나타나는 도시의 변화 특히 계급갈등의 문제와 그 과정에서 나타나는 국가의 역할을 집중적으로 분석했다.

요컨대 초기 산업사회의 도시들이 부딪쳤던 문제가 도시의 절대빈곤과 급격한 시스템의 변화, 그리고 그로 인해 야기되는 사회적 혼란과 공동체의 문제에 초점이 맞추어져 있었다면, 1960년대 이후 등장한 정치경제학적 접근은 도시 내의 계급갈등, 환경, 범죄, 주택 등 다양한 문제에 부딪치면서 자본의 축적과정이 도시를 어떻게 구조화하는가에 대한 응답인 셈이었다. 이 같은 정치경제학적 분석은 주로 미국의 대도시를 대상으로 도

---

12) 세비지와 와드의 앞의 책 pp.132-133에서 재인용.

시 공간 내의 계급갈등에 초점이 맞추어져 있었음에도 불구하고 제3세계의 도시 또는 지역문제 연구에 이르기까지 광범위하게 영향을 미쳤다. 이러한 정치경제학적 접근이 성립할 수 있었던 근거는 1930년대로부터 1970년대에 이르는 포드주의적 축적체제에 있었다. 그런 점에서 '포드주의는 단순한 대량생산체제가 아니라 전체적인 생활방식'(Harvey, 1989)이었다.

그러나 대략 1970년대를 경과하면서 포디즘이 현저하게 퇴조하고 그에 뒤이은 포스트포드주의의 출현은 당연히 도시문제의 양상을 뒤바꿔놓았다. 생산단위의 규모축소, 다품종 소량생산, 주문형 생산, 유연적인 작업관행, 노동력의 차별화, 보다 높은 책임과 자율성 등을 주된 특징으로 한 포스트포드주의는 결국 포드주의가 기반했던 규모의 경제로부터의 일탈을 가져왔다. 그리고 그 과정을 통해서 생산된 새로운 상품들은 자본의 부단한 혁신을 요구하였으며 이는 독특한 문화적 결과를 낳았다.(Savage & Warde, 1993: 79) 그러나 본질적으로 불균등발전론이라고 이름 붙여진 도시연구들은 도시 내부의 내적 변화와 문화적 변동을 설명하는 데는 그다지 성공적이지 못했다는 평가를 받아야했다.

결국 1970년대를 기점으로 도시는 이전과는 다른 새로운 문제들에 도전받고 있었다. 포스트포디즘에 기반한 자본의 새로운 공간지배전략에 대한 분석과 함께 이전과는 좀 더 다른 문제들, 즉 도시에서의 삶의 질과 사회적 관계에 대한 문화적 접근의 필요성이 제기되었던 것이다. 물론 도시문화에 대한 분석이 전혀 새로운 것은 아니었지만, 무엇보다도 중요한 것은 도시를 그 자체로 하나의 텍스트로 놓고 그 의미를 다양하게 독해하기 시작했다는 것이었다.

한국의 도시사회학 역시 물리적으로 확정된 공간으로서의 도시보다는 공동체(community)의 분석에서 출발했다. 이렇게 공동체연구로 시작된 한국의 도시사회학은 80년대 지역연구(region study)를 거쳐, 90년대 도시연구(urban study)로 발전해왔다고 할 수 있다.13) 먼저 공동체에 대한 최초의 관심은 역시 농촌사회학에서 두드러졌고, 그러한 경향은 1970년대까지 공동체연구의 주류를 형성했다. 1960년대 초반에 이르기까지 한국사회는 기본적으로 농촌·농업의 사회였으므로 이러한 현상은 당연한 귀결이었다.(홍동식, 1988: 44)

우리사회에서 도시연구가 본격적으로 시작된 것은 80년대 이후였다.14) 1970년대 이후 도시빈민의 삶이 사회문제로 떠오르면서 80년대에 이르러 그에 대한 학문적 또는 실천적 관심 속에서 도시비공식부문에 대한 연구가 시작되었고, 지역사회를 하나의 정치적 단위로 바라보기 시작한 지역운동론 역시 이 시기에 출발하고 있었다. 특히 지역운동론은 80년대 이후 극심하게 나타나기 시작한 정치적 지역주의의 폐해에 주목하면서 다양한 차원에서 지역문제를 규명하는 연구로 진전되었다. 특히 이 연구는 영호남이라는 지역블럭을 중심으로 한국사회의 지역문제를 정치사회적 맥락에서 분석함으로써 지역연구의 중요한 진전을 가져왔다. 이러한 지역연구의 흐름은 구체적으로 자본의 공간적 분화 그리고 국가의 정책적 개입에 대한 분석으로까지 이어짐으로써 국가와 자본의 공간적 지배전략을 규명해내는 성과를 거두었다.

무엇보다도 1980년 광주항쟁의 경험은 운동사적 관점에서 지역문제에 대한 새로운 인식을 가져다준 계기가 되었다. 지역운동이란 '전체운동의 변혁적 과제해결을 일정지역에서 해당지역 대중의 이해와 요구를 바탕으로 도

---

13) 도시와 지역은 거의 비슷한 맥락에서 빈번하게 사용되지만, 실질적으로는 개념상의 차이가 분명히 있다. 도시는 보다 분명한 행정적 경계를 지니고 있고 지역의 경계는 가변적이며, 도시는 생활의 영역을 공유하고 있으나 지역은 역사적이고 문화적인 경험을 공유하고 있다는 점에서 좀 더 광역화한 개념이다. 또 도시는 가장 기초적인 행정단위로서의 의미를 갖지만 지역은 정치적 의미가 우선된다는 것도 특징이다. 예컨대 우리는 지역문제를 말할 때 지역감정이라는 표현을 사용하지만 도시감정이라는 표현을 사용하지는 않는다.
14) 한국에서의 도시연구는 사실상 학문적 영역에서보다는 실천적 영역에서 먼저 출발하고 있었다. 예컨대 실천운동의 영역 속에서 도시빈민운동이 부문운동으로 자리 잡히고 도시비공식부문에 대한 사회학적 또는 인류학적 연구가 뒤를 이었으며, 70년대 도시산업선교와 노동야학의 성장은 노동문제에 대한 사회학적 연구의 의무감으로 작동했다.

모해가는 변혁적 행위'였고, 그것은 전체운동의 보편적 과제와 지역적 특수성의 결합을 의미했다.(이우재, 1990) 정치사적 의미에서는 80년대 중반 이후 한국사회의 가장 심각한 정치적 문제로 떠오른 지역문제 그리고 그 사회심리적 표현인 지역감정의 문제가 지역연구를 촉발시켰다.15)

또한 여기에 1970년대부터 일부에서 논의되기 시작된 도시비공식부문에 대한 연구도 계속되고 있었다. 도시비공식부문론은 도시빈민의 문제를 중점적으로 다루면서 근대경제학의 부문론적 접근에 기초하여 도시경제를 자본주의에 편입된 공식부문(근대적 부문)과 이에 편입되지 못한 비공식부문(전근대적 부문)으로 구분하고 비공식부문이 공식부문에 대하여 무기능적 내지 역기능적이라고 파악하는 한편 도시빈민문제를 이러한 도시 내 노동시장의 이중구조로 인식하였다. 그러나 도시빈민론은 도시문제의 영역에서 도시빈민의 문제를 보고 있었으나 도시의 공간적 속성은 무시되었으며, 도시빈민을 생산-교환-분배-소비의 총체적 관련성 속에서 올바르게 인식하지 못했다는 점에서보다 공간적인 접근을 요구받고 있었다.(임석회, 1990)

지역연구에 대한 초기의 이러한 자유주의적 시각16)은 80년대 말 이후 중요한 질적 변화를 겪으면서 한 단계 상승되었다. 80년대 말 이후 지역연구는 크게 두 가지 방향으로 발전되었는데 첫 번째는 지역불균등발전론의 제기였으며 두 번째로는 지역주민운동에 대한 이론적 토대를 강화시키는 방향이었다. 먼저 불균등발전론은 앞서 경제적·정치적인 차원에서 지역적 격차를 인정하고 그 정책적 보완을 요구하는 접근방법을 비판하면서 보다 민중적 전망위에서 접근할 것을 주장했다. 허석렬(1990)은 지역불균

---

15) 특히 1987년과 1988년의 양대 선거는 지역연구에 대단히 중요한 영향을 미쳤다. 이 선거 이후 지역문제는 각자가 어떤 정치적 입장에 있든지 표면적으로는 모든 사람들이 그것을 부정적인 것으로 표현하고 그 해소방안에 대하여 관심을 기울였으며, 지역연구의 당위성이 다시금 확인되는 계기가 되었다.
16) 지역문제에 대한 자유주의적 입장은 경제적으로 드러난 지역 간 격차와 정치적으로 엘리트 충원과정에서 기회의 격차가 있다는 사실을 확인하면서 결과적으로는 법적-제도적 요구를 통해 정책적 변화를 이끌어낸다는 접근방식을 특징으로 하고 있었다.

형의 문제가 본질적으로는 계급변수에 의해 규정되고 있으며, 민중적 시각에서 보다 중요한 것은 공업적 투자가 지역수준에서 사회적 생산관계를 변화시킨다는 점이라고 지적했다.17)

다음으로 주민운동에 대한 연구도 대단히 활발하게 이루어졌다. 백욱인(1987)은 도시사회운동을 '소비영역에서의 운동과 생산영역에서의 운동을 지역단위에서 매개할 수 있는 통합적 운동을 의미하는 개념'으로 규정하면서 이것이 전체사회운동과의 통일적 관련성 속에서 기능하려면 전략단위의 정치조직체와 이에 걸맞은 정치이념이 설정되어야한다고 보았다. 정근식(1990) 역시 지역연구의 과제를 지역사회의 물적 토대와 구조의 해명 특히 독점자본의 지역파악에 대한 구체적 연구 그리고 지역사회의 지배구조와 지역지배이데올로기의 분석이라고 할 때 지역주민운동은 지역문제에 대한 지역대중의 주체적인 대응이라는 의미를 갖는다고 보았다.

한편 도시 및 지역공간에 대한 정치경제학적 분석은 하비(D. Harvey), 까스텔(Castells), 르페브르(Lefevre) 등의 공간이론이 소개되면서부터였다. 이들의 이론은 자본주의사회에서 도시화와 도시문제가 전체 사회구조와 무관한 것이 아니라 자본주의사회 전체의 생산 및 재생산과정과 밀접하게 연관되어 있다고 주장한다. 이런 점에서 이들은 자본주의사회의 도시화 및 도시문제를 자본주의 생산양식의 산물로 파악한다. 또 까스텔 역시 노동력을 재생산하는 소비를 집합적 소비라는 개념으로 규정하고 이러한 집합적 소비의 단위로서 도시를 보는 한편 국가의 도시정책과 이를 둘러싼 도시사회운동에 주목하고 있다.

이러한 새로운 공간이론의 등장과 함께 한국에서도 지역문제를 국내외적 축적조건의 변화 속에서 분석하고자하는 시도들이 1990년대 이후 본격적

---

17) 이와 함께 이 시기에는 각 지역단위의 산업구조 및 계급구조 그리고 노동운동에 대한 실태보고와 현장조사가 대단히 활발하게 이루어졌다. 한국기독교사회문제연구원에서 1986년에 『성남지역실태와 노동운동』 그리고 『부산지역실태와 노동운동』, 1988년 『대구·울산 지역실태와 노동운동』 등을 펴냈고, 한국사회연구소에서는 1989년 『한국사회노동자연구 I-II』를 통해 독점대기업의 노동실태와 함께 지역실태를 심층적으로 조사했다.

으로 나타나기 시작했다. 즉 세계경제 자체가 그동안의 포디즘적 대량생산 방식에 의한 축적체계가 한계에 부딪치게 되면서, 국내적으로도 축적의 위기를 맞이하게 되고 그 대응방안으로 이른바 산업구조조정(industrial restructuring)이 시작되면서 공간구조 역시 재편되는 양상을 보이게 된다. 이 같은 공간재편전략의 핵심에는 서해안개발사업이 자리 잡고 있었고 그것은 한국사회의 지역구도에 중요한 변화를 가져올 것으로 예측되었다.

이러한 변화에 대해 조명래(1992)는 한국의 공간 환경이 국제 분업 차원의 주변부포디즘적 체계로 재편되고 있으며 서울을 중심으로 한 관리통제기능의 집중과 주변지역으로의 직접생산기능의 지리적 분리가 이루어지고 있다고 주장하고, 서남권은 신테일러주의 지역으로 변모하고 있다고 보았다.18) 이처럼 자본주의적 공간으로서 지역사회를 분석하는 이론적 경향은 실제로 한국사회의 지역문제를 이해하는데 대단히 중요한 공헌을 했다고 할 수 있다. 즉 지역사회를 하나의 독립된 단위로 바라보지 않고 일국적 또는 세계적 차원의 자본재편전략 속에서 파악하는 관점은 지역문제에 대한 구조적 이해를 돕는 것이었다. 그러나 이처럼 자본중심적 지역연구는 실제로 90년대 후반 들어 지역사회의 실질적인 변화를 설명하지 못하는 문제에 부딪쳤다. 즉 지방자치제의 본격적인 출발과 함께 지역사회는 부분적으로 그동안의 도시발전전략을 새롭게 점검하는 변화를 보여 왔다는 것이다.

이와 함께 최근 실천적 관심을 모으고 있는 지역공동체운동에 대한 연구도 주목해야 할 도시연구의 주제들이다. 도시지역에서 이웃관계는 인위적 행정구분, 대규모 아파트단지 건설, 지역주민 공통의 공간부재 등으로 인

---

18) 이 논쟁은 보다 복잡한 구도를 지니고 있다. 조명래의 신테일러주의 지역이
   라는 관점에 대해 조형제(1994)는 이 지역이 중화학공업 중심의 산업구조로
   변모하고 산업구조조정을 통해서 국내 기업들이 경쟁적으로 투자유형을 변화
   시킨 결과 성장·성숙산업의 새로운 분공장지대로 전환되고 있다고 보다 적
   극적으로 해석했다. 또 김영정(1994)의 경우 1980년대 이후 호남권에 대한
   신규투자가 빠르게 증가하고 있는 것은 사실이나 그 속에서도 지역 간 격차
   가 존재하며 대부분의 지역은 이른바 '관심의 투자'만 무성하다고 주장했다.

해 상호작용이 미미했고, 이로 인해 지역주민의 주거지역에 대한 정체성과 참여의식이 약했다고 할 수 있다. 그러나 최근 들어 지역공동체를 건설하려는 움직임이 도시와 농촌에서 서서히 확산되고 있다.(윤인진, 1999) 이러한 사회적 변화를 반영한 지역공동체 연구도 다양하게 이루어지고 있다. 특히 최근의 공동체연구는 급격한 정보화의 발전과 함께 도시공동체가 어떻게 변화할 것인가 하는 점에 초점을 두고 진전되고 있다.[19]

도시사회학이 공동체로부터 지역으로 그리고 다시 공동체로서의 도시로 분석단위를 구체화시켜 왔지만, 도시문화에 대한 사회학적 연구는 아직 풍부하지 않다. 그동안 도시문화에 대한 연구가 부진했던 것은 일차적으로 그동안 한국의 도시들이 중요한 정책결정에서 거의 자율적인 의사결정을 하지 못한 까닭에 독립적인 분석단위로서 의미를 가질 수 없었기 때문이다. 또한 그동안 대부분의 공간연구가 도시보다는 지역이라는 상대적이고 이데올로기적인 개념을 분석단위로 설정함으로써, 구체적이고 현장중심적인 연구가 이루어질 수 없었던 것도 원인이 되었다. 따라서 그동안의 공간연구는 자본주의 축적체제가 혹은 국가권력이 어떻게 공간을 지배하고 재편하는가의 문제에 집중될 수밖에 없었고, 그것은 언제나 광역화된 공간범주를 대상으로 했다고 할 수 있다. 이러한 연구들은 사실 1980년대 이후 한국사회의 공간적 분화를 국가권력과 자본이라는 변수로 설명하는 성과를 거두었지만, 이러한 정치경제학적인 분석은 결과적으로 도시문화를 부차적인 변수로 설정할 수밖에 없었다.

3) 도시문화론과 문화산업에 대한 새로운 시각

도시를 불균등발전론 및 자본의 공간적 분화라는 관점에서 설명하려는 방식이 쇠퇴하면서 두드러진 경향은 도시를 하나의 독립된 단위로 바라보

---

19) 이러한 연구들로는 윤영민, 『전자 정보공간』(1996), 이건, 「전자공동체의 공동체적 성격」(1997), 조정문 외, 「정보화시대의 공동체」(1999) 등이 있다. 이에 관해서는 윤인진(1999)을 참조.

면서 그동안의 공업중심적 발전전략을 부분적으로나마 변화시키려는 노력들이었다. 지역문제에 대한 과학적인 이해는 지역감정이라는 감성적인 해석으로부터 정치경제학적 분석에 이르기까지 질적인 발전을 거듭해왔으나 한국사회의 지역문제에 대한 명확한 이해와 합의에 도달한 것으로 보여지지는 않는다. 그것은 근본적으로는 지역문제를 '중앙—지역'이라는 전통적인 접근방식에 의해 규명해 보고자 하는 시도가 더 이상 유효하지 않을 수도 있다는 점을 말해준다.

이 같은 조건에서 한국의 도시연구가 질적인 전환을 강제한 것은 두 가지 이유에서였다. 먼저 첫 번째는 96년 민선지방정부의 본격적인 출발이었다. 민선지방정부의 출범은 한국의 도시가 이전과는 비교할 수 없을 정도의 상대적 자율성을 국가로부터 확보하고 각기 나름대로의 발전전략을 세우기 시작했다는 것을 의미했고, 따라서 기존의 도시연구 역시 중요한 전환점을 맞이한 셈이었다. 두 번째 조건은 이른바 포스트 모던한 생활양식의 출현이었다. 즉 한국사회에서 지역문제에 내려지는 다양한 정의와 다차원적인 분석은 그 자체로 여전히 유의미한 정치사회적 함의를 지니고 있지만, 거기에는 '삶의 공간' 혹은 '생활단위로서의 지역'에 대한 구체적인 분석은 결여되어 있는 것이 아닌지 되돌아 볼 필요가 생겨났던 것이다.

그러한 과정에서 일단 도시를 독립적인 생활단위로 바라보면서 문화적으로 접근하고자 하는 시도가 가장 전통적인 방식으로는 '향토사' 또는 '지역사'라는 이름으로 시작되었고, 도시마다 역사와 전통에 대한 집중적인 탐구가 시작되었다. 이러한 노력은 물론 지역정체성을 확립한다는 의미와 함께 도시의 문화적 자원을 점검함으로써 문화산업의 가능성을 타진해보는 노력의 일환이었다. 물론 이것은 일차적으로 지방자치제라는 정치적인 변동의 결과였지만 지역을 '중앙—지방'이라는 이분법적인 구도에서 바라보지 않고 그 자체의 내적인 동인을 파악하고자 하는 시도라는 점에서 의미를 갖는 것이었다.

또 문화과학이라는 이름으로 추구되었던 도시 공간에 대한 기호학적 분석 역시 도시에 대한 문화적 접근을 확장시키는 성과로 나타났다. 더 나아

가 공간에 대한 관심은 경관에 대한 연구로 확장되고 있다. 이미 서구사회에서 대단히 보편적으로 이루어지는 도시 공간 혹은 경관에 대한 분석은 문화연구의 형태를 띠고 있지만 한편으로는 도시의 정체성에 대한 문제의식을 담고 있는 것이라고 보여진다.[20) 비슷한 맥락에서 일본에서 이루어지고 있는 지역활성화 운동이나 고향 만들기(ふるさとづくり)의 경우도 도시 또는 지역을 새롭게 바라보는 관점의 변화를 보여주는 사례들이다.

도시의 문화산업전략은 크게 보아 지역재구조화 또는 지역활성화전략에 속하지만 도시의 기본적인 발전방향 자체를 문화전략으로 설정하고 있다는 점에서 독립적인 발전전략으로 평가할 수 있다. 도시문화산업은 테마파크, 영상산업단지의 조성 등과 같은 첨단산업으로부터 축제 등과 같은 이벤트 산업 그리고 심지어는 '찾아가는 음악회' 등과 같이 시민들의 문화적 향유 기회를 확대시키고자 하는 세밀한 프로젝트까지 대단히 폭넓은 범위를 지니고 있다.

3. 연구의 범위와 연구방법

1) 연구범위 및 논문의 구성

이 연구는 도시와 문화라는 두 영역을 포괄하고 있다. 이 연구는 일단 도시의 문화적 맥락에 관심을 기울이고 도시의 문화적 자원이 갖는 사회적 의미를 분석적으로 탐색하는 한편, 그것이 이른바 문화도시로 발전할 수 있는 내적인 가능성과 그 과정을 분석하고자 한다. 그래서 이 두 가지 분석과제를 논리적으로 연결하면 도시문화산업이라는 개념으로 함축될 수 있다.

---

20) 한국사회에서 도시 공간 또는 경관에 대한 이러한 문화연구 차원의 접근은 현재까지는 서울을 중심으로 이루어지고 있다. 이러한 연구에 대해서는 〈문화과학〉 5호, 『공간의 문화정치: 공간 문화 서울』, 『서울연구: 유연적 산업화와 새로운 도시 사회정치』 등을 참조.

엄밀한 의미에서 도시문화는 크게 문화산업의 영역과 '삶의 질'이라는 두 가지 차원으로 구성된다. 전자는 궁극적으로 도시의 역사 속에 남겨져 있거나 또는 정책적으로 자원화 되어 상품으로 발전하는 문화이며, 후자는 그 도시에 실제로 살아가고 있는 사람들의 '삶의 질'이라는 측면에서의 문화이다. 이 두 가지 차원은 궁극적으로 상호의존적인 관계 속에 놓여질 수밖에 없다. 그러나 본 연구가 분석하고자 하는 도시발전전략으로서의 문화는 우선 산업으로서의 도시문화로 제한된다. 도시의 문화산업 역시 대단히 포괄적이고 넓은 범주를 갖는 개념이다. 즉 도시의 모든 문화적 활동은 궁극적으로 산업으로서의 의미를 가질 수밖에 없지만, 이 연구에서는 일차적으로 정책적 차원에서 기획되고 구성되는 전략적 의미의 문화산업을 분석대상으로 하고자 한다. 따라서 '삶의 질'의 차원에서 시민의 문화향수기회를 확대한다는 차원의 문화정책 혹은 문화산업은 이 연구에서는 중심적인 분석대상에서 제외된다.

결과적으로 이 연구가 분석대상으로 삼는 문화산업은 크게 두 가지 내용을 중심으로 한다. 첫 번째는 도시의 이미지 및 상징과 관련된 도시문화의 자원으로 넓은 의미에서의 도시문화산업을 가리킨다. 예컨대 역사, 전통, 민속, 예술, 자연, 건축, 거리 등과 같은 유무형의 자원은 그 자체로 단기적인 수익을 내지는 못하지만, 일차적으로는 도시정체성에 영향을 미치고 궁극적으로는 도시문화산업의 핵심적인 상품기획의 기초가 된다. 따라서 이 연구에서 분석하고 있는 일차적 의미의 문화산업으로는 추상적으로는 향토사 연구사업으로부터 도시 캐릭터 개발사업, 인물선양사업 등으로부터 물리적으로는 공연장, 전시장 등의 문화 인프라 구축사업, 문화거리 조성사업 등이 포함된다.

두 번째는 도시가 그 문화적 자원에 기초하여 기획해내는 문화상품으로 일반적인 의미에서의 사용되어지는 협의의 문화산업이 여기에 속한다. 이 연구에서는 주로 축제를 비롯하여 도시의 자체적인 브랜드를 이용한 상품 개발 등이 그 연구대상이 되었다.

이 연구가 시간적 범위는 주로 1990년대 이후로부터 현재까지이다. 앞

서 여러 차례 언급했듯이 1996년 민선지방정부의 출범은 도시발전의 전환
점이었고, 따라서 그 이전과 이후의 시기를 비교해보는 것은 도시발전 패
러다임의 변화를 실증하고, 그 양상을 분석한다는 의미를 갖는다.

　다음으로 이 연구의 공간적 범위는 한국의 도시 전체를 일차적인 대상으
로 하여 문화적 발전전략에서 가장 특징적인 모습을 보여주는 도시들을 개
관하되, 이 연구에서 도시문화산업의 대표적인 유형으로 분류한 경주, 춘
천, 전주의 세 도시를 대표적인 사례로 하여 분석할 것이다.

　이상과 같이 연구범위를 한정한 속에서 이 연구는 크게 두 가지 질문에
기초하고 있다. 첫째는 문화에 대한 새로운 관심과 그 산업적 발달이 도시
발전전략의 변화를 가져왔는가 그리고 이 같은 현상은 일시적인 것인가 아
니면 근본적인 발전패러다임의 변화를 의미하는 것인가. 둘째, 그렇다면 도
시에서의 문화산업은 어떤 규칙성을 갖고 발전되는가 그리고 실제로 한국
도시에서 일어나고 있는 현상적인 변화의 양태는 어떤 것들이고 어떻게 유
형화되는가 하는 것이다.

　이 같은 두 가지 물음에 기초해서 이 논문은 크게 세 부분으로 구성되었
고 그것은 다시 전체 8장으로 세분되었다. 첫 번째는 이 연구가 기초하고
있는 이론적 배경에 관한 고찰로 제1장과 제2장의 내용이 여기에 해당한
다. 먼저 제1장에서는 한국도시의 새로운 발전전략의 전환이라는 문제의식
속에서 도시문화산업을 연구대상으로 설정한 이유와 그간의 전통적인 도시
연구의 경향에 대해 서술한다.

　그리고 제2장은 이 연구의 이론적 배경에 대한 검토이다. 여기서는 도시
사회학의 문화적 접근 혹은 문화사회학의 도시적 적용이라는 두 측면으로
부터 이 논문의 이론적 자원을 추출하고 그 방법론적 기초를 세우고자 한
다. 그래서 제2장은 도시문화론과 문화산업론이라는 두 축으로 구성된다.
먼저 도시문화론은 도시 공간에 부여되는 새로운 사회적 의미와 그 결과로
제시되는 문화도시론이 검토될 것이다. 다음으로 문화산업론은 우선 일반
적인 의미에서의 문화산업이 먼저 검토되고 다시 그 속에서 도시문화산업

의 요소들을 유형화하는 이론적 작업이 이루어지게 될 것이다. 이 두 가지 요소를 종합하면서 이 논문은 도시발전의 새로운 패러다임을 추동하는 주체의 문제와 그 속에서 발생하는 다양한 사회적 갈등의 양상 역시 이론적인 분석을 통해서 이루어질 것이다.

다음으로 이 논문의 두 번째 부분은 한국사회에서 도시발전 패러다임의 전환이 실제로 어떻게 이루어지고 있는지를 살펴보는 내용으로 제3장과 제4장이 여기에 속한다. 여기에서는 문화도시로의 발전전략 속에서 어떤 문화적 자원이 있으며 또 활용되고 있는가를 검토한다. 다음으로 이러한 발전 패러다임의 전환 속에서 한국의 도시들이 실제로 어떤 변화를 겪고 있는지 구체적인 지표를 통해서 개관하고자 한다. 여기서는 특히 도시의 문화적 자원과 산업적 기획을 단적으로 집약적으로 보여주는 도시축제의 양상과 변화를 양적지표로 계량화하여 검토할 것이다.

제4장에서는 문화도시의 전략과 유형을 살펴볼 것이다. 도시문화산업은 궁극적으로 문화도시 만들기라는 발전전략으로 나타난다. 이러한 도시발전 전략은 거의 전세계적으로 이루어지고 있으며, 한국의 도시들 역시 예외가 아니다. 그런 의미에서 문화도시 만들기의 과정을 살펴보고 그 전략을 문화적 자원의 성격과 중심전략이라는 두 가지 변수를 통해 살펴볼 것이다. 이를 통해 문화도시로의 발전을 지향하는 도시들이 어떻게 유형화되는가도 검토된다. 이 논문에서는 한국의 문화도시들을 중범위적인 분석틀로 유형화하여 (1) 역사와 전통을 주요 자원으로 하면서 보존과 관광을 기본전략으로 하는 문화유산 관광형 도시 (2) 역사적이고 전통적인 자원에 기대지 않고 현대화된 문화적 장르중 특정 아이템을 선택하여 도시전체를 문화산업의 기지로 발전시키는 현대적 문화산업 개발형 도시 (3) 전략적으로 첨단문화산업화와 전통문화의 발전을 동시에 추구하는 전통-현대 혼합형 도시로 구분하였다.

마지막으로는 세 번째 부분은 이 연구의 제5장부터 제7장까지의 내용으로 앞서 유형화한 문화도시에 대한 사례연구로서 세 도시에 대한 비교분석이 이루어질 것이다. 먼저 문화유산 관광형 도시로서 경주, 현대적 문화산

업 개발형 도시로 춘천, 그리고 전통—현대 혼합형 도시로 전주를 각각 선
정하여 세 도시가 각기 어떤 문화적 자원을 가지고 있는가 그리고 국가정
책의 측면에서 어떤 도시발전사를 겪어왔는지를 분석할 것이다. 또 이들
도시들이 현재 취하고 있는 문화적 전략은 무엇인지에 대한 분석도 이루어
진다. 마지막으로 이들 세 도시가 문화도시로 발전해 가는 과정에서 드러
나는 주체와 사회적 관계의 문제를 각 도시의 특수성에 기인하여 살펴볼
것이다. 이 논문에서 분석하고자 하는 도시문화의 핵심주제는 경주의 경우
'개발과 보존의 갈등' 춘천은 '민간축제의 제도화와 시민적 참여' 전주는 '전
통문화의 현대적 계승'이라는 개념으로 특화시켜 각 도시의 특성을 분석할
것이다.

마지막으로 제8장에서는 이상의 논지를 통해서 얻을 수 있는 결론과 그러
한 결론이 갖는 사회학적 함의를 간략하게 정리할 것이다.

2) 연구방법과 자료

이 연구는 한국의 도시발전전략의 전환을 문화산업이라는 특정의 변수를
통해 설명하면서 그러한 변화가 실제로 어떻게 나타나고 있는가를 분석하
고 있다는 점에서 사례연구이자 비교의 방법론에 기반하고 있다. 또 이 연
구의 이론적 배경과 한국도시의 일반적 현황에 대한 분석에 있어서는 정부
기관에서 발행한 통계자료 및 정책 자료집을 주된 자료로 사용하고 있다는
점에서 문헌연구에 속한다. 즉 현재 나타나고 있는 다양한 도시적 변화가
의미하는 것이 무엇인가 그리고 그로부터 파생하는 도시문화산업은 어떻게
유형화되는가를 분석함으로써 현재 한국도시의 발전방향 자체에 대한 일반
론적 설명을 시도하겠다는 것이 이 논문의 방법론적 기초인 셈이다.

먼저 이 연구에서 사용한 문헌자료와 통계자료들은 제3장과 제4장의 분
석에 주로 활용되었다. 구체적으로 여기에 사용된 자료들은 내무부 혹은 행
정자치부 『지방재정연감』(1987-2000) 및 『자치단체 현황』(1998) 등의 공
식통계자료들과 역시 내무부의 『한국지방행정사』(1987), 『한국도시연감』

(1989-2000) 등이 사용되었다. 또 문화체육부의『한국의 지역축제』(1998), 관광개발연구원의 『한국관광연감』(1989-2000) 등도 사용되었다. 여기에 점차 그 중요성이 높아져 가는 인터넷 자료도 적극적으로 활용되었다. 특히 각 도시의 공식 홈페이지와 통계청을 비롯한 정부기관의 사이트들은 유용한 자료를 제공해주었다. 특히 각 도시의 공식 홈페이지를 통해 얻어진 도시축제의 자료는 다시 부호화하여 통계 처리하여 분석하였다.

이러한 자료들에 바탕하여 이 연구가 이념형적으로 설정한 피설명항과 설명변수는 다음과 같이 설정될 수 있다. (1) 한국의 도시문화를 특징짓고 문화산업으로 발전시키는 자원은 무엇인가: 도시의 역사와 전통으로 대표되는 무형적 자원과 자연환경, 건축물 등 유형적 자원 (2) 한국의 도시들은 실제로 도시발전전략에서 변화를 보여주고 있는가: 상징화된 도시의 정책목표 및 문화예산 (3) 한국의 도시축제는 도시문화산업에서 어떤 맥락에 위치하고 있으며 어떤 양상으로 발전하고 있는가.

다음으로 제5장, 제6장, 제7장은 사례연구로서 일단 세 도시 모두 같은 기준과 자료로 분석을 시도함으로써 비교의 방법론에 충실하고자 했다. 일반적으로 사례연구의 경우 일정 기간에 걸친 참여관찰을 필요로 하고 연구대상 내부에 다양한 인적관계를 구축함으로서 질적인 자료에 대한 접근이 자유로워져야 한다는 조건을 갖는다. 또 이 연구가 각 도시 간 문화전략을 비교하고 있다는 점에서 비교연구의 방법론에 기반하고 있고, 따라서 유형화 된 각 도시들에게서 부분적으로는 '일치법과 차이법'이라는 비교의 전략이 가능할 수 있어야 한다.

그러나 이 논문이 중심적인 주제로 설정한 분석과제들의 성격상 이들 도시에 대한 직접적인 참여관찰법보다는 각 도시에서 발행되고 있는 다양한 일차적 자료들을 교차 분석하여 그 도시적 특성을 추출하는 것이 보다 효율적인 연구방법이라고 판단되었다. 그런 점에서 이 연구는 문헌연구를 통한 사례분석에 속한다. 그리고 가능한 각 도시에서 이루어진 문화정책을 사실적으로 파악하기 위해서 각 지방자치단체에서 발행한 정책 자료집들과 92

년부터 2000년까지 중앙의 5대 일간지 및 지방지의 기사들을 집중적으로
분석하였다. 특히 이 기사들 가운데 도시의 문화산업과 관련된 기사들을 일
단 기초 자료로 삼았고, 그 자료를 통해서 도시의 문화적 특성을 추출하여
유형화했다. 물론 이 과정에서 간접적이긴 하지만 도시문화와 관련된 다양
한 주체들의 인터뷰 자료도 적극적으로 활용되었다.

　이러한 과정을 통해서 이 세 도시에 대한 비교의 방법은 논리적으로는
일치법과 차이법에 바탕하여 비교하는 것이다. 그래서 이 세 도시의 비교
분석을 위해서 설정한 피설명항은 다음과 같이 설정되었다. (1) 도시의 문
화적 자원 즉 역사와 전통의 차이에 따라 도시의 문화적 발전전략도 기본
구조가 달라지는가 (2) 거시적 관점에서 각 도시들의 문화적 발전전략을
이끌어가는 주체들은 누구이며 그 속에서 발생하는 사회적 관계의 특징은
무엇인가. 이 문제를 설명해줄 수 있는 변수는 도시의 문화적 발전전략 및
정책과 그 변화과정으로 설정되었다. 그리고 여기서 사용되는 자료는 경주
의 경우 고속철과 경마장을 둘러싼 사례가, 춘천의 경우에는 역시 새롭게
기획된 도시축제를 통해 사례분석하고, 전주의 경우는 전통문화에 대한 시
민의식조사의 결과를 활용할 것이다.

　이러한 과정을 거쳐 이 연구가 규범적으로 제시하는 결론은 한국의 도시
문화산업에서 가장 주요한 요소가 무엇인가 그리고 어떤 내적 동학이 도시
의 문화적 발전전략을 성공적으로 이끌어내는가 하는 점을 밝히는 것이다.

제2장 도시문화산업의 이론적 배경

1. 도시문화론의 이론적 검토

  80년대에 시작된 지역연구의 흐름은 90년대 중반 이후 그 단위가 도시연구로 급격하게 이동하는 경향을 보여주고 있다. 거기에는 정치적으로 지방자치제라는 변화가 자리 잡고 있었고 지자체의 현실적인 요구와 맞물려 나타난 현상이었다. 또 문화적으로는 도시가 그 자체로 하나의 문화상품으로 기획되기 시작했다는 점과 '삶의 질'에 대한 현실적인 요구가 사회적 변화를 요구하기 시작했다는 측면이 같이 작용했다고 할 수 있었다. 어쨌든 90년대 중반 이후 도시연구는 다양한 장르에서 표출되기 시작했다. 그리고 이러한 도시연구의 특징은 그동안의 지역연구가 국가와 자본이라는 거대담론을 중심으로 일종의 블록화 된 단위를 분석단위로 삼은 반면에 도시연구는 도시의 경관, 역사, 문화, 상징 등보다 미시적인 주제로 세분되는 경향을 보여주고 있다.

  이러한 학분적 변화는 1980년대 중반 이후 근대성에 대한 광범위한 회의와 성찰이 일어나면서 이른바 포스트모더니즘이 등장하고, 그와 함께 문화에 대한 새로운 인식이 폭넓게 이루어지면서 나타난 학문적 특징이었다. 포디즘이 생산과정으로서의 의미를 넘어 전반적인 생활양식을 의미한다면(Harvey, 1989) 포스트 포디즘 역시 같은 맥락에서 새로운 생활양식을 규정한다. 그리고 이러한 생활양식의 출현과 함께 공간의 사회적 의미는 새롭게 해석되기 시작했다. 공간을 하나의 사회적 구성물로 바라보되 그 관계적 의미와 역할에 주목했던 도시연구에서 텍스트로서의 도시 공간이라는 문화적 의미가 분석되기 시작했고, 사회가 공간을 지배한다는 일원론적

개념에서 벗어나 공간의 독립성이라는 새로운 변수가 분석대상이 되기 시
작했다.

1) 도시 공간의 사회적 성격

공간이 사회를 지배하는 것인가, 아니면 사회가 공간을 지배하는 것인
가. 전통적인 의미에서 도시는 물리적이고 지리학적인 공간이지만, 도시
공간 자체를 규정하는 요소는 대단히 다양하고 복합적이다. 그래서 전통적
으로 도시사회학의 기본적인 관점은 언제나 사회가 공간을 지배하는 것이
었다. 이른바 '사회적 산물로서의 공간성'은 사회학적 도시 분석에서 핵심
적인 개념이었다.
'시간'과 '공간'은 근대사회의 출현과 함께 개념화되기 시작했다. 기든스
(Anthony Giddens)의 개념을 빌리자면 '표준화된 시간'은 '표준화된 공간'
을 가능케 했고, 비로소 시간과 공간은 변증법적인 변화과정을 거치면서 분
리되기 시작했다.21) 기든스가 이처럼 시간과 공간의 분리에 집중했던 것은
그것이 바로 근대성의 가장 중요한 특징 가운데 하나라고 보았기 때문이었
다. 기든스의 관점에서 '표준화된 공간'의 발달은 장소로부터 공간의 분리를
가져왔다. 그는 장소와 공간을 다음과 같이 설명하고 있다. '장소'는 지리적
으로 위치된 사회적 활동의 물리적인 장을 의미하며, 지역이라는 관념이 그
것을 가장 적절히 개념화해준다. 전근대 사회에서는 공간과 장소가 대부분
일치되어 있었는데, 그것은 사회생활의 공간적 차원들이 대부분 거주자들에
게 '지역화 된 활동'에 의해 지배되었기 때문이다. 근대성이 출현하면서 공
간(space)은 점차 장소(place)로부터 분리되었는데, 이것은 대면적 상호
작용을 하기에는 지역적으로 멀리 떨어져 있는 사람들 사이의 관계가 가능
해짐으로써 이루어졌다.22)

---

21) 전근대적인 사회에서 시간은 언제나 공간과 연계되어있다는 것이 기든스의
설명이다. 즉 '언제'는 거의 보편적으로 '어디서'와 연결되어 있거나 규칙적으
로 일어나는 자연현상에 의해 확인되었다.

공간은 이처럼 그 자체로 상대적인 개념이며 사회적 성격을 갖는다. 그런 의미에서 '지리상의 발견'은 공간에 대한 인식의 혁명적인 전환을 가져온 셈이고(Fontana, 1999), 그것은 인식의 차원을 넘어 사회의 모든 것을 바꾸어 놓았다. 결과적으로 근대사회에서의 공간개념은 전근대사회에서의 그것과는 질적인 차이를 보이는 것이었고, 공간과 장소가 분리됨으로써 공간의 사회적 의미는 더욱 강조되기 시작했다.

기든스의 구조화 이론은 구조적 차원에서 새롭게 생산된 공간은 곧 새로운 공간적 소비를 가져오고, 그것은 자원의 할당규칙, 제도, 규범, 관례, 사회적 제약 등이 복합적으로 작용하는 광범위한 의미의 권력을 매개로 이루어진다는 것을 설명하고 있다. 구조는 '체제통합(system integration)'으로 개체는 '사회통합(social integration)'으로 확대되어 설명된다. 구조적 차원에서 교통과 통신 및 제도의 발달은 기존의 정치·경제적 활동을 광역화시켜 체제의 통합을 가져오는데 이 과정은 그에 상응하는 시공간구조를 생산한다. 한편 개체의 차원에서 개인과 집단은 새롭게 구조화된 공동체의 일상화된 상호작용을 통해 '사회적으로 통합'되는데 이 과정은 구조화된 공간(체제에 의해 생산된 공간)을 소비하는 과정이다.(조명래, 1994: 187) 시공간적으로 압축된 공간의 지배적인 생산구조는 공간의 소비 즉 일상생활의(행위자의) 영역을 통합적으로 지배한다는 의미를 담고 있다.

공간에 대한 지배가 일상생활에서, 그리고 일상생활을 넘어서 근본적이면서 널리 퍼져 있는 사회적 권력의 원천이라는 사고는 앙리 르페브르에게서 먼저 발견된다. 하비는 사회변동의 역사는 부분적으로는 공간과 시간에 관한 인식의 역사이며, 그러한 인식들을 이데올로기적으로 이용해왔다고 지적한다. 여기에 사회를 변혁하려는 모든 기획은 공간적이고 시간적인 개념이나 실천의 변혁이라는 복잡한 난관을 헤쳐 나가야 한다.(Harvey, 1989a: 270-278)

---

22) 기든스에게 있어서 이 지역화 된 활동은 시간적으로는 '현재'를 의미한다. A. Giddens. 1990, The Consequences of Modernity, 이윤희·이현희 역 (1991), 『포스트 모더니티』, 민영사 pp.31-42 참조.

　르페브르는 도시 공간 자체를 하나의 독립적 단위로 보면서 도시의 이데올로기적 속성에 주목했다. 그의 도시에 대한 이데올로기적 접근은 도시 공간 자체를 하나의 독립적인 단위로 인정하면서 도시를 일련의 문화적 기호로 읽어내고자 하는 시도였다. 르페브르는 자본주의 사회의 공간이 하나의 상품으로서 도구적으로 이용된다는 점에 주목하면서 공간은 더 이상 지리적이고 물리적인 속성으로 규정되는 것이 아니라 점차로 자본주의적 힘의 생산물이 된다고 주장한다.

　　공간은 이데올로기와 정치로부터 분리될 수 있는 과학적 대상이
　아니다. 공간은 언제나 정치적이고 전략적이었다. …… 공간은 역사
　적, 자연적 요소로부터 형성, 주조되어 왔지만 이것은 정치적 과정
　이었다. 공간은 정치적이고 이데올로기적이다. 그것은 글자 그대로
　이데올로기로 가득 찬 산물이다.(르페브르. 1971, 『공간과 비판사회
　이론』 107쪽에서 재인용)

　공간의 실천적 의미에 주목한 르페브르는 『공간의 생산(La production de l'espace)』에서 공간적 실천을 세 가지 차원으로 설명했다.23) 그는 공간을 '구체적인 공간적 실천(material spatial practices)', '공간의 재현(representations of space)', '재현의 공간(spaces of representation)'으로 구분한다. 구체적인 공간적 실천은 생산과 사회적 재생산을 보장하기 위하여 공간 속에서 그리고 공간에 걸쳐 발생하는 물리적이고 구체적인 흐름들이나 이동들, 그리고 상호작용을 말한다. 재화, 화폐, 토지, 물리적 하부구조 등 공간을 구성하는 구체적인 실체들이 바로 여기에 속한다. 공간의 재현은 신호나 기호, 부호, 지식 모두를 포함하며, 구체적 실천에 대해 이야기하고 이해할 수 있게 해 주는 것이다. 사회심리적 거리, 개인적 공간, 지도, 기호화된 공간담론 등이 바로 여기에 속한다. 마지막으로 재현의 공간은 공간적 실천을 위한 새로운 의미나 가능성을 떠올리게 해주는 정신적 발명품들로

---

23) D. Harvey. 1989a, The Condition of Postmodernity. 구동회・박영민
　　역(1994), 『포스트 모더니티의 조건』, 한울. p.270에서 재인용.

부호, 신호, 상상의 경관, 상징적 공간, 건조 환경 등이 여기에 속한다. 여기에는 욕망, 열린 공간, 상징, 신화까지도 포함될 수 있다. 르페브르는 이 세 차원을 '경험되는 것', '지각되는 것', 그리고 '상상되는 것'으로 나누었다. 하비는 바로 이 지점에서 이 세 차원의 변증법적 관계를 통해 공간적 실천의 역사를 읽을 수 있다고 르페브르를 독해했다.

하비는 르페브르의 공간에 대한 이해를 한 번 더 밀어붙여 화폐, 시간, 공간이라는 세 가지 요소를 통해 자본주의 사회의 도시경험과 도시과정을 분석했다. 전통적인 의미에서 고정되고 불변하는 것으로 여겨졌던 시간과 공간의 개념이 사실은 변화무쌍한 사회적 관계를 내포하고 있다는 것은 시간과 공간의 상대적 의미를 시사해준다. 하비는 도시 공간에서 전개되는 사회적 관계를 정치경제학적 관점에서 분석했다.

그는 자본주의사회의 도시에 대해 "자본주의 도시는 자본주의의 불균등 발전의 변증법 내에서 기념비적인 선언과 움직이는 힘인 동시에 가장 심화된 사회적·정치적 혼란의 장소"라고 묘사한다. 도시는 사회적·정치적 힘의 혁신을 가능케 하는 사회적 힘을 불러오고 현란한 지식을 객관화시키는 인간 성취의 장이지만, 동시에 가장 심화된 인간의 불만족과 사회적·정치적 갈등의 각축장인 것이다. 하비는 도시연구의 목적을 두 가지로 정리한다. 첫째, 자본주의는 공간생산을 통해서 20세기까지 존속해 왔으며, 따라서 도시과정에 대한 연구는 자본주의의 성공적인 재생산구조를 밝혀준다는 것이다. 둘째, 증가되는 도시화는 개인이 경험하고, 생존하고 그들 주위에서 생겨나는 변화에 반응하는 기본적인 수준으로 만든다. 그 전체 안에서 도시과정을 분석하는 것은 일상생활의 물질적 실체 속에서 의식의 뿌리를 드러내는 것이다.(Harvey, 1989b: 290)

지리학자인 그는 특히 마르크스주의에서 이론적으로 배제되어 있던 도시 및 지리의 문제를 마르크스주의적 관점에서 탁월하게 분석해냈다. 하비의 관점에서 도시는 잉여가치의 중심으로써 형성되며 그 구체적 표현은 물리적·사회적 건조 환경의 건설로 나타난다. 또 자본의 순환은 결과적으로 도시 공간의 변화를 가져오며 이 두 가지 요소는 지속적으로 순환한다. 즉 자본은 과잉축적의 위기에 대응하기 위해 새로운 공간적 분업구조를 형성함과 동시에 건조 환경에 대한 투자를 발전시키고, 그것은 다시 축적의 장애로 발전되는 모순적 순환관계를 형성한다는 것이다.

하비는 자본주의 사회의 도시과정과 도시경험을 형성하는 힘으로 화폐, 공간, 시간의 세 가지 요소에 주목했다. '돈'의 합리성과 이자의 권력, 시계에 의한 시간의 분할, 토지대장에 따른 공간구획은 사회생활에서 추상적으로 인식되는 것들이지만, 이 세 가지 요소는 도시과정 내에서 구체적으로 서로를 규정한다. 화폐는 합리적 계산과 측정이라는 물질적 기초를 제공하고 그에 의한 합리주의를 형성시킨다. 또 시간의 엄격한 측정과 통일성은 도시생활의 리듬과 형식을 크게 변화시켰다. 예컨대 하디(T. Hardy)의 『테스(Tess)』에 나오는 이른 아침의 우유기차는 새로운 시간감각과 웅장하게 공간을 가르는 도시-시골의 관계를 의미 있게 포착하고 있다고 하비는 주장한다. 하비는 스틸고의 말을 빌려 비교적 한가롭게 이 마을 저 마을을 다니는 시골행 기차는 "과시적인 농업시간을 유지하는 것" 같았지만 철도의 도래는 새로운 시간감각으로 "모든 구조와 공간을 채워버렸다"고 설명한다. 앞서 살펴보았던 기든스와 마찬가지로 하비 역시 공간에 대한 시간의 우위성을 인정하지만, 보편적이고 객관적인 시간개념이 성립하는 과정에서 공간지배는 결정적인 역할을 했다고 파악한다. 여기서 화폐는 상품교환과 유통의 과정을 통해 장소의 절대적 자질을 제거하고 공간의 상대적 성격을 확보하게 한다. 이처럼 공간이 그 자체로 실질적인 힘(권력)을 갖고 이른바 '구체적 추상'으로서 의미를 갖게 된 것은 19세기 교통-통신의 혁명에 힘입은 바 컸다.24)

하비는 화폐와 공간과 시간을 사회 권력의 원천으로 파악했다. 즉 화폐는 시간과 공간을 지배하는데 익숙하고, 시간과 공간에 대한 지배는 화폐에 대한 지배로 쉽게 변화될 수 있다. 이러한 과정에서 공간지배는 어떤 권력투쟁에서도 전략적으로 가장 중요하다.(Harvey, 1989b: 239) 하비의 공간성에 대한 통찰은 자본주의 사회 내에서 공간적 지배가 그 자체로

---

24) 하비의 화폐, 시간, 공간에 대한 분석은 David Harvey, 1989b, *The Urban Experience*, 초의수 역, 『도시의 정치경제학』 제6장을 참조하였다.

권력의 원천이며 자본의 순환과정에 필연적으로 뒤따르는 결과라는 것을 보여주는 것이었다.

공간학자로서 하비의 면모는 주로 이와 같은 거시적 단위에서 자본의 공간적 지배에 초점이 맞추어져 있었지만, 도시건축물에 담긴 역사적 내용과 사회적 관계도 중요한 관심사의 하나였다. 예컨대 몽마르트 언덕의 성심대성당은 파리 제2왕정시기에 왕당파와 부르조아, 카톨릭, 파리코뮌의 민중 사이에 벌어진 계급투쟁의 산물이었으며 그것은 도시를 둘러싼 사회적 관계의 상징이기도 했다. 사회적 관계로서의 파리라는 도시와 그 도시에 세워지는 성심대성당에 대해 하비는 다음과 같이 분석한다.

> …… 파리는 일반적으로 권력, 지배와 기회의 중심지로 여겨졌다. 그것은 부러움의 대상인 동시에 미움의 대상이었다. 특권, 물질적 성공, 도덕적 부패, 악과 사회적 불안정성의 중심지인 큰 도시를 향한 작은 마을과 시골의 막연한 적대감들이 파리로의 권력과 권위의 지나친 집중화로 인해 생겨난 적대감에 더해졌다. …… 사회적 붕괴의 조짐은 모든 곳에 있었다. 1860년대에 경제적 성장이 둔화되고 황제의 권위가 실추됨에 따라 파리는 어떤 종류의 선동가에게도 공격받기 쉬운 사회적 불안정 속에 있게 되었다. 더욱이 하우스만(Haussmann)은 황제의 명에 따라 넓은 거리, 공원, 정원과 모든 종류의 기념비적인 건축물들로 '파리를 꾸미는 데' 착수했다.(D. Harvey. 1989b, 『도시의 정치경제학』 263-264쪽에서 인용)

몽마르트 언덕위의 이 장엄한 성심대성당은 무너져가는 왕정과 그에 대항하는 노동자계급의 투쟁위에 세워졌다. 성심대성당은 직접적으로는 "파리가 재로 변한다 해도 우리는 여전히 우리의 국가적인 잘못을 공인하며 그것의 파멸 위에서 하나님의 정의를 외치고자 한다."는 순교자들의 피를 기념했지만 그것은 사실 '혁명에 대한 교회의 승리'를 의미하는 것이었다.[25]

---

25) 성심대성당의 건축부지로 몽마르트언덕을 수용하기 위해 벌어진 논쟁 속에서 파리의 한 급진적 공화주의자 의원이 행한 다음과 같은 발언은 성심대성당이

2) 도시의 이미지: 장소와 경험

기억은 '움직임이 없으며 공간에 보다 안전하게 고착될수록 더욱 완전해진다.' 그리고 '공간은 압축된 시간을 담고 있다. 이것이 공간의 존재이유이다.' 그리고 가장 기억하기 좋은 공간은 집이다. '인류의 사상, 기억 그리고 꿈을 통합하는 가장 강력한 힘들 중의 하나가 곧 집이다.' 왜냐하면 우리는 바로 그 공간 속에서 꿈꾸는 법과 상상하는 법을 배웠기 때문이다.

> (그곳에서)존재는 이미 하나의 가치이다. 삶은 건강하게 울타리 속에서 보호받으며 시작된다. 모든 사람은 집안에서 아늑함을 느낀다. …… 집은 방어적 존재들이 살아가는 환경이다. …… 이러한 격리된 지역에서 기억과 상상은 연결되어 서로를 심화시킨다. …… 꿈을 통해 우리들이 살아가는 동안에 거주했던 다양한 장소들이 상호 교차하며 지난날의 보물들을 간직한다. 그리고 우리가 새로운 집에 살게 되면서 그때까지 살아 왔던 다른 장소들의 기억들이 떠오를 때, 우리는 모든 태고의 사물들이 정지해버린 듯, 변함없는 유년기의 왕국으로 되돌아간다.(Harvey, 1989a: 269에서 인용)

꿈꾸는 법과 상상하는 법을 '유년시절의 집'이 가르쳐주었고, 그래서 집은 유년기 세계에 대하여 향수를 일으키는 모든 기억들의 토대가 된다고 하비는 말한다. 그리고 "만약 시간이 흘러가버린 것이 아니라 경험된 장소

갖는 공간적 의미를 보다 분명히 해준다. "당신이 파리-자유로운 사상과 혁명의 원천-를 굽어볼 수 있는 고도 위에 카톨릭 기념물을 세우려고 생각할 때, 당신의 생각 속에 무엇이 들어 있습니까? 혁명에 대한 교회의 승리로서 그것을 만들기 위해서입니다. 그렇습니다. 그것은 당신이 치명적인 전염병이라고 부르는 혁명의 불을 끄기 원하는 것입니다. 되살리기 원하는 것은 카톨릭적 신앙인데, 왜냐하면 당신이 현대의 시대정신과 전쟁 중에 있기 때문입니다. …… 우리를 교도하기는커녕, 당신은 우리를 자유로운 사상, 혁명으로 내몰고 있습니다. 사람들이 군주주의의 지지자들과 혁명 반대 세력 지지자들의 이러한 표명들을 볼 때, 그들은 카톨릭과 군주제는 결탁하였고, 하나를 거절하면서 나머지 하나도 거절할 것이라고 스스로에게 말할 것입니다."(Harvey, 앞의 책 280쪽에서 재인용)

와 공간에 대한 기억으로서 남아 있는 것이 사실이라면, 역사는 시(詩)에, 시간은 공간에게 사회적 표현의 근본재료로서의 자리를 내주어야 한다. 그러한 공간적 이미지는 역사에 대하여 중요한 힘을 행사한다."26) 하비의 '유년시절의 집'에 대한 공간적 분석은 공간의 역사성이 어떻게 개인을 지배하는가를 보여준다. 그러나 그러한 공간적 힘은 당연하게 사회적 힘으로 존재한다.

지리학자인 이-푸 투안(Yi-Fu Tuan)은 공간과 장소에 대해 보다 직접적인 해설을 제공해주고 있다. 그의 핵심적 주장은 장소는 '안전'이고 공간은 '자유'라는 것이다. 그의 책 『공간과 장소』(Space and Place)는 인간이 지각과 경험을 통해 어떤 방식으로 공간적 의미와 장소감을 획득하는가를 설명한다. 그는 공간은 움직임, 개방, 자유, 위협의 이미지를 갖고 있는데 반하여 장소는 정지, 개인들이 부여하는 가치들의 안식처, 안전과 애정을 느낄 수 있는 고요한 중심이라고 본다. 경험을 통하여 미지의 공간은 비로소 친밀한 장소로 바뀐다. 무상한 공간이 어떻게 의미 있는 장소가 되는가? 다음은 물리학자 보어와 하이젠베르크가 덴마크의 크론베르크성을 방문했을 때 보어가 한 말이다.

> "햄릿이 이 성에 살았다고 상상하자마자 곧 이 성이 바뀌는 것이 이상하지 않은가? 과학자로서 우리는 성이란 단지 돌들로 구성되었다고 믿으며, 건축가가 그것들을 구축한 방식을 감탄한다. …… 그러나 그것은 완전히 바뀐다. 갑자기 벽체들과 누벽들이 아주 다른 언어로 이야기한다. 정원은 전체 세계가 되고, 어두운 모서리는 우리에게 인간 마음의 어둠을 상기시키며, 우리는 햄릿의 "사느냐 죽느냐" 하는 소리를 듣는다. …… 아무도 그가 실제로 살았던 것을 증명할 수 없다. 그러나 또다시 우리는 크론베르그성이 우리에게 아주 독특한 성이 되는 것을 안다."(Yi-Fu Tuan, 1977, 8쪽에서 재인용)27)

---

26) Harvey, 1989a, 268쪽.
27) 이-푸 투안의 개념을 빌어 풍수학자인 최창조는 장소를 삶터 개념으로, 공간은 단순한 빈터로 설명한다. "누구나 경험한 적이 있겠지만, 어린이들을 보

하비의 '유년시절의 집'과 이-푸 투안의 '햄릿의 성'은 기억과 장소성에 관한 개인적 경험이 어떻게 형성되는지를 보여준다. 공간은 개인의 경험을 통해 지각되고 그 경험은 공간에 대한 인식을 가져온다. 그러나 개인적인 차원에서의 경험이 집합적으로 공유되고 사회적인 의미를 인정받는다면, 그것은 역사가 된다. 그야말로 하비의 말처럼 "공간적 이미지는 역사에 대하여 중요한 힘을 행사"하게 되는 것이다.

그런 의미에서 우리는 독일의 문예이론가인 발터 벤야민(Walter Benjamin)과 그의 '도시읽기'[28]에 주목할 필요가 있다. 『베를린의 유년시절』은 그 자신의 내적이고 심리적인 체험기였는데, 그는 여기서 '기억'의 형상화라는 예술론적인 문제를 특정한 공간과 장소를 통해 들춰내고 있다. 『베를린의 유년시절』의 첫 번째 글은 '동물원'이었다. 그러나 이 글에서는 동물에 대한 이야기는 전혀 언급되지 않는다. 벤야민은 '장소'로서의 동물원이 아니라 '공간'으로서의 동물원을 기억하고 있을 뿐이었고, 그의 기억 속에서 의미 있게 남겨진 것은 '벤들러 다리(橋)'였다. 그리고 뜻밖으로 그는 그 다리를 지나 빌헬름왕과 루이제 왕비의 동상 앞뜰에서 처음으로 '사랑'을 깨달았다고 고백한다. "…… 나는 이 근처에서 결코 잊을 수 없는 것을 처음으로 깨달을 수 있었다. 그것은 나중에야 비로소 하나의 단어로 표현할 수 있었던 감정, 바로 사랑이었다. ……"

면 모두들 저마다의 등굣길을 가지고 있다. 그 애에게만 친밀하고 은밀한 곳, 혹은 그 어린이에게 시련이 왔을 때, 내일 발표를 한다거나 억울하게 야단맞았다거나 했을 때 그만이 아는 비밀의 장소가 있다. 그곳에서 그 아이는 평안과 안정을 얻는다. 바로 그 아이의 명당이다. 남들에게는 한낱 추상적인 공간에 지나지 않는 그곳이 그 어린이에게는 의미로 가득 찬 구체적 장소로 된다는 뜻이다. 대도시는 말할 것도 없이 현대인에게는 공동체적 삶터가 아니라 생존을 위한 무차별적 공간에 지나지 않는다. 대도시에 익숙한 젊은 사람들에게조차 그 사실은 설득력을 지닌다. 이것이 현실이다."(한겨레 2000. 1. 6자 '대도시 삶의 장소인가 생존공간인가')

28) 벤야민에 대해서 굳이 '도시읽기'라는 표현을 그대로 차용하는 것은 그의 도시에 대한 접근이 이론적이고 논술적인 구조를 갖고 있는 것은 아니기 때문이다. 그는 문학적 감성에 기반해서 도시를 설명하기보다는 느낌과 직관으로 도시를 읽었던 것 같다.

그는 자신의 개인적인 경험을 단순한 물리적 경관 자체가 어떻게 해석될 수 있고 그 의미가 어떻게 개인의 일상적인 경험 속에 각인되는가를 보여준다. 그가 같은 책에서 남긴 또 다른 글 '성에 눈뜨다'는 공간과 장소성에 대한 더욱 흥미로운 사례를 보여준다.

나중에 끝없이 방랑하며 밤길을 돌아다니던 바로 그 거리에서 나는 어떤 특별한 계기에 의해서 처음으로 성적 충동을 느끼게 되었다. 그때는 유대인의 설날이었다. …… 사람들은 내가 이 예배식에 누군가 친척 한 명을 데리고 와야 한다고 권한 바 있었다. 이 지역을 아직 잘 모르고 있었는지, 아니면 그의 주소를 잊어버렸는지는 알 수가 없다. 어쨌든 나는 시간이 자꾸 흐를수록 거의 절망적인 상태에 빠졌다. …… 어찌할 바를 모르고 있을 때 어떤 커다란 공포감이 마치 뜨거운 물결처럼 나를 엄습하였다. '너무 늦었어. 교회의 예배를 놓쳐버렸어.' 그러나 바로 이 순간 나의 마음속에는 너무나 커다란 비양심적인 생각이 솟아올랐다. 이러한 내 마음속의 두 가지 물결이 처음으로 끓어오르는 성적인 거대한 욕망과 합쳐지고 있었다. 이로써 나는 깨어난 성적인 충동에 대하여 어떻게 다스려 나가야 하는가를 처음으로 추측할 수 있었다.(W. Benjamin, 1932, 박설호 편역(1998), 58-59쪽에서 인용)

벤야민의 관심은 어떻게 사람들이 그들의 경험을 통해 도시의 감각을 얻게 되는가 하는 것이었다. 장소감은 개인적 경험과 느낌에 통합되고 도시 의미는 사람들의 삶의 사건을 통해 해석된다는 것이다. 그는 장소에 대한 사람들의 가치나 이해가 광범위한 사회, 문화적 힘과 어떻게 연관되어 있는가의 문제, 즉 경험과 문화적 상징 사이의 관계를 확립하고자 했던 것이다. 벤야민은 도시를 사람들의 기억과 과거의 창고이며 문화적 전통과 가치들의 저장소로 보았다. 초기 사회학자들이 대부분 도시화를 근대정신과 합리성의 구현으로 인정하면서도 그 비인간적인 면모에 회의했던 것과는 달리 벤야민은 도시를 일종의 무의식과 꿈의 과정으로 인식했다.29)

그러나 도시문화를 해석하는데 있어서 하비나 이-푸 투안과 달리 벤야민이 보여주는 최고의 강점은 공간에 대한 개인적 경험과 문화적 전통이 어떻게 만나는가 하는 점이다. 벤야민은 의미를 주관적 과정의 결과로 보지 않고 특정한 문화적 현상 속에 객관적으로 놓여있는 것으로 보았다. 예컨대 그는 건축이 관람자의 마음속에만 존재하는 것이 아니라 "잠재적인 '신화학(mythology)'의 가장 중요한 증거물"로서 존재한다고 주장한다.

벤야민의 관점에서 보자면 문화란 '아는 만큼 보이는' 것이 아니라 '보여지는 만큼만 아는' 것인 셈이다. 그렇다면 사람들은 어떻게 문화적 형태 속에 숨겨져 있는 객관적 의미들을 깨닫고 해석해낼 수 있는 것일까? 여기서 벤야민이 사용하는 핵심적 개념은 '아우라(aura)'였다. 모든 예술적 창작물은 기계적으로 재생되기 전에는 시간과 공간 속에 고유하게 자리하고 있으며, 때문에 관람자들로부터 일정한 거리와 독특성을 가지고 있고 바로 그 지점에서 그 작품의 아우라가 생성되고 전달된다는 것이다.[30] 그러나 도시의 경우는 그렇게 간단치가 않다. 모든 도시는 독특하고 기계적으로 재생산되지는 않지만 다양한 형식을 갖고 있고 공간적으로 열려있다. 도시는 공간적으로는 독특한 특성을 갖고 있지만 시간적으로는 그렇지 않다는 것이다. 모든 다른 예술형식들이 실질적으로 역사의 특정한 시점의 전통 속에서 형성되지만 도시는 늘 파괴와 건설의 역사적 산물이다.

도시는 직접 가서 보지 않고서는 그 느낌을 말할 수 없지만, 설령 가서 직접 본다 해도 그 도시를 단번에 이해할 수는 없다. 도시는 언제나 하나의 공간 속에 다양한 시간성을 담고 있고 그 속에서 도시는 자신의 고유한 전통을 규정하기 때문이다. 도시는 공간적으로 독창적이며 재생산될 수 없고 각각 그 자신의 아우라를 지닌 채 시간을 따라 전개되는 것이다.

---

29) 벤야민의 도시해석에 대해서는 새비지와 와드의 앞의 책을 참조했다.
30) '아우라'란 작품이나 대상물이 지니고 있는 독특한 분위기를 말한다. 벤야민은 모든 예술작품들이 그 아우라를 지니고 있으나 일단 기계적으로 재생산되고 나면 그 작품들은 특수성을 잃게 되고 그것에 대한 인식도 바뀌게 된다고 보았다. 그리고 이렇게 재생산되는 예술작품들은 전통으로부터 벗어나 정치적인 방식으로 이용되기 시작했다고 보았다.

벤야민의 도시문화에 대한 접근방식은 오늘날의 도시를 이해하기 위한 중요한 방법론이다. 도시는 본질적으로 열려있는 공간이며, 도시문화는 문화적 전통과 역사, 개인적 경험, 물리적 경관 등 다양한 요소들로 구성되어 있다. 현대 도시를 이해하는 키워드로서 벤야민이 제시하는 '아우라'는 실증주의적 도시 분석으로 설명되지 않는 도시문화의 다양한 측면을 포착하는 개념이 될 수 있다. 현대도시들의 추구하고 있는 문화적 기호이자 상품으로서의 도시는 실증주의적 개념으로서보다는 이미지와 상상력의 영역에 존재하고 있는지도 모른다.

2. 도시문화산업의 이론적 검토

1) 문화산업의 개념과 유형

문화산업(cultural industry)은 대단히 폭넓은 개념적 범주를 지니고 있다. 아도르노와 호르크하이머가 『계몽의 변증법』(1947)에서 최초로 문화산업을 언급했을 때 그 분석대상은 대중문화에 대한 비판적 의미로 한정되었다. 이들 비판이론가들은 당시 막 피어나고 있었던 대중문화와 그것을 가능케 했던 TV와 라디오, 영화 등과 같은 기술적인 매체들이 내재하고 있는 이데올로기적 속성에 대해 심각한 우려와 경고를 잊지 않았다. 이들은 "독점에 의해서 획일화된 대중문화는 그들 스스로를 정당화하는 이데올로기"이며 문화산업의 뒤에 은폐되는 것은 "사회에 대한 경제적 강자의 지배력"이라고 지적한다.

아놀드 하우저가 지적했던 바와 같이 도시적 삶이란 가장 전형적인 근대적 삶이며, 가장 극화된 근대적 삶이다. 근대적 삶은 인간을 끝없이 비인격화시키고 사물화 시킨다. 도시로의 인구집중은 도시를 투쟁의 공간, 불연속과 불안감의 느낌, 그리고 그 불안감과 함께 찾아드는 권태로 가득한 공간으로 만들었다. 그 속에서 중산층을 위한 문화가 만들어지고, 노동자들을 대상으로 한 문화산업이 발달한다. 또 도시빈민의 슬럼화에 맞서 중산층의 거주환경을 지키기 위한 목적으로 이른바 도시계획을 시작하기도 한다.(김문환, 1998)

이처럼 20세기 중반에 이르기까지 문화산업이라는 개념은 대단히 부정적인 의미로 사용되어졌고 그것은 대중문화의 범람과 상품화가 결국 문화의 순수성을 훼손할 수도 있다는 우려에 기인한 것이었다. 그러나 20세기 후반을 기점으로 시작된 미디어산업의 폭발적인 성장은 문화산업의 영역과 개념을 확정하는 것이 사실상 불가능할 정도로 그 범위를 확장시켰다. 여기에 그동안 성장전략의 근간이 되었던 산업사회가 지식정보사회로 이동하면서 등장한 생활양식으로서의 문화적 변화, 그것에 기반한 산업의 문화화 역시 문화산업에 대한 새로운 인식을 가능케 하는 힘이 되었다. 즉 이제 문화는 단순히 고전적인 예술의 영역에 머무르지 않고 상품경쟁의 핵심적 요소로 떠오르고 있으며, 그것은 결국 디자인을 통한 이미지의 창조라는 새로운 영역으로 발전해가고 있다.[31] 이처럼 문화산업은 이제 단순한 시장의 논리를 넘어서 21세기 국가경쟁력의 화두로 떠오르고 있다. 미국의 경우 역시 레이건 행정부 시절부터 영화산업에 대한 대대적인 육성책을 펴왔고, 프랑스 역시 WTO협상에서 농업부분을 포기하면서 자국의 영화산업을 지켰던 전례가 있을 만큼 문화산업의 경제적 비중은 대단히 높아져 가고 있다.

문화산업의 가치는 그것이 어떤 산업보다도 높은 부가가치를 지니고 있으며,[32] 국가 및 상품의 이미지 홍보에 중요한 수단이 되고 국가의 문화,

---

31) '쿨 브리타니아'(Cool Britania)는 토니 블레어 영국총리가 지난 97년 집권 직후 멋진 국가건설을 위해 던진 화두다. 여기에는 노쇠한 영국을 젊은 혈기와 창의력이 가득한 미래의 땅으로 바꿔 놓겠다는 의지가 담겨있다. 블레어 총리는 쿨 브리타니아의 선봉으로 디자인산업 육성을 내걸었고, 그것은 단순한 상품포장을 넘어서 꿈과 환상을 아우르는 이미지의 창조를 의미하는 것이었다. 때때로 이미지산업은 상품 자체의 의미를 넘어서 국가의 이미지까지 영향을 미친다.

32) 〈The Economist〉는 국제적 규모의 문화산업체로 인한 문화의 경제성장은

예술, 정서 등을 산업화함으로써 기타산업에 대한 파급력이 대단히 높다는 점에 있다. 또 문화산업의 발달이 궁극적으로는 컴퓨터, 멀티미디어, 정보통신기술 등 첨단 과학기술을 발전시킴으로써 경제적 연관효과를 극대화할 수 있다는 점도 대단히 매력적인 요소로 꼽히고 있다.

그러나 문화산업의 개념은 대단히 폭넓고 매일매일 새롭게 발전하는 과정적 개념이다. 일찍이 유네스코는 문화산업의 범위와 활동분야를 도서, 신문, 잡지, 음반, 라디오, 텔레비전, 영화, 새로운 시청각 제품과 서비스, 사진, 미술품 복제, 광고의 10개 범주로 나누었지만(김문환, 1997), 이러한 구분도 최근의 문화산업을 충분하게 설명해주지는 못한다.

이에 대해 정부는 지난 2000년 2월 문화관광부의 「문화산업진흥 5개년 계획」(이하 『진흥계획』)을 통해 문화산업에 대한 국가적 차원의 중기계획을 발표함으로써 국가적 차원의 문화산업전략을 밝혔다. 이 계획은 김대중 대통령이 언급한 '21세기산업을 기계공업중심에서 문화산업으로'라는 방향을 이어받아, 정부가 영상, 애니메이션, 만화, 영화산업 등을 집중 육성하겠다는 전략에 기반한 것이었다.

정부는 『진흥계획』을 통해 ① 세계경제의 흐름이 이미 자본·노동중심에서 지식기반 경제구조로 전환되고 있고 그 속에서 문화산업은 지식기반경제의 핵심 산업으로 부상하고 있으며, ② 따라서 문화산업의 육성은 국가적·시대적 과제라는 인식 속에서 문화산업을 21세기 새로운 국가기간산업으로 진흥하기 위한 실천방안으로 『문화산업진흥 5개년 계획』을 수립,

---

매년 10%씩 기록할 것으로 전망하고 있다. 세계영화시장의 1997년 매출액은 630억 달러로 미국이 약 80% 점유하고 있으며, 비디오시장은 1997년 현재 세계시장 규모 약 381억 달러 형성되어 있다. 세계 애니메이션 시장은 1997년 현재 약 740억 달러로 추정(일본 애니메이션은 전 세계시장의 65% 차지)된다. 세계 게임 콘텐츠 시장은 미국과 일본에 의해 양분되어 있으며, 시장규모가 860억 달러로 멀티미디어콘텐츠산업 중 가장 큰 시장을 형성하고 있다. 세계 음반시장은 6대 메이저 음반사가 세계시장의 흐름을 주도하고 있으며, 그 규모는 1997년 현재 약 381억 달러로 추정된다. 음반부문은 미국, 일본, 유럽이 주요 시장이며 매년 5-7% 정도의 지속적인 성장을 유지하고 있다.

추진한다고 밝혔다.

『진흥계획』에서 정부는 문화산업의 정책적 장르로 영상산업(영화, 애니메이션, 방송영상), 게임산업, 음반산업, 방송 및 광고산업, 출판산업, 문화상품(캐릭터, 패션디자인, 공예 및 전통문화상품), 위 두 가지 이상이 혼합된 산업 또는 첨단 문화컨텐츠산업이라는 일곱 가지를 선정하였다. 그리고 정부는 이를 위해 문화산업진흥을 위한 법률적·제도적 기초를 마련하여 ① 문화산업을 규제대상에서 진흥정책의 대상으로 인식 전환 ② 문화산업발전의 장애요소 제거 및 진흥의 법적·제도적 근거 마련 ③ 문화산업진흥여건 조성을 위한 제도개선을 추진하겠다고 밝혔다. 또 여기에 문화산업진흥을 위한 재원을 획기적으로 확충하여 98년의 168억 원에서 2000년에는 1,787억 원으로 증액한다는 구체적인 방침도 세워두고 있다.

문화산업의 범주와 발전은 실로 눈부신 바 있고 특히 98년 이후 한국사회에 불어 닥친 정보통신산업을 중심으로 하는 벤처산업의 열기는 결국 콘텐츠산업의 중요성으로 이어지면서 더욱 폭넓게 그 범위를 확장해가고 있다. 지난 99년 민간 인터넷 포털 사이트인 다음아카데미에서는 21세기 문화산업의 100가지 유망직종을 이벤트산업(축제, 엑스포, SP, 스포츠 등), 테마파크산업, 관광산업, 공연산업, 영상산업, 음반산업, 게임, 콘텐츠산업, 애니메이션산업, 전시산업, 디자인산업, 출판산업, 문화정보산업, 컨벤션산업, 문화인력산업의 14가지 기본범주로 유형화한 바 있었다.[33]

지방자치제라는 정치적 변화 속에서 도시발전전략의 전환을 모색하고 있는 한국의 도시들 역시 새로운 대안적 발전전략으로 문화산업에 가장 먼저 주목했다. 그리고 95년 이후 한국 도시의 문화산업 역시 대단히 다양하고 폭넓은 방향으로 발전하고 있다. 그러나 한국의 현재 도시환경 속에서 앞서 제기되었던 모든 문화산업들이 모두 이루어지는 것은 물론 아니다.

도시발전에서 문화산업이 차지하는 의의는 대체로 다음과 같이 정리되고 있다. ① 지역경제의 성장을 주도하는 성장산업 ② 고부가가치산업 ③ 지

---

33) http://my.dreamwiz.com/khshope/contents/cul1.htm

역 수출산업 ④ 산업 연관효과 ⑤ 고용창출 ⑥ 도시 재개발 및 재활성화에
기여 ⑦ 관광산업으로서 역할 ⑧ 지역사회의 혁신성 고양 ⑨ 삶의 질 향상
⑩ 지역이미지 개선 및 장소마케팅 촉진

　요컨대 문화산업은 지역경제에 있어서 중추 산업으로 부상하고 있으며,
다른 산업과의 연계도 강화되고 있다. 그리고 그것은 나아가 관광산업, 지
역민들의 삶의 질, 지역혁신능력의 제고, 도시의 재활성화에도 적극적언 기
여를 하고 있다. 요컨대 문화산업은 지역경제의 강화에 실질적이고 잠재적
인 기여를 하는 지역발전의 주요 요인으로 자리 잡은 것이다.(한국지방행정
연구원, 2000)

2) 장소판매와 문화산업

　'상품으로서의 도시'라는 개념을 구체적으로 들여다보면 거기에는 두 가
지 의미가 혼재되어 있다. 첫째는 전통적인 의미에서 도시 자체의 판매 즉
장소판매(Selling Place)라는 측면이고, 나머지 한 가지는 도시의 문화나
상징의 판매 즉 도시적 차원에서 기획되는 문화산업의 측면이다.34) 사실,
하나의 상품으로서의 도시를 판매하는 전략은 중세 이래의 오랜 역사를 지
니고 있다. 도시의 개발은 대개의 경우 부동산 투기와 함께 시작되었고,
도시들은 보다 나은 조건으로 자신을 판매하기 위해 다양한 판매 전략을
개발해왔다. 최초의 장소판매에 대한 사례는 19세기 중반 미국의 북동부

---

34) 주지하다시피 문화자본 혹은 상징자본이라는 개념은 본디 삐에르 부르디외
　　(P. Bourdieu)에게서 비롯된 것이다. 부르디외의 문화적 자본은 지식, 교양,
　　취미 등과 같이 개인적으로 육화된 형태로 존재하는 문화적 자원, 객체화된 상
　　태의 문화적 상품(그림, 책, 도구 등), 제도화된 자격증(학교졸업장 등) 등과
　　같은 것이다. 부르디외가 이를 문화적 자본이라고 표현했던 것은 마르크스주
　　의가 정의하고 있는 자본의 경제적 차원만으로 현대사회의 계급적 관계가 결
　　정되는 것은 아니라는 의미에서였다. 이 연구에서 부르디외의 문화자본 혹은
　　상징자본에 대한 구체적인 논의는 불필요한 것이나, 부르디외가 주목한 개인
　　적 차원 혹은 계급적 차원에서의 문화자본이라는 개념을 도시나 공간에 도입
　　한다면 현대도시의 문화적 차별성을 이해하는데 도움이 될 수도 있을 것이다.

에서 출현했고 산업 소도시들의 판매도 뒤따르고 있었다. 19세기 후반에 이르러 이러한 장소판매는 캐나다의 산업지구로 확산되었다. 영국에서의 장소판매는 대개 교외거주지의 확장을 위한 것으로 철도회사들이 시작하여 점차 민간개발업자와 주택업자로 범위가 확장되었다. 또 호주에서의 경우 이민자들을 끌어들여 그 지방의 과소인구를 해결하기 위해 장소판매 전략이 활용되었다.

　그러한 과정을 통해 도시들은 점차 보다 효과적인 도시판매를 위해 도시의 긍정적 이미지를 창출하고 판매할 필요를 느꼈고, 판매의 주체도 민간사업과 상공회의소, 지방정부 등과 함께 지방조직 등과 같이 보다 다양하게 발전했다.(Tim Hall, 1998)

　'천사들의 도시' 로스앤젤레스 역시 금세기 초 투기에 의해서 건설된 부동산 자본주의의 산물이었다. 그리고 이러한 투기열풍은 '약속의 땅'이라고 불렸던 남부 캘리포니아의 허구적인 경관을 통해 재생산되었다.

> "로스앤젤레스는 단지 하나의 도시가 아니었다. 아니 그렇게 이해되어야 했다. 거꾸로 그것은 그것은(LA는) 1888년 이래로 그리고 지금까지도 언제나 하나의 상품으로 존재했다. LA라는 도시는 자동차, 담배, 치약처럼 미국인들에게 판매되고 광고되는 상품이었다."
> (Mayo, Davis, 1990, Goodwin Mark(1993)에서 재인용)

　도시가 하나의 상품으로 존재하는 것은 전혀 새삼스러운 일이 아니다. 그리고 그 도시가 전적으로 자본의 요구에 부응한다 할지라도, 도시는 보다 효율적으로 장소를 판매하기 위해서 일정한 신화(myth) 혹은 이미지를 끊임없이 생산해왔다. 이 같은 도시판매는 도시적 생활양식(lifestyle)의 판매와 관련되어 있었다. 신화화된 도시적 생활양식은 일상생활의 상품화와 긴밀하게 연관되어 있었고, 그 과정에서 신화는 다시 강화되고 이른바 패키지화되었다. 물론 그러한 상호작용은 개발업자, 은행가, 수송업자, 상업자본가들에 의해서 뒷받침되고 조정되었다.(M. Goodwin, 1993)

LA의 경우 19세기 내내 이러한 신화적이고 문화적인 경관들이 만들어
졌다. LA는 소설과 영화, 미술작품, 그리고 장소판매를 위한 출판물 등을
통해 지속적으로 '이미지 개선작업(revisioning)'이 이루어졌다. LA가 가
진 가장 최근의 비전은 '다가올 세기, 예술의 메카'라는 이미지였고 그것은
도심의 재개발 사업 속에 박물관, 도서관, 아트센터 등을 유치한다는 것이
었다. 그런 의미에서 LA는 지속적으로 변화하는 '도시 신화'였고, 그것은
다시 경관 자체를 물리적으로 변형시켰다.

이 같은 도시판매의 전략은 후기산업사회에 와서 더욱 강화되었다. 영국
과 유럽, 북미에서 과거에 번성했던 대부분의 도시들은 도시경제의 탈산업
화로 과거의 영화를 잃어갔다. 전통적인 도시의 강점이었던 자본의 입지조
건은 교통의 발달로 인해 더 이상 중요하지 않았고, 전자통신기술의 개발
과 고용의 증가는 세계 어디서나 시장에 즉각 접근할 수 있다는 것을 의미
했다. 더욱이 3차 부문이나 서비스산업에 의해서 주도되는 현대도시의 성
장력은 도시에서 기업과 투자가 과거와는 매우 다른 환경에서 이루어진다
는 것을 확인시켰다. 그리고 그 입지요건에서 도시의 긍정적 이미지는 가
장 핵심적인 결정요인이 되었다. 팀 홀은 이러한 변화를 프레터(Fretter,
1993)의 개념을 빌어 도시가 이제 판매(selling)의 개념에서 마케팅
(marketing)의 개념으로 변화했다고 설명한다. 개념적으로 판매는 소비
자에게 팔아야 할 것을 설득하여 판매하는 과정이지만, 마케팅은 소비자가
무엇을 원하는지 생각하고 판매할 물건을 그 아이디어로 구체화하는 과정
이다.[35]

　'마케팅'은 '판매'의 개념을 대체하기 시작했다. 판매는 우리가 가
　지고 있는 물건을 소비자에게 팔도록 하는 것이지만 마케팅은 소비
　자의 욕구를 이득이 되게 충족시켜 주는 것(지방정부에서는 '효율적

---

[35] 세들러(D. Sadler, 1993)는 장소판매(place-marketing)가 점차 의미 있
　　는 과정이 되고 있으며, 그것은 '판매의 장소성(market place)'을 두고 벌
　　어지는 경쟁이 점차 장소판매의 중요성으로 변화하고 있기 때문이라고 보았
　　다.

으로'라는 용어는 단지 돈의 가치만을 말할 뿐이다)이다. 이는 많은 지방정부의 기능에 영향을 미치는 복잡하지만 종합적인 접근 방법을 필요로 한다. 그래서 장소를 마케팅 하는 것은 단순히 지역을 판매하기보다는 유동적인 기업과 관광객을 훨씬 더 끌어들이게 되었다. 이제 장소마케팅은 바람직한 방향으로 장소개발을 유도하는 필수적인 계획요소라 할 수 있다.(Fretter, 1993. Tim Hall(1998)에서 재인용)

결국 후기산업사회의 도시들은 생존을 위해 다양한 차원에서 도시재활성화전략(urban regeneration strategies)에 돌입했고 그 주된 방향은 도시이미지를 새롭게 하고 다양한 문화적 이벤트를 도입하는 문화적 전략이었다.

도시 마케팅의 전략 속에서 도시는 다양한 형태의 문화산업을 발전시킨다. 그 대표적인 형태는 '헤리티지산업(heritage industry)'의 등장이었다. 하비는 헤리티지산업을 박물관 문화의 성장[36]과 함께 역사와 문화의 상업화에 또 하나의 힘을 덧붙였다고 평가했다. 하비는 이 같은 현상을 포스트 모던한 삶의 양식으로 분석하면서, '포스트모더니즘과 헤리티지산업은 서로 연결되어 있'으며 포스트모더니즘과 헤리티지산업이 '양자 모두 얇은 막을 만들어 우리의 현재 삶, 즉 우리의 역사에 끼어들기' 때문이라고 말한다. 헤리티지산업은 결과적으로 역사를 '비판적 담론'으로서가 아니라 일종의 시뮬라크르(simulacra)로서만 접할 수 있게 한다는 것이다. 하비는 문화생산이 그 자체로 상품생산과 통합되면서 "과거에는 생산영역에서만 일어났던 투쟁들이 이제 바깥으로 옮겨져서 문화생산부문이 격렬한 사회적 갈등의 장"으로 떠오르고 그러한 변화는 결국 소비자의 습관과 태도까지 변화시킨다고 말한다.(D. Harvey, 1989a)

---

36) 하비의 통계에 의하면 영국에서는 거의 3주에 하나 꼴로 박물관이 세워지고, 일본에서는 지난 15년간 500여 개가 개장하였다고 한다.(D. Harvey, 1989a)

하비의 문화산업에 대한 관심은 궁극적으로 포스트모더니즘이 전혀 새로운 사회적 변화가 아니라 후기 자본주의의 변화에 수반한 것이라는데 있지만, 중요한 것은 하비 자신이 밝히듯 1970년대 초에 이르러 문화발전이 자신의 '헤게모니'를 갖추게 되었다는 사실이다. 도시를 둘러싼 문화산업의 발전은 실로 다양한 형태로 나타났다. 도시가 스스로의 이미지를 창출해 나갈 때 많은 도시들이 선택하는 전략은 이미 이미지화되었거나 실재하는 문화적 전통에 기댄다. 그리고 이러한 도시전략은 다양한 방식으로 도시의 문화산업을 이끌어낸다.

궁극적으로 도시의 문화산업이 판매하고자 하는 것은 도시의 이미지이다. 도시의 이미지는 그 도시가 가진 신화와 그것을 상품화한 헤리티지산업, 그리고 다양한 스펙터클(spectacle)에 의해서 뒷받침된다. 그러한 기획들은 끊임없이 정치적으로 선전되고 활용된다는 것은 물론 당연한 일이다. 그러나 문제는 늘 이러한 방식의 상품들이 시대의 변화와 소비자들의 요구에 부응한다는 사실이다. 도시들은 의도적으로 문화와 역사를 하나의 패키지로 묶어서 기획하고 판매하며, 그것들은 테마공원, 의례와 과거의 사건에 대한 시뮬레이션[37], 기념제와 기념물 등의 형태로 나타난다.(Philo & Kearns, 1993) 그리고 그렇게 이미지화된 도시들은 다시 포스트 모던한 도시적 형태로 발전한다.

그러나 케언즈(G. Kearns)는 근본적으로 장소판매의 전략 속에는 그것이 "성공적인 공동체를 이루는 중요한 기제이며, 모든 종류의 '좋은 것들(good things)'이 지역주민들을 위해 실제로 이루어진다고 선전함으로써 시민들을 안심시키는 사회화의 과정"을 안고 있다고 보았다. 케언즈는 장소판매를 그 논리 속에 경제적 이득과 사회통제의 논리가 감추어져 있다는 관점에서 파악했고, 따라서 도시문화는 도시 부르조아들의 능동적인 프로젝트이며 도시는 그들의 사회적 지배의 중요한 도구라고 파악했다. 또한

---

37) 이 같은 시뮬레이션은 다양한 형태로 나타난다. 그 도시가 가진 과거의 사건은 축제로 기념되기도 하고 그 도시의 상징으로 구현되기도 하며, 그 밖의 다양한 공연물의 형태로 드러나기도 한다.

성공적인 장소판매를 위한 전략 속에는 반드시 고급취향의 관광객들과 회의 등 여타의 경제적 활동을 가능케 하는 활동들을 주최하는 사람들의 관심을 고양시켜 매력적인 장소로 만들기 위한 의식적이고 작위적인 문화적 조작(manipulation of culture)이 뒤따르게 된다. 부분적으로 이러한 문화의 조작은 그 지역에 뿌리를 두고 있는 것으로 간주되는 전통과 라이프 스타일, 예술의 판촉에 의존한다. 그런 의미에서 대개의 장소판매 전략은 그 장소가 갖는 전통적인 의미와 깊이 관련되지만, 그것이 늘 필연적이고 원칙적인 것은 아니다.

케언즈가 집중했던 것은 바로 이 문화적 재현을 둘러싸고 벌어지는 갈등과 그 속에 내재한 사회적 관계였다. 그가 도시문화를 통해 보고자 했던 것은 문화가 경제적 이득을 위한 자원이면서 동시에 사회적 합의를 이끌어내는 도구로서 자본에 봉사하는 측면이 있다는 사실이었다.

근대사회의 특징을 규정했던 진보의 다른 얼굴이었던 공업적 발전에 대한 회의가 광범위하게 일어나고 그것은 곧 근대성에 대한 성찰과 새로운 생산의 가능성에 대한 모색으로 이어졌다. 주지하다시피 도시는 근대문명의 중심이자 공업적 발전의 상징이었다. 그러나 새로운 패러다임의 시대에서 공업적 발전이 더 이상의 부가가치를 가져다주지 못한다는 이른바 시장에 대한 신뢰가 무너졌을 때 도시는 새로운 형식의 발전을 꿈꾸게 된다.

3) 도시발전 패러다임의 전환: 산업화전략에서 문화도시전략으로

앞서 언급했다시피 한국사회에서 근대화는 획일적인 도시화와 공업화의 역사였다. 그러나 이러한 공업중심의 성장전략은 90년대 이후 새롭게 도전받기 시작했다. '21세기는 문화의 세기'라는 담론은 탈공업적 발전 패러다임의 급속한 부상을 가능케 하는 원천이 되었다. 이러한 새로운 지역발전전략은 90년대 이후 냉전체제의 와해, 시장개방과 자본-노동의 세계화,

환경운동의 성장, 전자기술의 발전과 정보화 등의 세계적 흐름과 민주주의의 신장과 지방자치제의 결합이라는 국내적 조건의 결합에 힘입어 전개되었다.

한국사회에서 도시발전의 패러다임은 단계적으로 공업화 전략, 첨단산업화 전략, 문화산업화 전략으로 변화 발전한다. 이러한 발전패러다임은 공업화로부터 첨단산업화로의 이동을 통해서 연속적인 성격을 가지며, 다른 한편으로는 문화산업으로의 전환을 통해서 단절을 겪게 된다.(정근식, 2000)

박정희 정권의 쿠데타로 출발하여 1961년부터 약 20여 년간 시작된 경제개발 5개년 계획과 70년대의 새마을 운동은 전국토의 공업단지화와 획일화를 가져왔다. 이 같은 공간적 획일화와 함께 박정희 정권이 선도한 강력한 중앙 집중적 권력은 사실상 지방정치의 가능성을 완전히 가로막은 것이나 다름없었다. 이처럼 비민주적이고 병영적인 도시정치의 체계는 사실상 도시정치 자체를 불가능하게 했으며, 결과적으로 도시의 발전은 국가가 정한 국토개발종합계획에 의해서 기계적으로 추진될 수밖에 없었다.

이러한 조건 속에서 1960년대부터 80년대 초까지 한국의 도시들은 대부분 기업유치와 공단조성을 통한 공업화 패러다임을 기본적인 발전전략으로 삼았다. 이 시기에 대표적인 공업도시로 성장한 도시들이 수도권과 영남권을 중심으로 하여 서울과 수원 그리고 포항, 울산, 창원, 마산 등이었다. 이 도시들은 수출드라이브 정책에 힘입어 대규모 공업도시로 성장했다.

이러한 공업화전략은 외형적으로 도시성장을 가져왔지만 그 폐해도 만만치 않았다. 특히 80년대 중반 이후 환경문제가 중요한 가치로 인식되기 시작하면서 도시발전전략은 이른바 첨단산업화 패러다임으로 전환한다. 산업화전략이나 첨단산업화 전략으로의 전환은 도시 내부의 성장연합에 의해 강력하게 추동되었지만 이때까지 도시발전의 궁극적인 방향을 결정하는 힘은 국가로부터 나왔다. 첨단산업화 전략은 기존의 성장전략 즉 발전패러다임을 내적으로 계승하면서 한편으로는 그동안의 산업화과정에서 소외되었던 중부권과 호남권에 대한 정치적 선전효과도 동시에 가져왔다. 어쨌든 한국의 도시들은 1980년대 후반 이후 경쟁적으로 첨단산업화 전략을 시도

했고, 때를 같이하여 상공부에서는 1989년 「첨단산업발전 5개년 계획」을 통해 대구, 춘천, 대전, 청주 등에 신규단지를 조성한다는 계획을 세웠다.

그러나 정치적 의미에서 출발한 성격이 짙었던 첨단산업화전략은 자본의 적극적인 투자가 뒷받침되지 못하고 국가정책의 일관성마저 결여되면서 그 실질적인 효과가 대단히 제한적일 수밖에 없었다. 그 속에서 1996년 민선지 방정부의 출범은 다시 한번 도시발전 패러다임의 중대한 전환을 가져왔다.

〈표 2-1〉 지역특성화 발전전략의 유형과 내용

내용	구체적 내용 또는 사례		
기초발전 전략	*지역정보화 사업(지역 정보통신 인프라 및 시스템) *행정개혁(법령 정비와 제도개선)		
지역 특성화 발전 전략	Intelligence polis 건설	지역전통산업재활성화	문화유산산업
		테크노폴 건설	첨단정보통신산업 신산업, 벤처기술 육성
	Art polis 건설	지역문화산업 특화	문화특구 조성 이벤트산업(축제 등)
		관광/레저 단지 개발	디즈니랜드 형의 레저단지개발
	Eco-polis 건설	Sun City 개발	리타이먼트 커뮤니티 퇴직자 마을 등
		환경도시 건설	습지보호/도시의 공원화 걷고 싶은 거리
제조업 중심전략	*대단위 공장건설 *대규모 공장유치		

*자료: 김영정(2000)에서 인용

공업화 전략과 그것을 계승한 첨단산업화 전략은 현재까지도 그 효용성

과 목표가 여전히 유효하고, 거의 모든 도시들의 중심적인 발전전략으로
남겨져 있다. 대규모 공장유치와 공단조성의 목표는 첨단산업체 유치와 벤
처산업 육성이라는 정책으로 변화했다. 그러나 1990년대 이후 세계사적으
로는 포스트 모던한 문화적 조건 속에서 보다 다원화된 가치가 의식을 지
배하는 한편, 정치적 민주화를 통해 시민사회의 영역이 성장하면서 기존의
공업적 발전전략의 효용과 가치에 대해서도 광범위한 의심과 회의가 일어
나기 시작했다. 물론 이러한 의심과 회의가 첨단산업 지향적인 전략을 완
전히 배제시키지는 않는다. 한국도시의 발전전략에서 나타나는 특징 가운
데 하나는 바로 첨단산업화 전략과 함께 문화산업화 전략을 절충적으로 벌
여나간다는 것이다. 그리고 이 같은 변화는 지방자치제의 출범과 함께 본
격화되었다.

 지방자치제가 본격적으로 출발하면서 각급 지자체들이 구사하는 지역발
전 프로젝트의 내용은 ① 현재의 자원과 조건을 그대로 활용하거나 개선하
여 지역발전을 도모하는 기초발전전략 ② 지역 나름대로의 독특한 전략을
구사하여 지역소득을 높이고 주민들의 삶의 질을 높이는 특성화 발전전략
③ 1960년대 이후 우리나라의 중앙 및 지방 관료들이 끊임없이 강조해온
제조업 중심의 발전전략 등 크게 세 가지로 구분될 수 있다.(김영정
2000)

 이 가운데 두 번째 지역활성화 또는 특성화전략이 바로 도시발전 패러다
임의 최종단계인 문화산업전략을 포괄하는 개념이다. 21세기의 미래형도
시들이 추구하는 지역활성화전략은 다시 ① Intelligence Polis ② Art
Polis ③ Eco-polis로 구분된다는 것이다.(〈표 2-1〉 참조) 이러한 특성화
발전전략은 지역이 주도적으로 추진하면서 다른 도시들과 구별되는 특수한
전략을 구상·실천함으로써 지역의 활성화와 경쟁력을 도시에 높이는 사업
이 된다. 여기서 두 번째로 제시되고 있는 이른바 문화예술도시로의 발전
전략이 현재 한국의 도시들이 맞이하고 있는 문화산업화 전략으로의 패러
다임 전환을 의미하는 것이다.

3. 도시문화산업의 발전주체와 분석의 틀

1) 문화도시전략의 주체와 사회적 관계

'과거가 현재에 의해 전유되는 방식' 또는 '현재 속에서 서로 경합하는 과거' 그리고 '자원'이라는 개념은 장소판매를 분석한 케언즈의 핵심적인 개념들이며, 그것은 도시문화를 둘러싼 권력관계와 계급적 갈등이 존재하고 있다는 사실을 말해준다. 유물론적 관점에서 시간과 공간은 물질의 객관적인 형태를 표현한다. 공간은 본질적으로 애초에 주어진 것인지는 모르지만 공간의 조직과 의미는 사회적 해석, 이행, 경험의 산물인 것이다.(Edward Soja, 1997: 106) 바로 그런 의미에서 도시문화는 끊임없이 변화하고 발전하며, 그 과정은 늘 새로운 사회적 관계를 형성한다. 공동체가 해체되는 과정은 그 자체로 새로운 공간생산에서 발생하는 갈등의 존재를 의미하는 것이고, 새로운 공간의 생산은 기존 상징과 이미지에 대한 해체를 수반한다.

앞서 살펴본 바와 같이 도시문화는 도시정책의 대상이자 문화산업의 목표이다. 그러나 한 도시의 모든 문화가 도시문화로 구축되지는 않는다. 도시문화는 사회적 힘의 관계를 반영하며, 그 사회적 힘의 관계는 다시 도시문화를 규정한다. 특히 최근 들어 도시문화를 주도하는 가장 강력한 힘이라고 할 수 있는 자본의 힘, 좀 더 구체적으로 장소판매자들은 그들의 경제적 이해를 위해 도시의 문화와 역사를 선택적으로 조작한다. 그리고 그것은 당연히 도시의 지배이데올로기로 작동하고 그것은 그 도시의 시민들의 동의와 합의에 관계없이 도시를 대표하는 문화상품으로 발전하기도 한다. 물론 도시문화는 오랜 세월 동안 그 지역사회의 주민들에 의해서 선택되고 합의되는 과정을 거쳐서 형성될 수 있다.

몰로취(Molotch)는 도시의 개발정책을 이끌어가는 주체로 성장연합(growth coalition)을 개념화한 바 있고, 발전론적인 도시정책에 대한 대항세력으로서의 지역시민운동을 반성장연합으로 제시한 바 있다.(Logan & Molotch, 1987) 그런데, 도시의 문화산업을 발전시키기 위한 도시전략에서도 이들 두 세력은 종종 심각하게 대립한다. 몰로취는 도시가 재개발되어 가는 과정을 주도하는 정책적인 힘으로 성장연합이라는 개념을 제시한다. 성장연합은 어떠한 비용이 들더라도 성장을 추구하려는 영향력 있는 행위자들의 집단으로 정의된다. 이 성장연합은 세 계층으로 구성되는데 첫 번째는 지역의 기업가 집단들로 이들은 지역개발로 직접적인 이득을 얻는 집단이다. 두 번째 계층은 정치가, 지방언론, 공익법인 등으로 구성된 집단들로 이들은 성장정책으로부터 확실한 이익을 얻을 수 있다고 인식한다. 세 번째 계층으로는 대학, 미술관, 극장, 프로스포츠 팀 등이 여기에 포함된다. 한편 반성장연합은 성장기제(growth machine)의 해체를 목적으로 대항세력을 형성하고 지역시민운동을 조직해내는 중심적 세력이다. 이들 역시 '성장의 위기'라는 관점에 동의하지만 재개발의 방식에 있어서는 환경, 문화 등의 가치를 보다 중시하고 있다.

몰로취가 상정한 도시재개발방식을 두고 벌어지는 성장연합과 반성장연합 간의 대립과 갈등은 본질적으로 이데올로기적 대립구도를 내포하고 있고, 그것은 도시의 문화전략을 통해서도 그대로 드러난다. 도시의 문화전략에 대해서 성장연합과 반성장연합은 전혀 다른 접근방식을 보여주기도 한다.

케언즈는 도시문화가 형성되고 발전하는 과정 자체를 도시 부르조아들의 이해가 관철되는 계급적 관계로 파악했고, 몰로취는 성장연합과 반성장연합의 경합과 갈등이라는 관계적 개념으로 보고 있다. 그런 의미에서 도시문화는 '과거를 두고 서로 경합'하고 있고 '과거가 현재에 의해 전유되는' 방식을 둘러싼 사회운동의 장인 셈이다. 그러나 그동안 도시문화에 대한 연구는 대부분 도시 자체를 물화(物化)시킴으로써 지역주민들의 참여나 인식의 변화와 같은 주체적 과정을 거의 분석하지 못했다고 할 수 있다. 그런 점에서 케언즈와 몰로취의 분석은 도시문화 자체를 하나의 경쟁적 장으로 인식했다는 점에서 의미 있는 평가를 받을 수 있다.

　도시문화산업의 발전은 한편으로 도시정체성의 형성과정과 맥을 같이한다. 근래 몇 년 동안 지역정체성은 각 지방자치단체로서는 일종의 '화두'처럼 받아들여지는 개념이 되었다. 이제 민선 2기를 지나고 있는 한국의 자치단체들은 열악한 법적·제도적 조건 속에서도 정체성을 찾고 확인하기 위한 다양한 노력을 계속하고 있다. 본래적인 의미에서 정체성이란 자기 자신이 무엇이며, 무엇을 해야 하고, 어떻게 해야 하는지에 대한 판단의 집합이다.(이진경, 1997) 또 정체성은 타인으로부터 오는 자신에 대한 인식으로부터 시작되어 이에 대한 스스로의 평가라는 두 가지 복합적인 요인에 의해서 구성된다. 요컨대 정체성이란 타인과의 관계에 기초하고 있다는 점에서 관계적이며, 시간의 흐름에 따라 변동하는 대상이라는 점에서 역사적이다.

　지역정체성은 94년 본격적으로 시작된 지방자치제의 실시와 함께 새롭게 사회적 관심을 불러 일으켰고, 그것은 곧 지역 및 도시정책에 있어서 중요한 질적 전환을 가져왔다. 즉 정체성을 기본적으로 구별 짓기(distinction)와 차별화(differentiation)를 통해서 형성되는 사회적 태도라고 본다면(신광영, 1997) 지방자치제 이후 한국의 각 지방자치단체들이 추구하고 있는 문화적 상징을 통한 지역정체성의 구축은 각 지역이 하나의 독립적인 단위로서 성장할 수 있느냐를 판가름하는 중요한 요소로 평가받았던 것이다.

　물론 이처럼 높아진 지역정체성에 대한 관심은 정치적인 의미뿐만 아니라 경제적인 의미를 더욱 강하게 지니고 있다. 문화를 하나의 '산업'으로 인식하면서 '우리는 누구인가'라는 집단정체성에 관한 본질적인 물음은 '우리가 자랑할 수 있는 것은 무엇인가' 또는 '우리가 팔 수 있는 것은 무엇인가'라는 문제와 연관되어졌다. 그러한 과정을 통해서 한국의 도시와 지역들은 새삼스럽게 이미지와 상징이라는 문제에 주목하기 시작했다.38) 도시 상징과 집단적 정체성, 이미지와 도시문화에 대한 연구와 그것을 현실화시

---

38) 한국적 상황에서 이미지와 상징에 대한 관심은 1980년대라는 거대서사의 종말과 함께 1990년대 들어 자아정체성이 문제가 되는 시대적 변화와 맥을 같이한다.

키려는 노력은 이미 다양하게 이루어지고 있다. 여기에는 물론 도시의 특성을 문화적 측면에서 바라보면서 집단적 정체성을 확인하고 궁극적으로는 그것을 상품화하겠다는 전략이 담겨져 있다.[39] 요컨대 장소들 간의 지리적 차별성이 세계체제에 의해 잠식됨에 따라 역으로 장소의 상징적 차별성은 더욱 중요하게 된다는 것이다. 그런 점에서 "건조 환경 속에서 우리를 에워싸고 있는 상징과 기호들이 강력한 영향력을 갖는다."는 하비의 언명은 의미심장하다.

정체성은 형성주의와 본질주의라는 두 가지 관점을 갖는다. 본질주의는 이른바 데카르트적 질문에서 출발하는 이른바 '나는 누구인가'라는 개인의 진정한 자아를 찾는 것이다. 이에 반해 형성주의는 자아를 지속적으로 형성되고 재형성되는 과정으로 인식한 루소로부터 출발한다. 형성주의적 시각은 집단 정체성이 사회, 문화적 맥락(context)에 따라 형성, 재생산, 변화되는 것으로 보고 있다.[40]

도시문화를 둘러싼 사회적 관계가 실재한다면, 역사와 문화라는 자원을 동원하는 방식을 둘러싼 경쟁과 갈등의 관계라는 점에서 도시는 또 하나의 사회운동의 장으로 평가될 수 있다. 또 도시문화의 사회적 관계는 도시의 집합적 정체성에 영향을 미치며 정체성이 형성되어 가는 과정은 그 자체로 문화적 투쟁의 장이 된다. 그런 의미에서 사회운동의 문화적 차원에 주목한 구성주의이론(constructionism)은 도시문화를 둘러싼 사회적 관계를 분석하는 대안적 패러다임이 될 수 있다. 이 구성주의이론의 강점은 무엇보다도 그간

---

39) 자본주의 사회에서 공간은 하나의 상품으로서 도구적으로 이용된다. 산업자본주의는 '도시혁명(urban revolution)'으로 넘어가고 있으며, 세계가 점차 자본주의적 세계시장에 종속되면서 공간을 상징적으로 차별화시키는 대항운동이 나타난다. 레저산업이 번창하고 자본이동이 원활해지면서 다른 장소에 비해 더 매력적으로 보이고자 하는 장소의 이미지를 둘러싼 투쟁이 발생한다는 것이다.(Lefevre, 1991)

40) 정체성에 대한 이러한 정리는 다음의 글을 참조했다. 최병길 외. 1998. 「제주섬 정체성 변화에 관한 연구」, 『'98 후기사회학대회 자료집』. 정근식. 1997. 「지역정체성과 도시상징 연구를 위하여」, 전남대 사회과학연구소 편. 『지역사회 연구방법의 모색』, 전남대 출판부.

의 사회운동 이론들이 정치적·경제적 차원에만 관심을 집중시켜왔으나 사회
운동이 그 사회의 문화적 변동에 영향을 미치는 방식에 주목했다는 점이다.

　여기서는 구성주의 이론가들인 아이어맨(Eyerman)과 제미슨(Jamison)
의 인지적 실천론과 멜루치의 집합적 정체성에 대한 논리를 중심으로 사회
운동으로서 도시문화의 규정성을 살펴볼 것이다. 먼저 아이어맨과 제미슨은
『사회운동의 인지적 접근』을 통해서 사회운동을 단순히 사회적 불만이나
사회문제를 해결하기 위한 집합행동이나 집단의 이익을 추구하기 위한 정
치적 갈등현상으로 접근해온 기존의 사회학적 사회운동연구들이 사회운동
의 인지적 실천(cognitive praxis)이라는 중요한 차원을 빠뜨리고 있다고
주장하면서 사회운동은 인지적 실천을 수행하는 집합적 과정(collective
process)이라고 규정한다. 인지적 실천이란 "역사적으로 중요한 의미를 갖
는 새로운 지식(사상과 관념)을 생산하고 확산시키는 활동"으로 그 같은
인지적 실천이야말로 사회운동의 핵심적 활동이라고 볼 수 있다. 따라서
모든 사회운동은 인지적 실천을 목표로 하고 있으며, 사회운동은 인지적
실천을 통해 새로운 인식틀로서의 새로운 가치와 신념의 요소들을 기존의
문화체계에 추가한다.41)

　새로운 지식은 운동 내, 운동 간 그리고 반대자 집단들과의 끊임없는 사
회적 상호작용을 통해 형성되는 '집합적 과정'이라고 할 수 있다. 멜루치
(Melucci)는 집합적 정체성(collective identity)의 형성과정을 분석하면
서 "사회운동이란 행위자들이 의미를 창출하며 의사를 소통하고 협상하여
의사를 결정해 나아가는 과정"이라고 정의했다. 멜루치는 '과정으로서의 집

---

41) 최근 들어 집합행동의 이론적 경향은 후기산업사회가 보여주는 다양한 사회
　　적 변화에 대해 적극적인 분석을 보여준다. 구성주의 이론은 이러한 경향의
　　가장 대표적인 이론으로 평가받고 있다. 아이어맨과 제미슨은 인지적 실천론
　　(theory of cognitive praxis)을 통해 환경운동의 인지적 실천을 세 차원
　　을 우주론적 차원(세계관의 수준에서 즉 생태계), 기술적 차원(대체에너지
　　등의 기술적 지식의 문제), 조직적 차원(생태학적 지식의 대중적 확산과 환
　　경교육의 대중화 등)으로 분석했다. 이러한 분석방법은 후기산업사회의 또
　　다른 대표적인 사회운동으로 부상하고 있는 문화운동에 대한 분석에도 유용
　　한 틀을 제공해 준다.

합적 정체성'(collective identity as a process)이라는 개념을 통해 집
합적 정체성의 구성은 "다양한 행위지향성을 가진 행위자들 간의 상호작용
을 통한 협상과 적응의 과정"이며, 행위자들은 첫째, 행동의 목표와 관련
된 행위지향들, 둘째 행동의 수단과 관련된 행위지향들, 셋째, 환경과의
관계에 대한 행위지향들을 끊임없이 조정하고 협상하고 유지함으로서 우리
(we)라는 집합적 정체성을 지향한다고 설명했다. 그러므로 집합적 정체성
이란 다수의 개인들이 상호작용을 통해 집합행동의 목표와 수단 및 환경에
대한 '공유된 정의(shared definition)'를 구성해 나아가는 과정이라는 것
이다.

2) 분석의 틀

이상과 같은 이론적 논의를 통해서 이 연구는 도시문화산업을 분석하는
이론적 틀을 다음과 같이 확정하고자 한다. 먼저 도시의 문화산업에 가장
큰 영향을 미치는 주체는 중앙정부의 문화정책과 도시정치의 주요 행위자
들이라고 할 수 있다. 그러나 문화정책에서 가장 커다란 영향력을 행사해
온 중앙정부는 지방자치제를 기점으로 점차 영향력이 약화되고, 지방정부
의 권한과 활동이 강화되는 경향을 보이고 있다. 그러나 국가가 국토개발
계획의 차원에서 도시를 어떻게 상정하느냐 그리고 지방정부가 도시의 발
전전략 속에서 문화를 어떻게 위치 지우느냐에 따라서 도시문화산업은 결
정적인 영향을 받는다. 또 도시문화산업의 특징 가운데 한 가지는 아직은
자본의 개입 및 투자가 강력하지 않다는 점도 도시문화산업을 둘러싼 사회
적 관계의 특징이라고 할 수 있다.

〈그림 2-1〉 도시문화산업의 주체와 형성과정

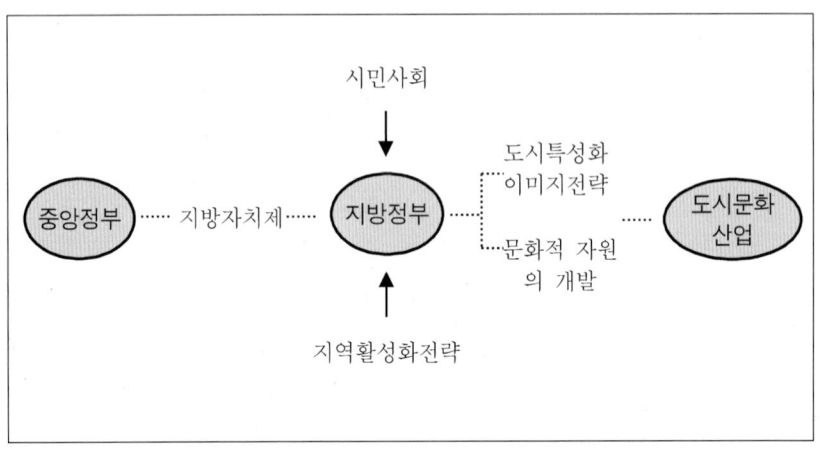

지방정부의 문화전략에 영향을 미치는 변수는 크게 보아 시민운동과 지역활성화전략이다. 시민운동의 영역은 기존의 성장전략을 배제한 채 문화적 가치의 우위 혹은 그 중요성을 주장하는 문화운동으로서의 성격을 지닌 집단이다. 그리고 이 시민사회의 영역은 앞서 도시정치의 구조에서 반성장연합의 주요한 구성원이지만 도시문화산업의 전체 전략 속에서 어떤 위치와 힘을 갖고 있는가 하는 점은 이 연구의 분석과제가 된다. 여기서 시민적 참여란 두 가지 의미를 갖는다. 첫 번째는 도시 내부에 하나의 요소로 존재하는 문화적 자원을 민간의 차원에서 발굴하거나 기념하면서 점차 지방정부의 참여를 끌어내는 일종의 시민운동적 내용이다. 두 번째는 도시문화의 발전이 생활의 질적 향상을 가져올 것인가 하는 관점이다.

시민적 참여라는 문제는 그동안 한국도시들의 문화정책 결정과정에서 가장 소홀하게 다루어졌던 영역이다. 도시가 문화적 발전전략을 채택하고 도시문화산업을 발전시키는 과정에서 주체로서 시민의 참여가 보장되고 그것이 '삶의 질'의 향상으로 이어질 수 있을 때 도시문화는 이상적인 형태로 발전한다. 특히 도시발전전략에서 국가의 영향력이 약화되고 지방정부의 영향력이 강화되면서 도시의 문화적 자원과 문화산업을 연결시키려는 욕구

는 대단히 높게 나타나고 있다. 그러나 아직까지는 시민사회의 참여가 도
시발전전략상의 주체라기보다는 일종의 권리운동으로 제한되고 있고, 이를
추동할 반성장연합의 문화적 참여는 여전히 부족하다는 점에서 시민적 참
여는 불완전한 변수로 취급될 수밖에 없다.

다음으로 지역활성화전략 역시 지방정부의 문화전략에 커다란 영향을 미
치는 변수이다. 지역활성화전략은 지방정부와 함께 기존의 도시발전을 추
동해온 이른바 성장연합 내부의 인식변화를 의미한다고 할 수 있다. 즉 기
존의 공업화를 통한 정형화된 성장전략이 한계에 부딪치면서 좀 더 다양한
발전전략이 모색되기 시작했고 그것이 바로 도시의 문화산업을 추동하는
변수가 되었다는 것이다.

위의 〈그림 2-1〉에서 지방정부가 주도하는 도시문화산업의 형성메커니
즘을 그림으로 나타낸 것이 〈그림 2-2〉이다. 먼저 지방정부가 주도하고
있는 문화산업전략은 다시 두 가지 변수로부터 영향을 받으면서 도시문화
산업을 형성하게 된다. 하나는 그 도시가 지니고 있는 문화적 자원이 무엇
인가 하는 점으로, 도시의 문화적 자원이 역사적이고 전통적인가 아니면
현대적인가 하는 문제가 도시문화산업의 특징과 내용을 규정한다. 도시가
가진 문화적 자원으로서 여기에는 도시의 역사와 전통 그리고 문화예술이
포함된다. 물론 자연환경과 거리, 건축물 등과 같은 도시의 유형적 문화자
원도 여기에 포함된다. 도시의 문화적 자원을 벤야민식의 개념으로 보면
도시의 아우라(Aura)를 형성하는 기초가 되는 셈이다.

〈그림 2-2〉 도시문화산업의 형성네트워크 모형42)

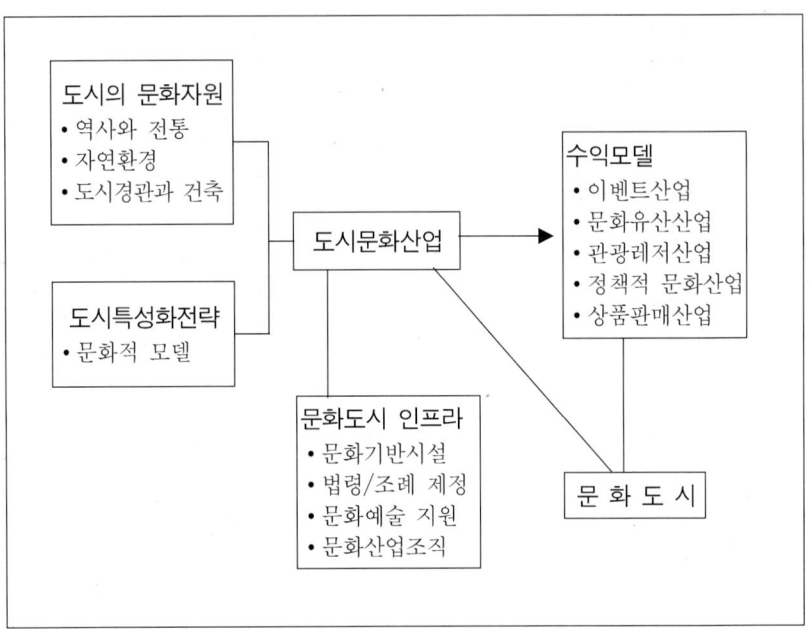

다른 하나는 도시의 특성화를 위한 이미지전략으로 역시 도시문화산업의 내용을 규정한다. 여기에서 말하는 도시 특성화 이미지전략은 그 도시가 내적으로 지니고 있거나 지향하고 있는 일종의 도시모델이다. 예컨대 '영상문화산업도시' 등과 같은 구체적인 목표는 문화도시의 모델이 된다. 또 '사랑의 도시'라든가 '축제의 도시' 등의 추상화된 이미지전략도 도시문화산업의 내용을 규정할 수 있다. 이러한 추상적인 도시이미지화는 도시문화산업을 추진하는 각 주체들 간의 사회적 관계에 의해서 규정될 수 있다. 즉 도시문화산업을 추진하는 각 주체들 간의 사회적 관계가 어떻게 표출되고 어떤 지향성을 갖느냐에 따라서 도시문화산업은 그 내용과 형식이 달라질 수 있다.

---

42) 이 모형은 EDAW/Urban Cultures(1998) Sheffield Cultural Industries Quatier: Strategic Vision & Development Study 의 자료를 일부 수정한 한국지방행정연구원(2000: 209)의 모형을 참고하여 도시문화산업연구에 적용하여 새롭게 구성한 것임.

이렇게 도시의 문화적 자원과 도시특성화전략에 의해 영향을 받은 도시
문화산업은 다양한 유형의 전략적 수익모델을 창출하면서 그 내용을 결정
짓는다. 또 이 과정에서 구축되는 문화도시의 인프라는 도시문화산업과 서
로 영향을 주고받으면서 발전한다. 결국 도시문화산업의 발전은 시민의 삶
의 질이라는 요소와 연결되어진다.

제3장 도시의 문화적 자원과 문화산업

1. 도시의 문화적 자원과 도시정체성

1) 역사와 전통: 무형적 문화자원의 유형화

모든 도시는 본질적으로 역사적이고 전통적이다. 어떤 형태로든 도시는 자신들만의 역사를 지니고 있고 그 역사는 현재에 어떤 방식으로든 영향을 미친다. 특히 한국과 같이 고대국가로부터 오랜 역사를 지닌 나라의 경우 거의 모든 도시들은 대개의 경우 기념할만한 자신들의 역사와 전통을 지니고 있고, 그것은 거리, 건축물, 신화, 문학작품, 노래 등 다양한 내용과 형식으로 도시 속에 표상되어진다.

이처럼 한 도시를 이해하는데 있어서 역사는 대단히 긴밀한 요소이고, 도시의 역사적 경험은 그 도시가 갖는 시간적 의미를 담는다. 도시를 텍스트로 읽어낸 최초의 학자로 꼽히는 루이스 멈포드(L. Mumford)는 그의 책 『역사 속의 도시(The City in History)』를 통해서 도시를 이해하는 가장 중요한 조건으로 도시의 역사를 꼽았다. 그는 "긴 역사의 시발점에서부터 출발하지 않는다면 미래를 향한 대담한 도약을 위해 필요한 힘을 우리들 자신의 내부에서 찾을 수" 없다고 전제한다. 멈포드는 현재 대부분의 "도시계획들, 그 중에서도 '발전적', '진보적'이라고 자랑하는 것들까지도 현재 우리가 일부 알아낸 과거의 도시 및 지역형태를 기계적으로 모방하고 재생에 불과한 것이었다."고 말한다.(L. Mumford, 1961)

도시의 '전통성'은 그 도시와 공동체를 지키는 힘이기도 하지만, 한편으로는 도시의 발전과 새로운 시대에의 적응을 방해하는 요소가 되기도 한다. 또 도시의 역사는 대단히 다양한 관점에서 해석되고 접근될 수 있다. 그런 의미에서 모든 역사는 정치적이며, 도시의 역사와 전통 역시 마찬가지로 도시정치의 산물이기도 한 것이다. 한국의 많은 도시들은 역사도시로서의 과거와 전통을 지니고 있고 그 도시들이 일정한 사회적 위상과 역할을 갖지 못한 채 극단적인 부침을 거듭해왔다는 점은 바로 도시의 역사성이 어떻게 정치적으로 변형되는가를 잘 보여주는 사례들이다.

그런 의미에서 지역문화는 '특정의 역사적 조건에서 그 지방이 처한 내적·외적 영향력에 대한 저항과 적응이라는 끊임없는 변동과정'(Marcus & Fischer, 1986)이며, 따라서 그 도시의 역사적 경험은 대단히 역동적으로 분석되고 적용되어져야 한다. 무릇 문화란 한 시대와의 간단없는 교통 속에서 생성되고 성장하며 소멸해가는 것이다. 같은 맥락에서 멈포드의 통사적인 도시 분석이나 앞서 언급했던 앤소니 킹의 식민도시에 대한 관심은 도시의 형성과정에 대한 중요한 방법론이라고 할 수 있다. 그러나 이러한 접근방법들은 도시를 하나의 역사적 단위로 물화시켜 설명하는데 대단히 유용했지만, 도시 속에 살아가는 개인의 삶이 역사적 과정에서 일어나는 다양한 사회적 변동과 어떻게 관련을 맺어 가는가를 설명해주지는 못한다.

어쩌면 도시문화를 가장 정확하게 이해하는 방식은 그 도시가 겪어왔던 권력의 변천사가 아니라 그 권력과정의 뒤꼍에 존재했던 민중들의 생활사에 주목하는 것인지도 모른다. "인간은 역사를 만들어 나가지만, 그는 자신이 그것을 만든다는 사실을 모른다."는 마르크스의 언급에서처럼 무의식적인 역사는 우리가 알고 있는 사건의 빛, 그것의 섬광의 이면에서 펼쳐진다. 페르낭 브로델(F. Braudel)의 말처럼 무의식적인 것이 우리 눈에 익숙한 표면적인 번뜩임보다도 때로는 훨씬 더 과학적으로 풍부한 분석을 가능케 하는 것이다.(F. Braudel, 1969)

그런 의미에서 한국사회에서 지방자치제의 출발과 함께 급부상하고 있는 향토사연구에 주목할 필요가 있다고 본다. 지역을 독립적인 생활단위로 바라보면서 문화적으로 접근하고자 하는 시도는 최근 몇 년 사이에 집중적으로 이루어져왔다. 이른바 '향토사' 또는 '지역사'라는 이름으로 시작된 각 지역의 뿌리 찾기 열풍은 지역을 '삶의 공간'으로 바라보고자 하는 대표적인 시도였다. 이 같은 노력은 물론 지방자치제라는 정치적인 변동의 결과였지만 지역을 '중앙－지방'이라는 이분법적인 구도에서 바라보지 않고 그 자체의 내적인 동인(動因)을 파악하고자 하는 시도라는 점에서 의미를 갖는다. 물론 향토사에 대한 연구는 아직 그 성과가 사회과학적인 차원에서 충분한 학문적 지위를 얻지 못하고 일종의 문화적 이벤트 정도로 여겨지고 있지만, 지역사회에 대한 그 같은 접근은 도시문화 연구에 상당한 파급력을 지니고 있다고 할 수 있다.

도시문화를 구성하는 요소로 도시의 역사적 경험을 분석하면서 간과해서는 안 될 또 하나의 문제는 기록된 역사는 언제나 지배자의 관점에 서 있다는 사실이다. 앞서 살펴보았던 벤야민의 이야기를 다시 한번 빌어 본다면 도시경관은 그 도시가 겪어온 역사의 흔적이며 그 역사는 근본적으로 억압자와 피억압자 간의 전쟁에서 승리한 자들의 것이다. 벤야민은 "야만주의의 기록과 문명의 기록은 동일하다. 야만성 역시 한 소유자로부터 다른 소유자에게 전이되는 식으로 타락한다."고 쓰고 있다. 예컨대 트로이(Troy)는 그리스 사람들에 의해서 잡석더미로 변하여 거의 흔적이 남아 있지 않으며, 대부분의 고대 그리스 도시들도 파괴되었다.(Savage & Warde, 1993: 175) 따라서 도시의미를 구축하고 상징을 만들어내는 과정으로서 도시의 역사는 이데올로기적으로 작동한다.

이처럼 도시의 역사적 경험은 도시의 문화적 자원형성에 커다란 영향을 미친다. 예컨대 한국의 도시들을 역사적 경험을 기초로 분류해보면 크게 네 부류로 범주화된다. 첫 번째는 조선사회 이후 국가의 지방거점이 되었던 도시들이다. 이 도시들은 대부분 감영이 있거나 전략적인 거점으로 특별한 관리를 받아왔던 도시들로 함흥, 평양, 개성, 해주, 수원, 전주, 대구, 진주 등이 여기에 속한다.

두 번째는 개항기와 일제 식민지시대를 전후로 급성장한 항구도시들이다. 여기에는 인천, 군산, 목포, 부산, 마산, 진남포, 원산, 청진 등이 속한다.

세 번째는 60~70년대의 급속한 경제성장과정에서 성장한 도시들로 포항, 울산, 창원, 마산, 수원 등의 전형적인 공업도시들이 여기에 속한다.

마지막으로 서울의 인구과밀현상을 해소하고 자원의 집중을 막기 위해 80년대부터 지속적으로 추진해온 수도권 일대의 신도시들이 있다. 경기도 일대의 성남, 부천, 과천, 안산, 고양 등이 여기에 속하는 도시들이다.

이러한 도시발전과정의 변화를 규정한 기점은 대개 개항 및 일제 식민지 시대와 신도시 개발계획이 세워진 80년대 초반이라고 할 수 있다. 고석규(1999)는 일제 초 도시화 과정의 특징을 개항장에서 출발한 '신도시에 대한 우대'와 '전통도시에 대한 박대'로 보면서 그 기점으로 1913년 일제의 부제(府制)실시를 꼽는다. 1913년 일제가 부로 지정한 도시는 서울, 인천, 군산, 목포, 대구, 부산, 마산, 평양, 진남포, 원산, 청진 등 12곳으로 이들 중에 조선의 전통 도시들로는 서울, 대구, 평양만이 남겨져 있었다. 결국 이 과정은 지방행정의 중심으로 천년의 전통을 이어받은 전통도시들의 몰락과 개항장으로 출발한 신도시들의 부상을 의미하는 것이었다. 이 같은 도시 간 차별뿐만 아니라 도시 내 차별은 훨씬 더 교묘한 형태로 이루어졌다. 고석규는 이 도시 내 차별의 과정을 이중성과 신파성이라는 개념으로 설명했다.

이처럼 각기 서로 다른 도시의 역사적 경험은 도시문화산업에 있어서 각기 서로 다른 자원과 전략으로 드러난다. 예컨대 신라의 수도였던 경주는 고대도시의 이미지와 자원을 갖고 있고, 조선시대 감영 도시였던 평양, 대구, 전주 등의 전통도시들은 전통 농경사회의 중심이라는 이미지와 함께 근대화 과정에서 소외되었던 역사적 굴곡이 그 자체로 문화적 자원이자 전략으로 구성된다. 마찬가지로 군산이나 목포 등의 항구도시들은 개항기의 역사적 경험과 식민지 시대의 부흥 그리고 해방 이후의 정체라는 역사적 경험들로 도시문화전략이 구성될 것이다.

그러나 이러한 역사적 경험 속에서 도시가 가진 저항의 역사만큼 격렬하고 극적으로 도시의 이미지를 구성하는 것도 드물다. 모든 도시는 본질적으로 '역사적'이고 또 '저항의 역사'를 담고 있다. 어떤 도시이든 그 도시가 역사와 전통을 지니고 있다는 의미 속에는 불의에 저항했다는 또는 나아가 그 같은 저항을 기반으로 새로운 권력을 창출했다는 자랑스러움을 내포하고 있다. 예컨대 파리는 근대혁명의 출발점으로서 세계사 속에 찬란한 위치를 여전히 확보하고 있고 그것은 프랑스만의 자랑이 아니라 인류역사의 분기점으로 평가받고 있다. 도시의 역사적 경험이 어떻게 도시의 정체성을 형성하는가를 평가하면서 가장 먼저 도시의 저항성에 주목하는 까닭은 그것이야말로 도시의 역사성을 가장 극단적으로 보여주는 요소이기 때문이다.

전근대사회에서의 도시는 그것이 강력한 왕권국가의 통치하에 있다 할지라도 나름대로의 자율성과 공동체적인 성격을 지니고 있었다. 통신과 도로가 발달하지 않은 조건에서 중앙집권적인 권력체계란 한계를 지닐 수밖에 없었고 국가는 오히려 지방의 거점도시들을 확보하고 지방호족들을 견제할 수 있는 대리적인 권력구조를 형성할 필요가 있었던 것이다.43) 즉 대부분의 지방 도시들은 나름대로 자신들만의 공동체적 성격을 유지시키면서 독특한 도시적 특성을 발전시켰다.

그리고 그 지역적 특성은 때때로 국가로 대변되는 중앙권력이 몰락해버린 상황에서 뜻밖의 힘을 발휘하면서 민족적 전통을 굳건히 지켜나가는 저항적인 힘으로 작동해왔다. 한국현대사에서 평양, 대구, 마산, 광주 등은 가장 저항적인 도시로 기록되고 있고, 그것은 민족운동의 전통 속에서 그 도시의 신화로 남겨져 있고 도시정체성을 규정하는 중심적인 요소가 되었다. 물론 한국의 역사 속에서 저항의 상징이 되는 장소가 언제나 도시로 한정되는 것은 아니었다. 동학농민혁명은 금강과 우금티 마루로, 제주도는 4·3 항쟁의 고립된 저항의 섬으로, 지리산은 민족해방운동의 해방구이자 사회주의운동의 멸절의 현장으로 기록되고 있다. 물론 일제 식민지 시대를 거치면서 대구, 평양, 광주 등의 도시는 민족운동의 중심도시로 부상했고 그것은 그 도시의 저항적 이미지로 구성되었다. 예컨대 대구는 한때 '조선

---

43) 이 같은 지방 도시의 정치적 성격은 조선시대 감영 도시들에게서 전형적으로 나타난다. 이에 대해서는 고석규(1990)의 글을 참조.

의 모스크바' 또는 '전국 제일의 야도'로 불릴 만큼 좌익과 반골의 성향이 강했던 현대사의 경험을 가진 곳이었고, 광주나 평양은 일제 식민지 통치에 저항한 학생운동으로 기억되었다.

그러나 한국사회가 급속한 근대화과정에 진입해 들어가면서 도시는 저항적이고 자생적인 이미지를 잃어버리게 되었다. 해방 이후 등장한 국가권력은 강력한 중앙집권적 권력구조를 지향함으로써 도시적 특성은 점차 사라지게 되었고, 그것은 결과적으로 한국도시의 정신사적 특성과 의미를 축소시키는 과정이었다. 특히 지방 도시의 운동적(저항적) 특성은 권력의 창출과 밀접하게 연관되어 있었다. 예컨대 대표적인 야도로 꼽혔던 대구는 이른바 'TK'로 통칭되는 군사정권의 지역적 기반으로 작동했고, 이 같은 권력적 변화는 결국 민족운동의 성지였던 대구의 저항성을 탈각시키면서 '사과의 도시' 혹은 섬유산업의 도시 등과 같은 산업적 특성으로 이미지화되었다. 제주 역시 4·3 항쟁의 뼈아픈 저항성이 탈각되고 삼다도 혹은 한국의 대표적인 관광도시라는 이미지로 굳어졌다.

이 같은 배경을 놓고 본다면 역사를 통해서 일관되게 저항의 도시, 나아가 혁명적 아우라로 기억되는 도시는 흔치 않다. 그런 의미에서 광주는 한국 근현대사에서 가장 극적인 저항의 아이콘을 가진 도시이면서, 한편으로는 가장 극적인 복권과정과 제도화의 경험을 동시대에 겪고 있는 독특한 도시로 볼 수 있다. 광주는 그저 움직이지 않는 '부동의 역사(immobile history)'가 아니라 그 자체로 살아 움직이는 신화가 된다. "영원한 청춘의 도시"로서 광주가 상징하고 있는 것은 바로 '발언과 투쟁'이다. 민주주의에 대한 강렬한 저항과 민주주의를 위해 죽음도 불사하며 광주는 외치고 또 싸우는 것이다. 그래서 80년대는 광주는 '오월 그날이 다시 오면 우리 가슴에 붉은 피' 솟는 민주주의의 격렬한 투쟁의 공간이자 상징이 되었고, 그것은 광주의 도시적 이미지를 규정했다.44)

---

44) 광주라는 도시가 한국 현대사 속에서 겪어온 공통의 경험은 비단 그 도시의 경계와 시간만이 아닌 한국사회 전체에 커다란 영향을 미쳤다. 예컨대 80년대라는 극적인 전환기 속에서 광주는 민주주의, 정의, 투쟁 등의 개념과 동

그러나 도시의 저항적 이미지는 최초에는 정치적 의미가 부단히 강조되면서 도시정체성을 형성하지만, 저항성이란 시간이 흐를수록 어떤 방식으로든 탈색되는 과정을 거칠 수밖에 없다. 광주의 경우, 권력교체라는 특별한 정치적 변수가 존재하기는 했지만, 저항에 대한 구체적인 기억과 고통보다는 그것을 도시의 자부심으로 변화시키고 발전시키는 제도화의 과정과 함께 기념사업에 치중하는 도시이미지의 변모를 보여주고 있다. 또 이러한 변화와 함께 최초에는 저항의 이미지에 대항하는 지방정부와 토착자본의 이데올로기로서의 성격을 강하게 지니고 있었던 예향론이 교묘하게 접목되면서 문화도시로의 이미지가 강조되는 경향도 나타나고 있다.

2) 자연자원과 물리적 경관: 유형적 문화자원의 무형화

벤야민이 말한 도시경관의 아우라(aura), 즉 '장소의 영혼(Genius Loci)'은 한 도시가 자신만이 갖는 독특한 구조와 멋의 표현이다.45) 한국 도시들의 경우 20세기 이후 서구열강의 침탈과 급격한 근대화로 도시의 원형이 무너지기 전까지는 나름대로 특색과 자신만의 고유한 분위기를 유지해왔다. 그러나 산업화된 도시들의 근대적인 표준설계는 한국의 도시를

의어가 되었고 '5월 광주'는 광주의 도시적 상징이라기보다는 한국 민주주의의 상징이 되었다.

45) 판소리 〈춘향가〉에서 암행어사가 되어 옥에 갇힌 춘향을 구하기 위해 남원에 들어선 이도령이 부르는 노래 "박석고개를 넘어서서 좌우산천을 둘러보니 /산도 보던 청산이요 물도 보던 물이다마는 물이야 흘러갔을 것이니/그 물이 그저 있것느냐 광한루야 잘 있더냐 오작교도 무사헌가/동림 숲을 바라보니 춘향과 나와 둘이 앉어 이별하던 곳이로구나/선원사 저믄 종성(늦은 종리의 옛말)은 예듣던 소리로다"의 박석고개는 그저 아무런 상념 없이 지나치는 과객의 박석고개와는 전혀 다른 의미가 될 것이다. 그리고 오늘날 우리는 남원을 들어서면서 그저 스쳐가는 평범한 이 고갯길이 춘향과 이도령의 애틋한 사랑을 담은 특별한 장소로 변할 때 그것은 남원이라는 도시에 대한 느낌을 규정하고 도시적 이미지를 결정해준다. 벤야민의 도시경관의 아우라라는 개념은 그것이 독특한 장소감으로부터 비롯되지만 그것이 시민들 속에서 공유될 수 있을 때 성립된다.

획일화된 '도구적 도시'로 만들었고, 도시의 건축물들과 경관은 한국 어디
를 가도 거의 차별 없는 도시경관으로 전락했다. 그럼에도 불구하고 한국
도시들은 아직도 도시 곳곳에 나름대로의 경관적 특징과 매력을 숨겨두고
있으나, 이들 대부분의 도시적 특징은 겉으로 드러나는 도시경관의 표면보
다는 그 이면에 진정한 도시성을 감춰두고 있다.46)

경관은 다양한 시각적 요소를 통해서 지각된다. 그러나 사람들은 눈에 보
이는 모든 것들 가운데서 어떤 특정한 부분을 선택적으로 받아들이며 그 의
미를 인지하게 된다.47) 그러나 경관에 대한 개인 간, 집단 간 경관인식의 차
이에도 불구하고 많은 사람들에게 공통적으로 받아들여지는 시각대상이 존
재하며 그것을 우리는 공공이미지(public image)라고 부른다. 또 특정 도
시의 공공이미지를 구성하는 여러 경관요소들 가운데서 시민들이나 방문자
에게 특히 도시전체의 이미지를 대표한다고 여겨지는 경관 즉 대표경관
(epitome scene)48)이라고 할 만한 것이 또 있기 마련이다.(김한배,
1998)

이 대표경관은 뚜렷한 이름이 있어야 하고 경계가 분명해야 하며 지역의
역사와 신화(mythology), 중심활동지역, 관문 아니면 적어도 상징적인
관문, 다양한 기호와 상징이 생생하게 살아있어야 하고, 도시의 특색은 물

---

46) 이규목은 신화와 종교적 상징이 우세했던 고대도시들에 비하면 현대의 도시
들은 사회·물리적 측면 모두 세속적인 힘을 나타내는 것들이 정신적인 요소
들을 압도하고 있다고 지적하고 있다. 그러나 이것은 현대 도시경관이 상징
성이 빈약하거나 없다는 뜻이 아니라 대규모의 상업건물이나 고층 아파트 같
은 시각적으로 도시경관을 지배하는 것들이 참다운 인간적 가치와 관련성이
적어 상징적 의미가 부여되지 않는다고 주장한다.(이규목, 1988)

47) 지각(知覺, perception)과 인지(認知, cognition). 지각하는 모든 것이 인
지되지는 않는다. 인지되는 경관은 관찰자의 경험에 바탕한 의미의 개입을
뜻한다.

48) 대표경관이라는 개념은 미국의 도시학자 클레이(Clay)에 의해서 사용되어진
개념이다. 클레이는 한 도시의 역사성과 성격을 대표적으로 나타내는 지역을
대표지역(epitome districts 또는 key places)라는 용어로 표현했고 이를
유형화하여 미국도시의 특징을 분석했다. 대표경관과 관련하여 이규목은 대표
지역(epitome districts)이라는 개념으로 쓰고 있고, 김한배는 대표경관
(epitome scene)이라는 개념으로 사용하고 있다.

론 방문객이 와서 고유의 분위기와 맛을 즐길 수 있는 지역이 되어야 한다고 했다.(이규목, 1988: 225)

  그러나 도시는 이처럼 눈에 보이는 것만으로 이루어지지는 않는다. 도시경관은 어떤 의미에서 눈에 보이지 않는 힘으로 도시 전체의 경관을 규정하기도 하는 것이다. 예컨대 고대 도시에는 나름대로 그 도시의 전체적인 경관을 만들어가는 우주적 세계관이 작동하고 있으며 그것은 실제로 그 도시 속에 살아가는 사람들의 생활과 도시에 세워진 건축물들 하나하나에 다양한 의미를 부여했다. 이처럼 도시의 경관을 구성하는 요소들은 눈에 보이는 이미지 혹은 대표경관의 측면과 의미체계로서의 측면을 동시에 지니고 있다. 도시의 이미지를 구성하는 두 측면 즉 부동의 역사로서 눈에 보이는 도시경관과 그 의미체계로서 도시의 이미지를 구성하는 측면을 각각 살펴볼 것이다.

  도시에 대한 첫인상 즉 최초의 이미지를 결정짓는 가장 중요한 요소는 도시의 물리적 경관이 될 가능성이 높다. 도시의 물리적 경관은 우리가 도시 속에서 발견하는 '눈에 보이는' 모든 것들이다. 건축물들과 광장, 거리, 기념비 등의 스펙터클은 도시에 대한 최초의 이미지를 구성하고 그 속에서 '보이지 않는 어떤 것'들을 통해 정체성을 형성하고 신화를 생산하는 장치들인 셈이다.

  물론 지역을 구획하는 일차적인 요소는 주어진 조건으로서의 지리적 공간이다. 자연적으로 주어지는 환경적 조건의 동질성을 바탕으로 우리는 지역의 범위와 성격을 논의할 수 있다. 그러나 지리적 조건이 자연조건 그대로의 것은 아니다. 지리적 조건은 그것이 인간의 구체적인 삶의 조건이 되면서 일정한 역사적 조건으로 화한다. 강은 단순한 강이기보다 지역인들의 농업이나 상업과 같은 생존의 한 유기적 부분이 되며 이러한 점에서 강의 존재는 그 지역인의 역사와 불가분의 관계를 지닌다. 이것은 산도 마찬가지이며 넓은 평야의 존재도 마찬가지이다. 다만 이러한 자연조건은 쉽사리 변하지 않는다는 점에서 부동의 역사(immobile history)를 형성한다. 이 부동의 역사위에 지역인들은 오랜 세월을 거쳐 그들만의 삶의 흔적들을 남겨놓는다. 주어진 자연조건에 때론 순응하고 때론 도전하면서 인간의 총체적인 삶이 형성된다. 생산 활동과 관련한 지배계급과 피지배계급 간의 갈등도 존재하고 정치적인 갈등도 존재한다.

도시경관은 이처럼 다양한 의미 속에 놓여져 있으나 궁극적으로 도시경관의 정체성이란 도시경관을 구성하는 물리적 요소들과 그 요소들 간의 구성방식 즉 구조적 측면과의 종합이다. 즉 도시의 경관은 수많은 자연적, 역사적, 생활적 인자들로 구성되어 있고 그것은 각각의 방식으로 도시를 상징하고 있지만, 궁극적으로 도시의 정체성을 규정하는 것은 이러한 인자들 간의 상호관련성 혹은 결합구조에 있다는 것이다. 그리고 그 구조는 도시의 역사를 관류하는 일관된 도시형성의 구조 및 그 의미와 부합할 때보다 명료하게 경관정체성을 드러낼 수 있다.

이 같은 관점에서 한국 도시의 경관정체성을 규정하는 요소들은 각 시대에 따라 달라져왔다. 김한배에 의하면 고대 경주의 도시 형태는 '삼산(三山)', '만다라(曼茶羅)' 그리고 '홍범(洪範)'의 세계관에 근거하여 만들어진 삼각형과 원형 및 방형의 정형적 도시 형태였다고 한다. 이후 고려와 조선시대를 거치면서는 추상적이고 관념적인 도형들보다 대지적 질서에 호응하는 '풍수지리'의 유기적 도형과 유교적 정치이념의 도형들이 절충적으로 도시 형태를 규정했다. 또 근대 이후의 도시 형태는 엄격한 지배-피지배의 원리를 드러낸 '바로크적 도형'과 실용주의적 '도시계획의 도형'이 주가 되었다. 그러나 이러한 도시 형태들은 늘 전시대의 도시도형과 중첩됨으로써 도시경관은 이중적 형태로 나타나게 되었다. 결국 한국도시의 경관정체성의 근본은 대부분 음양오행을 그 사상적 기반으로 공유하고 있었고, 이런 배경에서 나타나는 도시의 경관적 특성은 '상보적, 동적 관계성'으로 정리될 수 있다. 결국 이 같은 도시 형태가 가시적으로 드러날 때는 다원적 구조의 중심에 인간 간의 만남의 장인 혈(穴), 명당, 시장가로, 마당이 있어 이를 통해 대조적 세계들 간의 융합을 이룬다고 하는 것이다.[49](김한배, 1998)

김한배(1998)는 한국 도시들의 대표경관들 가운데 시대를 관통하여 가장 강력한 대표경관요소로 '산(山)'을 꼽고, 이와 짝을 이루는 대조적 자연요소인 '강'과 함께 경관의 자연적 특징이 형성된다고 지적했다. 그러나 한국의 도시에서 산과 강은 그 자체로 도시의 특징을 드러낼 뿐만 아니라 그속에 살아가는 사람들의 인성과 특성에 곧잘 연관되어졌다. 다시 판소리 〈춘향가〉의 한 대목을 보자. "…… 저 건너 동편에 보이는 산은 지리산 내맥인데 신선나려 놀든 데요/북편의 높은 산은 교룡산성이 저기온데 화계야 곡성 지지옵고/서편에 엄숙히 보이는 집은 관왕묘라 모셨는듸 역력헌 일이 많사옵고……"50) 이 인용 글은 판소리 〈춘향가〉의 대목으로 승지강산(勝地江山)을 찾아 나들이 나선 이도령에게 방자가 남원의 풍광을 자랑삼아 설명하는 대목이다. 방자가 말하고 있는 '삼남제일의 승지'인 광한루와 남원의 지리적 특성을 규정짓는 지리산은 방자가 바라보기에 남원의 대표경관인 셈이다. 그리고 그 대표경관으로서 지리산과 광한루는 오늘날까지 성공적으로 남원의 도시적 이미지를 대표하고 있고, 가장 중요한 관광자원이 되고 있다.

산뿐만 아니라 강 역시 단순한 자연경관이 아닌 한 도시의 문화적 상징이자 도시의미를 구성하는 대표경관이다. 지구상에 존재하는 거의 모든 도시들은 그 도시를 상징하는 강을 갖고 있고 실제로 강은 그 도시의 생활터전이자 역사가 된다.51) 이러한 자연경관은 대표경관으로서 한 도시를 상

---

49) 김한배의 연구는 도시경관에 대한 조경학적 또는 건축학적 입장을 토대로 한국의 주요 도시들을 분석한 것이다. 이 연구는 한국 도시경관의 변천을 역사적 관점을 통해서 그 문화사로서 도시경관의 사회적 의미를 분석하고 있다는 점에서 도시연구의 도시사회학이나 문화사회학에 시사하는 바 크다 하겠다.

50) 판소리에서는 이처럼 작중인물이 일정한 공간을 이동할 때 그 과정을 진술하면서 아울러 주위 경개며 관련되는 고사 인심 등을 서술하는 부분 창을 노정기(路程記)라 한다. 춘향가에서 신관 변 사또의 남원부사 도임 노정기와 거지차림을 한 암행어사의 남원행 노정기, 또 흥부가의 제비노정기, 수궁가의 별주부가 토끼를 구하려 수궁에서 세상으로 나오는 부분 등도 노정기에 속한다.

51) 최근 들어 이처럼 특별한 장소 또는 공간과 관련된 연구가 다양한 분야에서

징할 뿐만 아니라 때로는 한 민족과 국가 또는 특별한 바람을 상징하는 기호로 사용되기도 한다. 예컨대 우리가 고구려, 신라, 백제가 쟁패하던 삼국시대의 한강은 한반도 패권의 주도권을 상징하는 의미로 쓰이고 또 근대화 과정에서 '한강의 기적'을 말할 때 그것은 서울의 대표경관을 넘어서 국가적 승리의 구호가 된다. 마찬가지로 금강산이나 평양의 대동강은 조선시대를 통해서는 빼어난 경치와 풍류를 상징했지만 분단시대를 통해서는 통일염원을 담은 민족적 상징으로 자리 잡기도 한다.

도시경관은 건축물, 거리, 가로등, 쇼핑몰, 가게, 간판, 아파트, 공원 등 수많은 요소들로 특징 지워진다. 도시경관을 결정짓는 이러한 요소들은 모두 나름대로의 의미를 형성하고 있고, 그런 의미에서 도시는 다양한 의미들로 구성된 텍스트들인 셈이다.(김왕배, 2000) 이 가운데 도시의 거리는 그 도시가 겪어온 역사와 권력의 변화를 가장 구조적으로 보여주는 이른바 '부동의 역사'로서 대단히 중요한 의미를 갖는다. 도시는 건축물을 비롯한 도시경관과 거리를 통해 그 도시가 역사 속에서 얼마나 격렬하게 갈등하고 투쟁했는가 하는 흔적을 반드시 남긴다. 갈등과 투쟁의 흔적은 때로는 거리의 담벼락에 아무렇게나 휘갈겨진 낙서를 통해서 남겨지기도 하고 때로는 그 도시를 대표하는 건축물을 통해 남겨지기도 하며, 또는 거리의 기본적인 형태를 완전히 뒤바꿔놓으며 남겨지기도 한다.

예컨대 한국의 가장 전통도시들인 대구와 전주의 경우 과거 조선시대의 도시경관은 성곽과 사문 밖의 장시 및 삼단일묘(三壇一廟)의 종교 시설들과 풍수적 지형들에 의해서 조성되었고, 성안의 스카이라인에는 중앙의 객

제출되고 있다. 예컨대 낙동강은 팔공산과 함께 대구의 대표경관을 구성하는 자연적 요소라고 할 수 있다. 그러나 낙동강의 경우 경북 안동, 고령을 거쳐 경남에 이르기까지 길게 뻗어있고 그만큼 인근 지역주민들의 삶과 생활, 역사를 보듬고 있다고 할 수 있다. 그래서 낙동강은 고대로부터 현재에 이르기까지 단순한 강으로서보다 이곳을 지나치는 역사를 담은 뜨거운 현장으로 낙동강을 기억하게 한다. 박태일. 1999, 『한국 근대시의 공간과 장소』, 소명출판. 참조.

사와 관아를 중심으로 각 방향의 성문이 두드러지고, 성곽내부에는 직각형
태가 아닌 굽은 축의 중심가로를 구성하는 경관적 특성을 보여주고 있
다.[52] 그러나 개항 이후 일제시대를 거치면서 이들 전통도시들은 대부분
성곽과 도시의 랜드마크(landmark)[53]들이 철거되고 중심가로가 직선화
되며 철도와 역사가 설치되어 구성부(舊城府)의 중심을 관통하면서 전통적
인 도시경관은 의도적으로 파괴되고 근대적 의미의 새로운 중심상업가로
즉 격자형 가로가 형성되었다.(김한배, 1998)[54]

일제 식민지 통치하의 도시는 한편으로는 몰락한 농민들의 도시집중으로
인한 도시빈민층이 형성되고 다른 한편에서는 도시중심으로 진입해 들어온

---

52) 한국의 전통도시들에서 발견되는 가로형태는 대개 '丁자형'을 보인다. 십자형
또는 직선형 가로가 선호되지 않았던 것은 여러 가지 이유가 있겠으나 대체
로 풍수상의 이유 즉 음양의 이치에 의한 것으로 전해진다. 서울의 경우 조
선 초에는 동서대문을 일직선의 형태로 잇는 직선형이었으나 세종 2년 '동서
의 대문이 마주보면(관통하면) 음양이치상 바람직하지 않다'고 하여 서대문
을 그 서남쪽으로 이전, 결국 끝이 굽은 형태로 가로가 유지되었다고 한다.
이처럼 가로의 끝이 굽은 형태는 이후 대부분의 지방 도시들에서 일반화되어
한국도시의 정체성을 구성하는 요소가 되었다고 한다.(이규목, 1994) 이 문
제를 한국도시의 현대적 가로형태와 관련해 생각해본다면 직선가로나 격자형
가로가 사람보다는 차량중심의 도로라고 볼 수 있다. 반면에 끝이 굽은 '丁자
형' 가로의 경우 사람을 중심에 두는 인본주의적 전통이 드러나는 부분이라
고 할 수 있다.
53) 도시의 특징을 나타내주는 시각표지물로 도시이미지의 기본요소 가운데 하
나이다. 예를 들어 LA의 자유의 여신상 서울의 남산타워 등을 도시의 랜드
마크라고 할 수 있다. 이들 랜드마크는 한번 형성되면 도시의 이미지와 특성
을 오랫동안 간직하고 그 도시를 대표하는 장소가 되기도 한다. 예를 들어
전주의 경우 80년에 철거된 20년 전의 '미원탑'은 아직도 전주시민들 사이에
서 전주를 대표하는 랜드마크로 기억되고 있다.
54) 격자형 가로는 가장 기능적인 도로패턴으로 계획도시의 가장 대표적인 가로
형태이다. 그러나 모든 계획도시가 격자형으로 구성되는 것은 아니다. 예컨
대 도시의 모든 간선도로를 방사선 모양으로 만든 도시의 경우 방사선의 중
심에 뭔가 기념비적인 구조물을 세우는 형태로 가로가 이루어진다. 우리나라
의 진해시나 파리, 워싱턴 D. C 등이 이런 형태의 가로망을 갖고 있다. 이
같은 형태의 도시들은 전체주의적 정권 아래서 계획된 도시들이거나 또는 혁
명직후 위대한 사회의 건설을 강조하는 경우 만들어진 형태들이다. 서현의 『
건축, 음악처럼……』 참조.

일본인들의 거주지가 전혀 다른 형태로 도시 공간을 형성하고 있었다. 서울의 경우 조선인들이 북촌과 마포를 중심으로 전통적인 거주지역에 살고 있는데 반해, 일본인들은 충무로(本町), 명동(明治町) 등의 남촌과 용산 등에 새로운 공간을 만들어나갔다. 그리고 그러한 주거형태의 분화는 중심가로의 노폭확장과 직선화로 이루어지고[55] 그 결과 서울은 북촌과 남촌이라는 전혀 상반된 생활공간으로 분리되었고 종로를 중심으로 한 조선인 거리와 충무로를 중심으로 한 일본인 거리가 극명하게 대비되었다. 남촌과 북촌은 가로개수사업에서부터 상권의 형태와 사람들의 활동, 문화에 이르기까지 거의 모든 점에서 대비되었고, 종로중심의 남촌은 일제 식민지기간 전체를 통해 시민들의 애환을 담고 한편으로는 민족운동의 상징과 같은 민족의 거리가 되었다.[56]

일제 식민지 시대 한국의 대표적인 도시들은 대부분 이 같은 공간적 변화를 거의 예외 없이 겪어야했다. 국내 주요 개항장이었던 목포의 경우 도시형성의 유래에서부터 크게 '구 각국공동거류지'와 '구 목포부 부내면' 구역으로 구분되어 전자는 일본인 마을로 후자는 조선인 마을로 각각 형성되었다. 일본인 거리의 경우 나름대로 계획된 시가지의 형태를 갖추고 있었고 조선인 거리는 무계획적이고 빈민화 된 시가지로 발전되었다.(고석규, 1999) 이러한 형식의 공간분화는 대구, 인천, 전주, 군산 등에서도 그대

---

55) 서울의 경우 일제가 1913년부터 1929년까지 실시한 시구개수사업(市區改修事業)을 통해서 도심가로의 변화가 이루어졌다. 개수사업의 특징은 중심가로의 노폭확장과 직선화였다.(고석규, 1999)

56) 일제시대 종로를 거점으로 활동한 주먹 패 김두한의 활동을 그린 영화 〈장군의 아들〉은 바로 종로와 충무로의 공간적 다툼이 어떤 의미를 담고 있었는지를 극적으로 보여주었다. 김두한은 비록 주먹 패에 불과했으나 종로의 얼굴이자 민족의 자존심을 대표했고, 김두한에 맞서는 하야시의 활동근거는 충무로였다. 이 영화 속에 등장하는 "종로는 우리나라의 심장이야. 종로가 일본 놈들한테 먹히면 우리 민족이 갈 곳은 어디에도 없는 거야" 또는 "종로상가는 조선 왕조 5백 년을 지속한 거시가 아니냐", "종로는 우리 조선에게 남은 마지막 보루"라는 영화 속의 대사는 종로라는 거리가 어떤 의미를 갖고 어떤 도시적 이미지를 형성하고 있는지를 잘 보여준다. 구동회 편. 1999, 『영화 속의 도시』 참조.

로 나타나있다. 대구의 경우 개항 초기 땅값이 쌌던 성곽 동편 특히 철도 선로 변에 자리 잡았으나 대구역 신설과 시가지 개편으로 인해 대구역 앞의 동서도로인 공영가도(현 태평로)에 이르기까지 확장되었다. 전주의 경우도 마찬가지로 초기 서문 밖과 다가동 일대에 자리 잡고 있던 일본인들이 점차 중앙동으로까지 진출하고, 역으로 조선인들의 거주지는 경기전을 중심으로 한 동쪽 일대에 모여드는 결과로 나타났다.[57](김한배, 1998) 이러한 상황 속에서 도시의 형태는 일제의 구획정리를 통해서 전통적인 'T자형'으로부터 벗어나 격자형의 가로망으로 정비되었고 이 시기를 기점으로 오늘날까지도 도시 공간의 이중성은 전체 도시경관과 이미지에 큰 영향을 미치고 있다.

도시경관 전체의 윤곽을 확정짓는 가로형태와 함께 도로나 길 역시 도시경관을 규정하는 중요한 요소들이다. 앞서 살펴보았던 광주의 금남로는 광주의 중심도로이자 광주항쟁의 또 다른 아이콘이다. 역시 종로는 아직 민족의 거리라는 자존심을 감싸고 있는 도로이고 충무로는 한국영화를 상징하는 또 다른 이름이다. 또 인사동 길은 가장 한국적인 거리로 꼽히고 한국의 전통문화를 고스란히 간직한 마지막 보루로 여겨지고 있다.

도시의 가로와 경관은 부동의 역사(immobile history)로 한 도시의 흔적을 증언하지만 그것을 제대로 읽어내고 이해하는 것은 결코 쉽지 않다. 그것은 도시가 사람들의 삶의 흔적이면서 동시에 그 자신 스스로 하나의 역사를 이루고 있기 때문이다. 도시는 이처럼 다양한 역사를 하나로 모아두고 있고, 따라서 한 도시의 경관을 제대로 읽어낸다는 것은 그 도시의 역사와 문화를 총체적으로 이해해야 한다는 것을 뜻한다.

도시경관이 어떻게 변화하고 그 변화가 사람들에게 어떻게 받아들여지며

---

57) 전주의 경우 이때부터 분화된 도시의 동서분화는 오늘날까지도 심화되고 있다. 일제시대 조선인 거리의 중심이었던 교동 한옥지구 일대는 경기전과 향교, 오목대로 이어지면서 전주의 전통성을 강하게 지켜나가는 거리인 반면 서부지역은 서북방향으로 신시가지를 계속 확장되면서 발전하는 경향을 보여준다.

그럼에도 불구하고 그 도시와 거리의 의미를 제대로 이해한다는 것은 무엇인지 다시 '저항과 대동의 도시 광주'로 가보자. "…… 몇 해만에 광주 금남로에 갔습니다/그 싸움 그 참살이 지나서/밤에는 높다라이 네온싸인이 돌고/거리와 사람들이 흥청대고 있었습니다/총탄 자국 때우고/언제 그런 일이 있었느냐는 듯이/자정 무렵 흰색의 도청 건물도 떠오르고 있었습니다……" 시인 고은이 광주항쟁이 있은 지 몇 해 뒤에 광주를 가서 보고 느꼈던 심정을 시로 읊은 것이다. 거리는 그 역사를 고스란히 간직하고 있지만 그 거리는 똑같은 방식으로 그 거리의 투쟁과 피의 역사를 감춘다. 그리고 그것은 그대로 도시의 의미를 규정하는 힘이 된다.

도시의 이미지를 좀 더 직접적으로 규정하는 건조 환경으로 도시를 대표하는 광장을 빠트릴 수 없다. 서울과 여의도 광장, 모스크바와 크레믈린, 북경과 천안문, 광주와 도청 앞 광장은 모두 한 도시의 도시경관을 대표하고, 뿐만 아니라 한 시대와 역사를 증언하는 현장들이다. 여의도 광장의 본래 이름은 5.16 광장이다. 이곳은 군사쿠데타로 등장한 박정희 정권의 상징이었다. 백만 인파를 수용할 수 있다는 이 광장은 박정희 정권이 조성한 이후에 '그들의 혁명'을 기념하는 대규모 군사퍼레이드의 주요 장소가 되었고 그것은 군사정권의 권위주의의 상징이었다. 또 이곳은 한때는 한국 기독교사에 빛나는 부흥운동의 상징이기도 했다. 그러나 이곳은 80년대 이후 수많은 선거집회와 정치집회의 현장으로 시대와 상황에 따라 그 모습을 변화시켜왔다.

3) 도시의 이미지와 문화산업 : 정체성의 문제

앞서 살펴본 도시문화의 두 가지 자원, 즉 역사와 전통과 자연(물리적) 경관은 도시의 무형적 문화자원과 유형적 문화자원이 서로 어떻게 연관되는가를 보여준다. 이 두 가지 형태의 문화자원은 서로 영향을 주고받으면서 도시의 이미지와 정체성을 결정하고, 그에 기반하여 도시문화산업을 발생시킨다. 특히 최근 들어 도시이미지가 도시문화산업의 주요한 자원으로

활용되면서, 도시이미지는 새로운 차원에서 분석되고 있다.58)

도시는 자신의 본래 모습과 스스로 가지고 있는 것들 가운데 어떤 부분은 감추고 또 어떤 부분은 과장하며 새로운 모습을 창출해낸다. 전통적인 의미에서 도시는 언제나 '발전(공장)과 활기와 생산'을 의미했지만 이미지 시대의 도시가 추구하는 것은 '아름다움과 문화와 소비'인 것이다. 이미지는 이제 미래도시의 중요한 특징 가운데 하나가 되었고, 오늘날의 도시들은 보다 나은 그리고 자신들만의 이미지를 구축하기 위한 치열한 경쟁 속으로 들어가 있다. 도시의 이미지가 이처럼 중요한 문제가 되는 것은 그것이 도시의 산업적 기반이 되기 때문이고, 따라서 이미지의 문제는 늘 현실보다는 미래를 바라보는 개념이 된다.

그런 의미에서 본다면 도시는 이제 더 이상 진실하지 않다. 도시는 시간과 공간에 따라 스스로의 모습을 변화시키며 그 과정은 늘 선택적이고, 그래서 도시의 이미지와 신화는 늘 정치적으로 배치된다. 그러나 도시가 진실하지 않다고 해서 도시가 허구의 이미지만으로 가득 차 있는 것은 아니다. 도시의 이미지가 늘 진실하지는 않으나 그렇다고 언제나 거짓으로 가득 찬 것만은 아니다. 도시를 "사람들의 기억과 과거의 창고이며 문화적 전통과 가치들의 저장소"라고 할 때 도시는 경험적인 실증과학의 척도로는 미처 측정되지 않는 독특한 힘을 갖고 있다는 사실을 내포한다. 문화적인 차원에서 도시는 거대한 상징들의 혼합체이기도 한 것이다.

엘리아데의 말을 빌리자면 이미지는 그 구조 자체상 다가적(多價的)이다. 사물의 궁극적 실재를 포착하기 위해 정신이 이미지를 이용하는 이유는 바로 이 실재가 개념에 의해서 표현되지 못하고 모순 되는 방식으로 표

---

58) 도시의 상징물이나 건축물, 거리, 노래, 영화, 색깔 등을 도시의 이미지 및 정체성과 연결시키는 연구가 그러한 경향을 대표한다. 이러한 연구는 대체로 구조주의와 기호학의 영향을 받으면서 발전해왔다. 한국의 경우 문화과학을 표방한 일군의 문화연구자들에 의해서 도시 공간이 이런 방식으로 분석된 바 있다. 이러한 연구로는 강내희의 「서울, 그 일상공간의 동학」(1994), 김소영 (1994), 「서울, 영화 속의 도시」, 현실 문화 연구 편, 『공간의 문화정치: 공간 문화 서울』(1995) 등이 있다.

명되기 때문이라는 것이다. 그래서 엘리아데는 의미작용의 집합으로서의 이미지 그 자체가 진실한 것이지, 이 의미작용 가운데 어느 하나, 또는 관계되는 수많은 차원중의 어느 하나가 진실한 것은 아니라고 본다. 하나의 이미지를 한 가지 관계와 맺어줌으로써 구체적인 한 개의 용어로 해석하는 것은 이미지를 훼손시키는 것보다 오히려 더 나쁜 일이며, 인식의 도구로서의 이미지를 절멸시키고 폐기시키는 것이다.(Eliade, 1952)[59]

엘리아데의 이미지에 대한 해설을 음미하면서 도시의 이미지를 바라본다면, 도시야말로 이미지의 다가성을 가장 극적으로 구현하고 있는 시간이자 공간일 수 있다. 도시는 수많은 역사(시간) 속에서 이미지를 선택적으로 만들거나 형성해왔고, 그것은 예술과 정서 그리고 물리적인 경관을 통해서 현상되었다. 오늘날 우리가 눈으로 확인하고 쉽게 읽어낼 수 있는 도시적 이미지는 그 자체로 이미 그 시대정신의 산물이자 정치적 결과인 셈이다. 그리고 그것은 그 도시의 진실일 수 있으나 또 진실이 아닐 수도 있다.[60] 그러나 현재 시점에서 보여지는 도시의 이미지가 진실이건 아니건, 도시는 과거를 풍미했던 수많은 이미지들을 곳곳에 남겨둔다. 그 남겨진 이미지들은 때로는 시와 소설을 통해서, 노래를 통해서, 영화를 통해서 그리고 퇴색해버린 건축물들과 거리를 통해서 우리들에게 전해진다.

도시문화에 대해서 좀 더 현실적으로 접근해본다면 도시의 상징과 이미지는 대단히 중요한 요소가 된다. 도시문화를 보다 총체적인 의미로 놓고 본다면 도시의미를 구성하는 요소는 상징과 이미지의 비중이 더욱 커질 수밖에 없다. 영국의 인문지리학자 팀 홀(Tim Hall)은 도시이미지에 대해

---

59) 이미지의 변증법이라는 차원에서 본다면 일체의 배타적인 축소는 비정상적이다. 종교사를 통해서 볼 때 위대한 종교적인 상징치고 그 역사가 수많은 '실추'의 비극적 연속이 아니었던 것은 단 하나도 찾아볼 수 없다고 엘리아데는 쓰고 있다. 권력은 늘 이미지를 전유하고 생산하며 거기에 주관적이고 권력지향적인 해석을 가한다.

60) 이미지는 초월적 욕망에 호소하여 이들 초월적 욕망을 손으로 만질 수 있고 진짜처럼 보이게 만드는 시각문법으로 표현해낸다. 그 이미지는 관람자들에 의해 정체성을 획득하며, 그 결과 사람들이 그것을 믿는 경향이 생겨난다. (Stuart Ewen, 1988)

서 다음과 같이 말한다.

> 모든 도시는 이미지를 가지고 있다. 실제로 모든 도시가 여러 이
> 미지를 가지고 있으며 또한 항상 지니고 있었다고 말하는 것이 더
> 정확하다. 또 장소의 이미지는 종류에 따라 장소나 공간에 대해 단
> 순화되고 일반화된, 때로는 진부한 인상을 심어주기도 한다. 주변
> 환경을 이해하기 위해 우리는 복잡한 실세계를 몇 개의 선택적 느낌
> 으로 단순화시킨다. 이렇게 선택적인 방법을 통해 우리는 장소이미
> 지를 만들어 내고 있다. 장소이미지는 전형적으로 특정한 자연적,
> 사회적, 문화적, 경제적, 정치적 양상들과 이러한 것들의 조합은 과
> 장하는 반면, 그 밖의 것들은 축소 또는 제외시킨다. …… 인식의
> 세계에서 이미지는 현실보다 더 중요하다.(Tim Hall, 1998, 유환
> 종 외 역(1999) 170쪽)

이미지는 본디 상상력과 가능성의 영역에 존재한다. 도시이미지는 팀 홀
이 말한 바와 같이 도시의 이미지는 '선택'되어지고 '단순화'된다. 요컨대
도시는 하나의 이미지로 존재하지만 그 이미지는 일련의 기획이라는 과정
을 거치게 된다는 것이다. 팀 홀은 장소이미지를 형성하는 요인들로 장소
에 대한 지배적 이미지를 형성하게 되는 사건의 방송보도, 풍자, 개인적
경험, 소문과 명성 등을 꼽는다.(Tim Hall, 1998)[61]

그래서 도시의 이미지는 신화로 재현된다.[62] 도시가 강력한 신화를 기

---

61) 인문지리학자인 팀 홀은 산업사회와 후기산업사회에서의 도시이미지의 차이를
지리적 조건으로 설명하기도 한다. 팀 홀은 산업사회에서는 도시발전 자체가
고도의 지리적 관성을 띠게 된다고 파악한다. 산업사회에서 도시는 입지적으로
독특한 유형의 사이트로 묶여 있고, 일단 건설되면 규모의 생산경제를 가져오
기 위해 오랫동안 그곳에 머물러야만 한다. 그러나 현재의 경제성장지역은 지
리적 관성을 덜 보이는 경향이 있다. 전통적 입지조건은 이전에 비해 더 이상
중요하지 않으며 그것은 후기산업사회에서 도시이미지에도 중요한 영향을 미
친다. Tim Hall, 1998, Urban Geography, 유환종 외 역(1999), 『현대도
시의 변화와 정책』 참조.
62) 신화는 사회적으로 널리 통용되는 믿음이나 가치, 태도 등을 말한다. 여기서
분석하고자 하는 신화는 바르트적 의미에서의 의미화 과정을 말한다. 신화는

질수록 도시의 이미지는 분명하고 즉각적으로 형성된다. 그리고 그 신화들이 모두 그 도시의 것만은 아니다. 신화는 끊임없이 갱신되고 재생산되며 전파되어 그 도시의 본질과는 관계없는 허구적 이미지로 존재하기도 한다. 또 도시의 신화는 하나의 이데올로기가 되어 그 도시를 옥죄기도 한다. 또 같은 맥락에서 도시의 신화는 상품으로 기획되어 그 도시를 물화시키기도 한다.

우리는 굳이 도시의 다가적인 이미지 속에서 진실을 찾으려 하지는 않으며, 그것은 실제로 의미 없는 작업일 수 있다. 이 장에서 살펴보고자 하는 것은 어떤 것이 도시이미지의 진실이냐 하는 점이 아니라, 도시의 이미지를 구성하는 다양한 의미작용 그 자체인 것이다. 그 의미작용의 과정을 거쳐서 도시는 자신만의 이미지를 만들어내고 신화로 창출된다. 그리고 그것은 도시의 의미를 구성하는 가장 중요한 요소가 된다. 도시의 이미지는 어느 특정한 시점과 공간만을 표상하는 찰나적 개념이지만 도시의미는 그 도시가 겪어왔던 역사와 경험을 포괄하는 것이다. 그런 의미에서 도시의미는 벤야민이 말한 '아우라(aura)'의 개념에 가깝다.

또 도시의 이미지를 구성하는 요소는 매우 다양하고 폭넓게 흩어져 있다. 이미지가 다가적이다는 말은 한 도시가 여러 개의 이미지를 가질 수 있다는 것을 뜻하기도 하고, 역으로 도시의 이미지가 그 도시에 사는 모든 사람을 감동시키는 것은 아니라는 뜻을 포함하기도 한다. 그럼에도 불구하고 적어도 하나의 이미지가 도시의 신화가 되어있을 때 그것은 시민들의 의식 속에 그것을 가능케 하는 무엇인가가 있다는 것을 말해준다. 그리고 그 신화는 가장 민중적으로 형성되었다가 일련의 조정기와 갈등의 국면을 거쳐 대개의 경우 체제내화 한다는 특성을 갖는다. '광주'와 '망월동'은 광주를 상징하는 하나의 신화로 존재하면서 투쟁과 조정의 기간을 거쳐 지금은 한 시대와 민주주의를 규정짓는 일종의 고유명사로 신화화되었다. 같은 맥락에서 남원

의미화 과정을 통해서 생산되며 우리가 이미 지니고 있는 것이기도 하다.

은 '춘향의 도시'이며 경주는 '신라의 도시'이다.

지방화시대의 개막과 함께 지역이 경쟁력을 갖추기 위해서는 무엇보다 그 지역이 갖는 매력요인을 개발하여 지역이미지를 창출할 필요가 있다. 진도 영등제가 도시와의 낮은 접근성과 영세한 군 재정에도 불구하고 전국적인 관광세력권을 가진 이벤트관광으로 성장했다. 이러한 배경에는 영등제가 갖는 독특한 매력요인, 즉 대규모 관광단지 조성으로 인한 시설 중심의 관광객 흡인이 아니라, 바닷길이 열리는 장소가 갖는 흡인력과 지역고유의 민속 문화유산이 결합되어 관광객을 끌어들인다는 데 있다. 결국 관광객에게 진도군의 이미지는 신비한 자연경관이 풍부한 장소로 기억됨과 동시에 진도의 민속 및 무속문화에 대한 이미지를 더욱 강화시키게 되는 것이다.(추명희, 1999) 도시의 이미지는 곧 그 도시의 문화적 방향을 결정짓는 힘이 되고 그것은 다시 도시발전의 척도가 된다. 그래서 도시들은 가능한 좋은 이미지를 얻고자 하며 나아가 새로운 이미지의 창출에 힘을 기울인다.

이미지, 장소성, 정체성 등으로 표현되는 경관특성들은 최근 다양한 측면에서 각광받는 개념들이다. 이들 개념들은 즉각적으로 바라다 보이는 경관의 모습 그 자체보다도 그 장소에서 오랜 체험을 통하여 느껴질 수 있는 어떤 전체적인 분위기를 의미한다는 공통점을 가지고 있다. 경험을 통해 가치와 의미가 부여된 특정 공간은 '장소'가 되고 그 공간의 성질을 '장소성(sense of place)'이라 한다. '나의 살던 고향'이라든가 '그녀와 걷던 길' 등은 단순한 물리적 공간 이상의 가치를 가지며, 주관적 체험에 의해 각별한 의미가 붙여지고 그들의 삶이 반영된 특별한 장소들이다. 이러한 장소들이 갖는 주관적인 이미지는 '경관이미지'라고 불린다.[63](김한배, 1998)

63) 도시의 경관성에 대한 연구는 건축학, 조경학, 미술사가 들에 의해서 폭넓게 발전해왔다. 우리사회의 경우 유홍준의 『나의 문화유산 답사기』는 그러한 경관에 대한 일반적인 인식을 깨뜨리는 중요한 계기가 되었다. 『나의 문화유산 답사기』 이후 답사문화가 널리 확산되었고 이 같은 '국토 다시 바라보기'의 흐름은 최근 몇 년 사이에 문화사와 도시경관에 대한 대중적 관심으로 확산되었

  이러한 도시의 경관이미지를 가장 극적으로 표현해주면서 그 이미지를
대중화시키는데 가장 커다란 역할을 하는 것은 바로 시나 소설, 영화 등과
같은 텍스트들이다. 예컨대 정지용의 시 「향수」는 고향의 이미지를 가장
탁월하게 그렸고, 이효석의 소설 「메밀꽃 필 무렵」은 강원도 평창의 봉평
면을 온 국민의 사랑을 받는 명소로 발전시켰다.64)

  소설 「메밀꽃 필 무렵」에서의 봉평은 소설 속에 등장하는 고향의 이미지
를 그 고장의 문화적 자원으로 보고 이를 상품화시킨 대표적인 사례라고 할
수 있다. 이처럼 한 도시가 가진 문화적인 자원을 구체적인 장소성으로 발
전시키고 그것을 다시 문화상품화 하는 전략은 도시문화산업의 전형이 되
고 있다. 이들 각각의 장소는 단지 작가들에게 특별한 의미로 남겨져 있지
만, 그것은 한 시대나 사회적 상황을 설명하는 일종의 기호이자 문화적 코
드로 작동하기도 한다. 텍스트가 가진 힘은 바로 한 장소가 가진 개인적인
의미를 사회적인 의미를 발전시키고 변화시킨다는 것이다. 그리고 그것은
그 장소가 지역적 상징으로 발전할 수 있는 가능성을 말해주는 것이다.

  도시의 문화적 자원 가운데 대중가요만큼 도시의 이미지에 강력한 영향
을 미치는 것도 드물다. 특히 한국의 대중가요들은 일제 식민지 시대와 근
대화시기를 거칠게 지나오면서 독특한 '신파성'으로 많은 사람들의 마음을
움직였다.

다. 예를 들어 김석철의 『세계건축기행』, 김원의 『우리시대 건축이야기』, 서
   현의 『우리 거리 읽기』 등 건축가들의 대중적인 건축 입문서들은 이러한 흐름
   을 반영하는 것이었다.
64) 고향 또는 고향역에 대한 소설과 시 가운데 곽재구의 「사평역에서」와 황석
   영의 「삼포 가는 길」은 대단히 높은 문학적 평가를 받는 작품들이다. 곽재구
   는 「사평역에서」에서 "…… 산다는 것이 때론 술에 취한 듯/한 두름의 굴비
   한 광주리의 사과를/만지작거리며 귀향하는 기분으로/침묵해야 한다는 것을/
   모두들 알고 있었다"라고 고향과 고향을 향하는 사람들의 모습을 인생의 역
   정과 대비시키면서 탁월하게 묘사했다. 또 황석영의 「삼포 가는 길」 역시 삶
   과 일상에서 패배한 세 사람이 그중 한 사람인 정씨의 고향 삼포를 향해 가
   는 여정을 뛰어난 문제와 세밀한 내면의 묘사로 써내려 간 기념비적인 작품
   이다. 그러나 곽재구의 사평역과 황석영의 삼포는 모두 실제로는 이 땅에 존
   재하지 않는 지역들이다.

도시를 배경으로 한 한국의 대중가요들이 가장 많이 소재로 삼고 있는 도시는 역시 서울이다. 서울이 이처럼 대중가요 속에 빈번하게 등장하는 까닭은 무엇보다도 1960년대 이후 한국이 급속한 근대화의 과정에 접어들었고 그 근대화의 중심은 바로 서울이었기 때문이다. 이때의 서울은 당연히 희망과 성공의 도시가 된다. "서울의 거리는 희망의 거리/서울의 거리는 희망이 솟네……"로 대표되는 〈럭키 서울〉은 서울로 상징되는 성공의 꿈과 환상을 그대로 보여준다. 또 이시스터즈가 불렀던 〈서울의 아가씨〉역시 마찬가지로 서울에 대한 꿈과 희망의 예찬이다. 그러나 서울은 이 땅의 민중들에게 결코 만만한 도시가 아니다. '도시형 트로트'라고 불린 도시적 분위기의 트로트는 1960년대 개발시대의 서울을 사는 민중들의 고통과 애환을 그대로 드러냈다.

개발시대 민중들에게 서울은 고통스럽고 외롭지만 그러나 결국은 다시 그 전쟁 같은 삶으로 돌아가야 하는 곳이었으며 그것은 곧 사랑을 잃은 슬픔으로 표현되었다. 그러나 무참한 개발의 시대에 서울의 민중들이 잃은 것이 어디 사랑뿐이겠는가. 근대의 세월을 열어가면서 도시로서 서울의 이미지는 이렇게 사람들의 삶 속에 남겨져 있다.

그런가 하면 한국의 대중가요 사에 남아있는 가장 특징적인 도시의 모습은 항구도시와 육상교통의 거점도시들에서 인상적으로 나타난다. 예컨대 '바람찬 홍남부두'나 '이별의 눈물'과 '목포의 설움'은 항구를 배경으로 하는 이별의 노래로 홍남이나 목포에 대한 이미지를 구성해주는 텍스트들이다.[65]

이 같은 이별의 정서는 철도를 통해서도 드러난다. 역시 일제 식민지 시대 본격적으로 등장하기 시작한 철도는 그 자신 근대적 문명의 상징이었지만, 다른 한편으로는 식민지에 대한 수탈과 억압의 상징이기도 했다. 역시 대중가요 속에 등장하는 철도는 거의 이별과 슬픔의 정서로 그려진다. 그런데 이 가슴 아픈 이별은 대부분 호남선에서 이루어진다는 특징을 갖고 있다.(이영미, 1998) 산업화과정에서 농업을 기반으로 하고 있던 전라도

---

65) 한국 대중가요의 이별정서와 항구도시에 대해서는 이영미의 『한국 대중가요사』를 참조.

일대에서 광범위한 탈농현상이 벌어지고 그것이 곧 '무작정 상경'으로 이어
졌던 시절을 반영하고 있는 것이다. 그러나 사연이 무엇이었든 오늘날 이
들 대중가요들은 한 도시를 상징하는 노래로 불려지고 있다. 특히 〈목포의
눈물〉은 한때 전남과 광주의 노래가 되어 한 도시를 뛰어넘어 호남 특히
전남의 정서를 대변하는 노래로 불려지기도 했다.66)

　또 한 가지 흥미로운 사실은 같은 호남이라 하더라도 산업화 과정에서
가장 많은 인구유출을 겪었던 전북의 경우, 사실 이 지역이나 도시를 대표
할 수 있는 노래가 없다는 점이다. 가슴 아픈 이별의 현장은 거의 호남선
이지만 사실 호남선은 전주를 지나지 않는다는 것도 새삼스럽지만 재미있
는 발견이다. 결과적으로 호남의 대표적인 두 도시 전주와 광주는 호남의
정치적 소외와 침체를 같이 경험했으나, 그 차이는 또 전남과 전북이 다르
게 나타나고 결과적으로 전주는 광주에 비해서 훨씬 역동성이 떨어지는 도
시로 이미지화되었다는 해석도 가능하겠다.

　이처럼 도시와 대중가요는 나름대로 긴밀한 연관 속에서 그 도시의 이미
지를 구성한다. 〈신라의 달밤〉과 〈소양강 처녀〉는 경주와 춘천이라는 두
문화도시를 대표하는 대중가요들이다. 경주의 도시적 이미지는 대중가요
속에서도 신라의 천년 고도라는 이미지로 만난다. 경주의 도시적 이미지는
명확하고 일관되어 있다. 한편 춘천의 〈소양강 처녀〉는 대중가요가 한 도
시의 문화적 이미지를 얼마나 제고시킬 수 있고, 또 자치단체가 노래 한편
으로 얼마나 많은 파생상품을 만들어내는지를 보여주는 사례가 될 수 있
다. 춘천시는 바로 이 노래 한편으로 소양강 처녀 노래비를 건립하고
(1998. 10. 23 한국일보) 소양강처녀 동상을 세우며(1996. 9. 6 강원일
보) 관광 상품화 하는 관광전략까지 마련했다.

　문학작품 또는 영화 등 문화적 텍스트들에서 도시의 이미지는 가장 강력

---

66) 80년 5공화국이 들어서면서 시작된 프로야구에서 〈목포의 눈물〉은 광주와
　　전남을 연고로 하는 해태타이거스의 공식 응원가가 되다시피 했고, 나아가
　　광주·전남의 정치적 승리를 염원하는 노래로 널리 불려지기도 했다. 그런
　　의미에서 〈목포의 눈물〉은 도시의 차원을 넘어 지역의 노래라는 의미도 부여
　　받을 수 있다.

하게 대중적 호소력을 얻는다. 사람들은 늘 듣고 부르는 노래를 통해서 도시의 이미지를 구성하게 되고 또 도시에 대한 느낌을 만들어간다. 그러나 도시 자체가 한편의 시(詩)고 노래이며, 소설이고 영화인 그런 도시는 아직까지는 우리에게 없다. 우리가 가지고 있는 도시들은 그 역사와 전통이 부족하고 문화가 박약해서인가. 도시상징은 시민적 정체성의 개념적, 이미지적 표현이다. 기호학적으로 보면 이런 도시상징은 기표와 그것에 내용을 부여하는 기의에 의해 이루어진다. 그리고 의미부여의 주체는 당연히 시민인 것이다. 우리가 갖고 있는 도시에 대한 추상적인 이미지가 도시경관과 도시성으로 연결되지 못하고 파편적으로 흩어져 있는 것은 한국도시의 가장 중요한 약점이다.

도시의 이미지적 자원과 함께 도시문화의 중요한 자원으로 활용되는 것은 도시의 문화예술이다. 한 도시가 특정의 문화예술적 발전으로 상징화될 수 있을 만큼 문화가 발전한 도시들의 경우 문화산업전략은 그만큼 용이해진다. 예컨대 독일의 바이로이트는 악극의 창시자 바그너를 통해 도시문화산업을 지속적으로 상품화하고 있는 도시이다. 이러한 문화예술의 진흥을 가능케 하는 도시의 대학이나 공연장과 같은 하드웨어의 존재도 문화산업에 중요한 영향을 미친다. 한국의 경우 예컨대 수원시립교향악단은 도시의 이미지를 제고시키는 한편 그 자신 전국 투어를 통해 스스로를 상품화할 수 있었다.

또한 도시를 대표하는 운동경기나 프로 스포츠 팀의 존재도 도시문화산업의 무형적 자원이 된다. 월드컵이나 올림픽의 경우 이미 도시문화산업의 꽃으로 막대한 광고수입과 부가가치를 남기는 최대의 문화이벤트가 되고 있으며, 명망 있는 프로스포츠 팀의 존재는 도시의 이미지를 결정적으로 제고시켜준다.

2. 도시의 문화산업과 축제

1) 한국도시의 발전전략 전환과 문화산업

앞서 살펴본 바와 같이 한국의 도시들은 20세기 초의 식민지 시대와 1960-70년대 공업화라는 두 시기를 기점으로 중요한 변화를 겪어왔다. 1917년 일제의 부제 실시 이전 한국의 대표적인 도시들은 전통농업지역의 중심지로서 농업 및 행정·교통의 중심지이거나 중앙정부의 행정 거점도시들이었다. 이러한 도시들에는 평양, 대구, 개성, 전주, 진주, 원주, 해주, 함흥이 있었고 이들은 주로 감영 도시로 성격 지워졌다.(〈표 3-1〉 참조)

이 도시들은 지방행정의 중심도시로서 중앙정부를 대리하는 권력지향적인 성격과 저항적인 성격이 교묘하게 혼재되어 있었고 그 속에서 독특한 도시문화를 발전시켰다. 그러나 이들 도시들은 행정과 교통과 문화의 중심지이기는 했지만, 조선의 시대정신이었던 선비적인 문화의 중심도시는 아니었다.

이후 1917년부터 1945년까지의 식민지 시대를 통해 성장한 도시들은 기본적으로 식민지 초과이윤의 수탈을 위해 형성된 계획도시라는 특징을 갖는다. 여기에는 인천, 군산, 목포, 부산, 진남포, 원산, 청진 등 항구도시들이 여기에 속하고, 일본 거류민들의 집단적인 거주지가 형성되면서 일본식 거리와 가옥 등 식민지 시대의 문화와 항구도시의 특징이 혼합된 도시들이다.

그러나 이들 도시 역시 일제시대에 형성된 이른바 '신파적 도시 분위기'로부터 완전히 벗어나지 못한 채 해방 이후에는 공업화에 실패하면서 오랜 세월 동안 정체를 겪고 있는 도시들이다.

〈표 3-1〉일제시대 이전 주요 도시의 구성 및 문화적 성격

식민지 시대 이전 (~1917)	식민지 시대 (1913~1945)
*조선시대(감영 도시)	*일제식민지(1913년 부제실시 후 변화)
*주요 도시: 평양, 대구, 개성, 전주, 진주, 원주, 해주, 함흥 등 감영 도시	*인천, 군산, 목포, 부산, 마산, 진남포, 원산, 청진 등 항구도시 부상
*전통농업사회-농업 및 행정·교통중심지 *중앙정부의 행정력 거점도시 -지방행정 중심도시로의 역할 중시 -권력지향적 속성과 저항적 성격이 섞인 독특한 도시적 문화형성(아전문화)	*항구도시-식민지 이윤의 수탈을 위한 최초의 계획도시 출현 *문화적 정체성의 확립에 실패 -신파적 도시 분위기 형성 -공업도시와의 효과적 연계 실패 -일제의 몰락과 함께 동반퇴조

　다음으로 〈표 3-2〉는 근대 이후 도시발전의 형태를 표로 정리한 것이다. 먼저 해방 이후부터 1961년 경제개발 5개년 계획의 실시 이전까지는 앞서 제시했던 전통도시들의 짧은 부흥기가 있었고 이 시기의 도시에는 해외 귀환동포들과 농촌으로부터 이주해온 도시빈민들의 도시집중현상이 나타난 시기였다.

　다음으로 제2기는 1962년 경제개발 5개년 계획으로부터 시작되어 90년대 중반까지의 시기로 도시의 역할에 중요한 변화가 나타나기 시작한 시점이다. 이 시기의 특징은 무엇보다도 공업도시가 성장하고 발전했다는 것이다. 군사쿠데타로 집권에 성공한 박정희 정권은 수출지향적 공업화정책을 국가발전전략으로 세우고 모든 사회적 가치의 우선순위를 공업화에 두었다. 이 시기에 성장한 공업도시들은 울산, 포항, 창원, 수원 등으로, 이 시기에 도시계획의 기본구도는 권역별 공업화의 배후 기지로서의 역할이나 공업도시로의 발전을 최선의 가치로 두었다.

108

〈표 3-2〉 근대 이후(해방 후) 도시발전의 단계별 구성과 문화적 성격

제1기 (1945~1961)	제2기 (1962~1995)	제3기 (1995~)
*전통도시의 짧은 부흥기	*공업도시의 성장과 발전	*민선시대-지방자치제 부활
*새로운 도시적 모델이 없었던 혼란기 *해외동포 귀환과 도시집중	*박정희 정권의 등장과 산업화의 시작 *울산, 포항, 창원, 수원 등 전형적인 공업도시 부상 *권역 개념의 등장과 각 도시발전전략 수립	*광주, 부산, 춘천 등 문화도시의 부상과 재평가 *기타 도시들의 문화적 모색
*항구도시의 몰락 *전통도시의 역할부족	*경제개발계획과 공업화 *수출, 건설 등의 가치가 문화적 흐름 지배 *전통적 가치의 몰락	*전통도시의 문화적 복권 *도시의 문화적 가치에 주목 　-상징, 캐릭터, 문화유산 등 *도시축제의 재조명과 발달

이 시기 자본주의적 발전에 있어서 국가의 역할은 매우 중요하였다. 경제에 대한 국가의 개입은 일차적으로 계획이라는 수단을 통하여, 은행국유화 및 기타 재정금융적 수단을 통하여, 그리고 외국자본의 도입 및 배분과정에 대한 개입을 통해 이루어졌다. 그것은 곧 자본주의적 부문에 대한 급속한 성장과 전자본주의적 부분의 급속한 해체를 목표로 한 것이었다.(박동철, 1991: 55)

마지막으로 제3기는 민선지방정부의 출범 이후 도시문화산업이 대두하면서 나타났다. 이 시기의 도시들은 도시의 문화적 자원을 새롭게 인식하면서 도시발전의 전략을 새롭게 했다. 공업화시기를 통해서 정체되었던 전통도시들은 도시의 전통성에 새삼스럽게 주목했고, 거의 모든 도시들이 도시축제를 활성화시키면서 문화적 경쟁 혹은 상징투쟁의 장에 뛰어들었다.

이러한 과정을 거쳐 한국의 도시들은 도시의 문화적 발전전략을 새롭게

세워나가고 있다. 그리고 그러한 변화는 도시의 거의 모든 요소들을 바꿔놓는 파괴력을 발휘한다. 주지하다시피 도시의 문화산업에서 기초가 되는 것은 도시의 이미지이다. 도시의 이미지는 도시의 첫 인상을 대표하며 그것은 다양한 형태로 드러난다. 민선지방정부 이후 점차 중요성이 강조되고 있는 도시의 정책목표는 도시이미지를 요약하는 한편, 도시의 지향과 발전목표를 함축한다.

한국의 도시에서 이처럼 구호화된 정책목표는 역시 정권의 속성에 따라 변화한다. 이러한 정책구호들은 일련의 '바람직한 가치의 준거 틀'로 제시된다. 또 자치단체의 목표는 "궁극적이고 비전적이며 비교적 장기성을 띠는 목표"이며 시정목표는 "한 해 동안 지방정부가 시행해야 하는 제반 정책의 기본목표로서 현실적·구체적·단기적인 성격"을 띤다.(한국지방행정사, 1987)

1966년 부천군의 행정목표는 '약진부천'이었고, '재건-힘 모아 재건합시다'(1962년 남원여중), '증산·수출·건설-1966년은 일하는 해'(1966년 전북도 도정목표) 등의 구호들이 60년대 한국도시의 발전목표를 함축하고 있었다. 이러한 도시정책구호들은 70년대 들어서면서 '1971년은 공장유치로 번영하는 해' 그리고 '누구든지 살고 싶어 하는 이리시를 건설하자'(1971년 전북 이리 시정구호), '소사도시개발, 근교농업육성, 도서지구개발'(1972년 부천), '반공-단결하여 방첩하고 건설하여 승공하자-방첩'(1973년 전북 임실 군정 구호)67)으로 변화했다. 또 1981년 원주시의 행정목표는 '신뢰·성실·창발'이었으며, 1984년 전남 여천군의 군정구호는 '새 의식으로 새 여천 건설'이었다.68)

이러한 도시구호들은 각 시기 국가나 그 도시가 처한 사회적 조건을 반영하고 있다. 1962년의 '재건'은 박정희 정권이 경제개발 5개년 계획을 막 시작한 시점에 나온 구호로서 혁명 이후 빈곤의 퇴치와 경제개발의 목표를 집약한 것이었다.69) 또 60년대 중반과 70년대의 '수출', '공장유치', '건설'

---

67) 이 구호들은 전북현대사의 사진자료들로부터 얻어졌다.
68) 한국지방행정사(1987) 참조.

110

등의 구호들은 당연히 수출지향적 공업화의 시대적 목표를 반영하는 것이었다. 물론 '반공'과 '방첩'은 국가의 분단 이데올로기가 가장 공격적인 형태로 드러나면서 한편으로는 그 같은 반공이데올로기를 경제발전의 의지로 발전시키는 것이었다.

69) 앞서 살펴본 전북 이리시(현 익산시)의 1971년 정책구호는 '잘 사는 이리시……'였으며, '공장유치……' 등의 정책구호도 부차적으로 제시되고 있다. 그러나 그해 8월 이리시의 시정구호는 '8월은 집 안팎 깨끗이 하고 파리모기 없애며 퇴비증산과 피살 이를 하는 달'이었다. 이리시는 전형적인 도농복합지역으로 한편으로는 공업화를 통한 경제개발의 목표와 함께 현실적으로는 농업 진흥을 위한 실천구호들이 제기되고 있었다.

〈표 3-3〉 2000년 한국 도시의 발전목표별 구호

구분	도시정책구호
삶의 질	누구나 살고 싶은 서초(서울 서초구) 편안한 서구, 살고 싶은 서구 건설(대전 서구) 김해를 아름답게, 시민을 행복하게(경남 김해) 행복 자치시 창원 건설(경남 창원) 도민제일주의 실현, 세계일류 경남건설(경남) 화합·전진 매력 있는 지역창조(경북 영덕) 건강한 으뜸 남제주 건설(제주 남제주)
미래	송파, 미래가 보인다(서울 송파구) 서해안의 중심 활기찬 홍성건설(충남 홍성) 통일한국의 중심 희망찬 철원건설(강원 철원) 21세기 서해안 시대를 선도하는 만세 보령(충남 보령)
환경	늘 푸른 대덕, 정다운 대덕 건설(대전 대덕) 21세기의 새로운 희망, 녹색 첨단산업도시 건설(경기 안산) 푸른 도시 행복도시 21세기 진주(경남 진주) 푸른 중랑 맑은 중랑(서울 중랑)
문화	시민과 함께 만드는 21세기 문화도시 부천(경기 부천) 도약하는 청자골 활기찬 새강진(전남 강진) 전통의 공주가 내일을 약속합니다(충남 공주) 사랑의 남원(전북 남원) 나의 마음 나의 도시(My heart, My City-경기 과천)
자치/참여	활기찬 시정, 편안한 시정, 즐거운 시민(경기 안양) 일등 고흥건설은, 일등 고흥군민의 참여로(전남 고흥) 참여하는 자치문화 꽃피우자 복지남구(부산 남구)
기타	관광 청송, 소득 청송, 복지 청송(경북 청송) 이제 전주를 바꿉시다(전북 전주) 복된 땅 잘 가꾸어 건강한 당진건설(충남 당진) 정겨운 사람들 활기찬 새논산(충남 논산) 자랑스런 민주도시 도약하는 밝은 광주(광주시)

민선지방정부의 출범과 함께 이러한 도시정책의 구호 역시 질적인 변화
를 보여준다. 도시는 이제 삶의 질, 미래도시, 깨끗한 환경, 문화도시, 시
민의 참여 등의 가치를 구호 속에 표현하고 있다.(〈표 3-3〉참조) 예컨대
삶의 질을 표현하는 도시구호들은 '편안한……', '행복' 등의 개념으로 표상
되고, 미래도시는 '미래가 보인다', '서해안의 중심' 등과 같은 구호로 표상
되었다. 환경에 대한 중시는 '늘 푸른 대덕', '푸른 도시' 등으로 구호화되
었다.

〈표 3-4〉시대별 도시정책목표와 정책구호의 주요어[70]

시기	정책방향	정책목표	주요어
60-70년대	경제개발과 체제유지	경제개발	재건, 수출, 번영, 건설, 공장유치 등
		반공과 정권안정	반공(승공), 방첩, 단결 등
		새마을 운동	증산, 근면, 성실, 현대화 등
80년대	선진화와 지역개발	국정수용	정화, 성공, 성장, 선진화 등
		체제유지	화합, 신뢰, 봉사 등
		지역발전	새(로운), 잘사는, 복지증진, 지역발전 등
2000년	다원화 지방화 세계화	삶의 질	편안한, 살고 싶은, 행복, 매력 등
		문화/환경	푸른, 녹색, 첨단 등
		미래/참여	활기찬, 미래, 21세기, 중심, 함께, 시민 등
		기타	건강한, 변화, 풍요, 정보화 등

이러한 도시 정책구호의 변화는 민선 자치시대 도시발전전략의 다양함과
가치의 다원화를 단적으로 보여준다. 그리고 이것은 두 가지 차원에서 중요

---

70) 시(군)정 정책구호에 대한 자료는 60-70년대는 향토사 사진자료, 80년대는
『한국지방행정사』(1987), 2000년은 각 시군 홈페이지를 통해서 얻어졌다.

한 사회적 의미를 갖는다. 첫 번째는 예전과 같이 국가의 발전전략을 근간으로 도시적 특성을 반영하던 형태에서 벗어나, 도시발전 그 자체를 가장 중요한 가치로 바라본다는 특징이 있으며, 두 번째로는 역시 도시발전전략에서도 다원적 가치가 중시되기 시작했다는 것이다. 민선 2기를 맞은 지방정부의 정책구호 가운데 가장 두드러지게 나타나는 변화는 무엇보다도 '삶의 질'에 가장 중요한 정책목표를 두고 있다는 점이 될 것이다. '복지', '잘사는……', '활기찬……', '새로운……' 등의 개념은 과거 군사정권 시절의 '재건', '건설' '반공' 등을 완전하게 대체하고 있다.(〈표 3-4〉 참조)

또 도시 정책구호가 변화하는 양상을 살펴보면 70-80년대의 명사형 구호에서 90년대 이후로는 형용사를 어간으로 가진 서술형으로 변화한 것도 특징이다. 대체로 짧고 간명한 명사형 구호가 병영에서 주로 사용하는 군사형 구호라고 하면, 60-70년대 군사정권의 영향이 도시정책구호에 영향을 미친 것으로 평가할 수 있다. 그러나 80년대 중반 이후 명사형 구호가 점차 서술형으로 변화한 것은 민선지방정부의 출범이라는 정치적 변화에 힘입은 것이라고 할 수 있다.

한편 도시의 정책구호들에서 나타나는 특징 가운데 하나는 도시의 규모나 형태에 따라서 구호들이 서로 다르게 나타난다는 점이다. 예컨대 80년대 도시형 자치단체인 시(市)의 경우 소득증대보다는 생활환경 개선사업에, 중소도시는 지역경제 활성화, 농촌은 과학영농과 농가소득증대 등의 경제발전이 우선되고 있다.(한국지방행정사, 1987)

그러나 2000년의 도시 정책구호들은 서울을 비롯한 수도권의 경우 '깨끗한……', '살기 좋은……', '활기찬……' 등의 환경친화적인 구호들이 주를 이루고 있다. 즉 소득증대나 지역개발보다는 환경 등의 삶의 질이 우선되는 시민정서를 반영하고 있다. 또 시지역이나 군의 경우 역시 환경, 문화, 미래 등의 가치가 우선된 정책구호들이 주를 이루는 반면, '정보화', '첨단산업', '새(로운)……', '세계로' 등의 발전지향적인 정책구호들도 여전히 주를 이룬다.

다음으로 도시발전의 패러다임 전환을 잘 보여주는 지표는 도시의 문화

관련 예산이다. 〈표 3-5〉의 자료는 각 년도 지방행정연감의 자료를 재구성한 것이다. 이 자료에는 문화예산만이 아니라 교육예산까지 포함하고 있어서 다소 정확도가 떨어지지만 1996년 이후 문화교육예산은 교육부문보다는 문화부문에서 대부분의 상승요인이 발생했다는 점에서 나름대로 전반적인 추이를 확인해주는 자료의 의미는 갖는다. 〈그림 3-1〉은 〈표 3-5〉를 요약한 그림이다. 이 그림에서 보면 역시 광역시와 군지역의 문화예산 증가가 96년 이후 급속하게 증가하고 있음을 보여준다. 1996년은 민선지방정부가 출범한 첫해로 도시발전의 전략이 문화산업으로 이동하고 있음을 보여주는 지표가 된다.

〈표 3-5〉 한국 10대 도시들의 문화교육예산 변화추이
(일반회계 대비/만 원, %)

구분	1987	1993	1996	1997	1998	1999 일반회계	1999 문화예산
전 체	1.67	408,020 (1.77)	856,363 (2.12)	2,647,652 (5.52)	3,248,114 (5.88)	54,265,047	3,228,999 (5.95)
광역시	2.96	69,729 (2.40)	120,047 (2.54)	616,884 (11.56)	832,332 (12.10)	6,270,173	819,684 (13.07)
시(전체)	2.18	107,138 (2.75)	277,541 (2.68)	689,798 (5.47)	818,071 (5.83)	14,292,696	787,350 (5.51)
서울시	1.67	56,071 (1.75)	55,953 (1.47)	710,025 (13.79)	781,323 (12.47)	5,431,561	793,246 (14.60)
부산시	3.04	21,263 (2.25)	37,521 (2.41)	240,072 (14.64)	374,189 (20.09)	1,724,109	310,613 (18.02)
대구시	4.42	10,652 (1.71)	27,337 (2.36)	130,609 (10.39)	155,339 (8.96)	1,517,200	145,799 (9.61)
인천시	1.80	18,557 (3.41)	17,801 (2.16)	117,541 (11.25)	133,848 (12.34)	1,013,688	143,312 (14.14)
광주시	1.69	9,894 (2.26)	23,300 (3.77)	63,691 (8.32)	68,773 (8.29)	848,202	85,131 (10.04)
대전시	—	9,357 (2.65)	14,088 (2.50)	64,971 (10.34)	86,584 (10.85)	707,380	83,216 (11.76)
울산시	—	—	—	—	13.599 (2.39)	45,959	5.161 (11.23)
제주시	1.82	2,388 (2.82)	6,348 (4.42)	8,867 (5.36)	29,900 (13.48)	187,499	12,257 (6.54)
전주시	1.92	2,339 (2.87)	3,796 (1.48)	22,508 (8.03)	15,729 (6.41)	266,975	30,423 (11.40)
*춘천시	5.88	—	4,963 (2.87)	18,968 (9.96)	13,842 (6.38)	215,623	11,893 (5.52)
*경주시	11.58	5,109 (9.99)	9,999 (4.14)	24,303 (10.80)	26,650 (10.11)	264,748	28,178 (10.64)

*자료: 『지방행정연감』 각 년도

각 시군별 문화예산의 증가추이를 통해 확인되듯이 일반 시지역에서보다는 광역시의 투자비율이 높다는 점은 광역자치단체들이 도시의 발전전략으로 문화산업을 더 선호하고 있다는 사실을 말해준다. 반면에 군지역의 예산집중도가 더 높게 나타난 것은 일반 시지역이 대부분 첨단산업화 전략을 중심전략으로 추진하는 반면 군지역의 경우 대안적인 발전전략이 부재한 상태에서 지역의 자연자원 및 문화자원을 통해 문화산업화 전략을 주도하기 위한 것으로 볼 수 있다. 도시문화산업은 그 성패여부와 상관없이 한국 도시들의 보편적인 발전전략으로 자리를 잡았다고 할 수 있다.

〈그림 3-1〉 각 행정단위별 문화교육예산 증가추이(87년 - 99년)

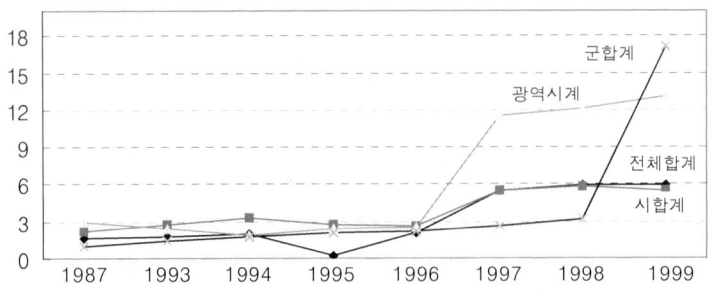

2) 도시문화와 축제

축제는 도시문화산업의 가장 적극적인 현장이자 그 도시가 지니고 있는 문화적 자원 및 잠재력이 그대로 드러나는 도시문화의 표상이다. 또 오늘날의 도시축제는 그 도시의 특성과 문화적인 성격 즉 지역정체성을 단적으로 보여준다. 한국 도시문화산업의 가장 중요한 특징 중의 하나가 바로 도시축제의 폭발적인 성장이다. 다음의 〈그림 3-2〉는 60년대 이후 한국도시축제의 증가를 나타낸 것이다. 이 자료는 2000년 10월 현재 각 자치단체의 공식 홈페이지에 올라있는 축제를 부호화하여 통계 처리하여 얻은 것이다.

여기서 보는 바와 같이 한국의 축제는 96년 민선 지방정부의 출범 이후 폭발적으로 증가했다. 물론 이 자료에는 이 시기에 시작된 신생축제만이 아니라 기존의 지역행사들이 축제화된 것까지 포함하고 있다. 그 결과 현재 치러지고 있는 800여 개의 축제 중에 절반이 넘는 429개의 축제가 바로 이 시기에 새롭게 만들어지거나 아니면 축제화되었다는 것이다.

〈그림 3-2〉 한국 도시축제의 연도별 증가추이(60년－2000년)

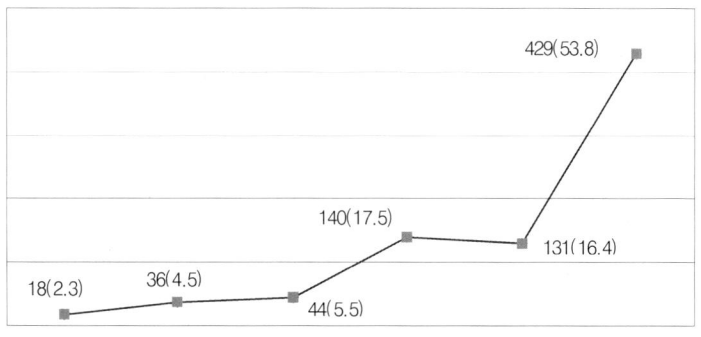

본래적인 의미에서 축제는 종교적 제의나 혁명적 저항정신 등을 담고 있으며, 따라서 대단히 복합적인 의미를 담는다. 그러나 오늘날의 축제는 종교성이나 혁명적 저항성에 대한 기념의 차원을 넘어 산업적 의미로 진환되었다.

한국의 도시축제는 본래 '놀이'로서의 의미를 갖고 발전해왔다는 특징을 지니고 있으며, 제의적 성격과 공동체의 놀이를 결합한 마을 굿의 형태로 출발해왔다. 이렇게 시작된 한국의 도시축제는 크게 세 단계를 거쳐 변화해 왔다고 할 수 있다. 첫 번째는 단계는 60년대 이전까지 한국의 농촌공동체에 농경사회의 풍요와 무사를 비는 제의의 형식으로 남겨져 있던 마을 굿과 같은 형태의 축제들이다. 본질적으로 농촌의 축제는 마을 굿을 기본으로 했고, 그 바탕에는 공동노동의 과정이 자리 잡고 있었다. 특히 한국의 농촌공동체는 굳이 축제라고 이름붙이지 않았어도 다양한 형식의 놀이와 마당을 갖고 있었다. 예컨대 시골장터는 농촌마을에 닷새 만에 서는 작은 축제였으며, 농경의 절기마다 이루어졌던 각종 굿과 놀이 역시 축제적인 요소를 갖고 있었다.

그러나 이러한 축제적 양식은 농경사회의 붕괴와 함께 무너졌고 더욱이 농촌인구의 급격한 감소는 공동체의 원형마저 파괴하는 양상으로 이어졌다. 이 같은 상황을 강제한 것은 물론 60-70년대 근대화의 시기에 벌어진 공업화와 새마을 운동의 결과였다. 이 시기에는 마을 굿과 같은 공동체적 축제가 사라진 대신에 관주도의 지역축제가 생겨났다. 이 축제들은 대부분 종합축제로서 주민의 화합과 근로의욕을 다지는 체육대회 등의 이벤트로 기획되었고, 대부분 '시민(군민)의 날' 등과 같은 정해진 기념일에 치러졌다.

<표 3-6> 도시축제의 개최목적별 변화추이

구분	주민화합	특수목적	산업축제	관광축제	기타	계
60년 이전	14(77.8)	—	2(11.1)	1(5.6)	1(5.6)	18(100.0)
61-70년	25(69.4)	5(13.9)	1(2.8)	5(13.9)	—	36(100.0)
71-80년	36(81.8)	—	2(4.5)	4(9.1)	2(4.5)	44(100.0)
81-90년	104(74.3)	11(7.9)	10(7.1)	11(7.9)	4(2.9)	140(100.0)
91-95년	79(60.3)	11(8.4)	18(13.7)	20(15.3)	3(2.3)	131(100.0)
96-2000년	142(33.2)	32(7.5)	87(20.3)	79(18.5)	88(20.6)	428(100.0)
계	400(50.2)	59(7.4)	120(15.1)	120(15.1)	98(12.3)	797(100.0)

*자료: 한국 각 시군 공식 홈페이지에서 재구성(2000년 10월)

세 번째 단계의 축제는 96년 민선 지방정부의 출발과 함께 보다 산업화된 형태로 나타났다. 이제 축제는 60년대 근대화 과정에서 의도적으로 없애거나 스스로 소멸한 전통축제를 부활시키는 것으로부터 국제적인 대규모 이벤트성 축제까지 대단히 다양한 형태로 등장하기 시작했다. 〈표 3-6〉은 개최목적별로 지역축제의 변화추이를 살펴본 것이다. 여기서 90년 이전까지 지역축제가 주민화합과 같은 일반적 목표를 위해 기획되었다면, 90년 이후에는 산업적 목적(음식, 특산물의 판매)으로 치러지는 축제들과 자연과 민속 등을 활용한 관광축제가 부상하는 양상으로 발전되었다. 특히 96년부터 2000년까지 새롭게 기획되거나 축제화된 행사들의 경우 20.3%에 달하는 87개의 축제가 산업축제로 기획되었고, 79개(18.5%)의 축제가 관광축제로 열렸다.

이 같은 축제의 성장은 거의 모든 지역에서 고르게 나타났다. 〈그림 3-3〉은 한국의 지역축제를 광역단체별로 살펴본 것이다. 축제의 개수로는 경기, 강원, 전남이 다른 광역단체들에 비해 높은 수치를 보였고 부산(55개), 인천(24개) 등의 광역시도 상대적으로 많은 축제를 개최하고 있는 것으로 나타났다.

〈그림 3-3〉 한국 지역축제의 광역단체별 현황(2000년)

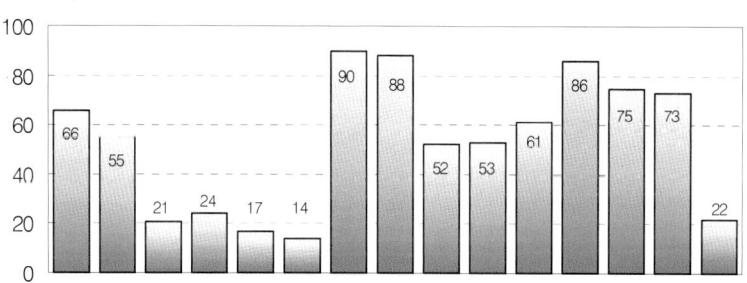

서울 부산 대구 인천 광주 대전 경기 강원 충북 충남 전북 전남 경북 경남 제주

마지막으로 지역축제의 아이템을 통해 축제의 변화양상을 〈표 3-7〉로 살펴보았다. 먼저 전체적으로는 지역의 역사와 전통(37.5%)을 기본 아이템으로 하는 축제가 가장 많았고, 다음으로 특정 아이템을 구성하지 않은 일반축제(26.9%)가 뒤를 이었다. 시기적으로는 역사/전통/민속 등을 소

120

재로 하는 지역축제가 꾸준하게 높은 비율을 차지하고 있으나, 점차 축제의 아이템이 다양화되고 있다는 경향은 확인될 수 있었다.

〈표 3-7〉 지역축제의 아이템별 변화추이

구분	역사/전통	자연/ 특산물	작품 문학/노래	기타	일반축제 (화합 등)	계
60년 이전	8(44.4)	1(5.6)		2(11.1)	7(38.9)	18(100.0)
61-70년	17(47.2)			2(5.6)	17(47.2)	36(100.0)
71-80년	17(38.0)	3(6.8)	1(2.3)	4(9.1)	19(43.2)	44(100.0)
81-90년	45(32.1)	11(7.9)		30(21.4)	54(38.6)	140(100.0)
91-95년	48(37.2)	20(15.5)	3(2.3)	24(18.6)	34(26.4)	129(100.0)
96-2000년	154(38.2)	70(17.4)	18(4.5)	85(21.1)	76(18.9)	403(100.0)
계	289(37.5)	105(13.6)	22(2.9)	147(19.1)	207(26.9)	770(100.0)

제4장 문화도시 만들기의 전략과 유형

1. 문화도시 만들기의 내용과 전략

1) 한국 문화도시의 배경과 발전과정

앞서 살펴본 바와 같이 민선지방정부의 출범과 문화산업의 경제적 가치에 대한 인식의 제고는 문화도시에 대한 관심으로 이어졌다. 80년대 말부터 다음 세기의 전략산업으로 손꼽히던 문화산업에 대한 관심은 1990년 문화부가 문공부에서 분리되어 독립부처로 출범하면서부터 지속적으로 제기되었다. 문화부는 부처 독립과 함께 「문화발전 10개년 계획」을 내놓으면서 문화진흥과 문화산업 육성에 대해 강한 의지를 보였다. 그러나 문화산업론이 한국사회에서 일종의 사회적 담론으로 형성되고 문화도시에 대한 인식이 높아진 것은 문민정부 시대였던 지난 96년을 전후해서였다고 할 수 있다.71)

1993년 정부는 문민정부의 출범과 함께 '신한국문화 창달'을 표방하면서 「문화 체육 청소년 5개년 계획」을 발표했고, 문민정부는 이 프로젝트에 기반하여 시행착오와 관주도의 전시행정이라는 비판을 받으면서도 한국예술종합학교를 설립하고 예술의 전당을 건립했다. 또 1996년 2월 「국민복지 기본구상」을 발표하면서 지역문화의 센터가 될 수 있는 '문화의 집'을 2001년까지 1백 개, 2011년까지 3천7백58개 설치한다는 계획을 발표했

---

71) '영화 〈쥬라기공원〉과 현대자동차 150만 대'는 문민정부 시절부터 문화산업의 경제적 효과를 언급하는데 빠지지 않는 비유가 되었다. 그러나 실제로 스티븐 스필버그의 영화 〈쥬라기 공원〉은 제작비 6500만 달러를 들여 8억 5천만 달러를 벌어들이면서, 고부가가치산업으로서 영상산업에 대한 일반의 인식을 크게 바꾸는 계기가 되었다.

다. 문민정부의 문화에 대한 기본구상은 이론적으로는 문화생활을 통한 삶의 질의 향상이라는 문제를 국민의 기본권인 '문화권'이라는 개념으로 접근하는 것으로부터 시작했다.[72]

특히 이러한 과정을 거쳐 시작된 문화의 집은 1996년 10월 서울 서대문, 전북 정읍, 경남 김해, 경북 풍기 등 4곳에 시범적으로 설치되었고, 2000년 9월 현재까지 59곳으로 늘었으며 34곳이 건설되고 있다. 또 2001년에는 46개 자치단체가 이를 위한 예산을 신청한 상태로 알려져 있다. 문화의 집은 읍·면·동 단위에 100~200평쯤 되는 소규모로 세워지고, 지방자치단체가 제대로 활용하지 못했던 공간을 내놓고, 내부를 꾸미는 예산은 문화관광부가 지원하는 방식으로 건설된다. 이러한 방식에 따라 기존의 읍·면·동사무소나 시·군·구민회관, 문예회관, 도서관 또는 옛 교육청, 농촌지도소, 보건지소 등의 일부가 문화의 집으로 바뀌었거나 바뀌고 있는 것으로 알려져 있다. 문민정부가 시작하고 국민의 정부에 들어서면서 더욱 강화된 '문화의 집' 설치 정책은 지역주민들의 능동적인 문화 참여를 이끌어냄으로서 문화정책의 의미 있는 성과로 평가받고 있다.(한겨레 2000. 9. 19)

문민정부의 문화정책 가운데서 문화도시와 관련하여 주목할만한 정책은 전국 8개 도시의 문화도시화에 대한 정책제안이었다. 1996년 문체부가 주최한 「문화 복지 기본구상」을 놓고 벌어진 정책토론회에서 발표자들은 문화도시 건설을 위한 전략으로는 △문화적 요소를 감안한 도시계획 △문화·체육 공간의 최대한 확보 △인테리어·영화감상 등 생활문화의 저변 확대 △문화적 환경을 가꾸려는 시민운동 등이 제시되었다. 또 문화지구와 문화특구를 비롯해 역사 환경지구 등을 만드는 방안도 나왔다. 법·제도적 측면

---

72) 1996년 6월 문체부 문화 복지기획단은 '21세기 문화 복지 대토론회'를 통해서 정부의 「문화 복지 기본구상」을 발표했다. 여기에서는 앞서의 「국민복지 기본구상」의 틀을 구체화시켜 풍요로운 문화생활을 통해 삶의 질을 높일 수 있는 '문화권' 확립, 전국 8개 도시의 문화도시화, 문화 복지를 위한 법·제도 정비, '문화의 집' 운영, 문화정보센터 구축 등이 정책으로 제시되었다.(한겨레 1996. 6. 13)

에서는 각급 도시계획위원회에 문화 전문가들을 참여시키고, 대규모 택지개발 때 학교·병원과 마찬가지로 문화시설 부지를 공공용지로 확보하는 등 주택·건설·도시계획 관련 법규를 개정하겠다는 방안이 제시됐다.

　문민정부의 이러한 문화정책이 모두 다 실현된 것은 아니었지만, 96년을 전후해서 문화도시에 대한 정부 차원의 고민이 시작된 것은 사실이었다. 97년 6월 건교부에서는 환경도시, 통일도시 등과 함께 문화도시를 시범적으로 조성하겠다는 계획을 밝히기도 했다. 도시계획에 관한 주요 정책 결정과 권한을 갖고 있는 건교부의 이 같은 발상은 각 지역 특성에 따라 정부의 중점시책을 시범적으로 펼치는 도시를 건설하겠다는 발상에서 시작되었으나, 문화도시에 대한 정책제안이 문화부가 아닌 건교부에서 나왔다는 것도 중요한 변화였다.(조선일보 97. 6. 4)

　이와 함께 문민정부가 문화산업으로서 역점을 두었던 정책은 영상문화산업이었다. 정부는 96년 12월 멀티미디어산업기지(미디어밸리) 조성계획을 세워 '미디어밸리 추진위원회'를 구성했고, 전국 10개 도시가 신청하여 치열한 경쟁을 벌였다. 한국의 실리콘밸리를 꿈꾸며 문민정부가 의욕적으로 제시한 이 사업은 1백만 평 규모의 부지에 미디어밸리를 조성하여 여기에 소프트웨어파크, 테마파크, 미디어파크, 연구 지원 시설 등을 집약하여 유치한다는 계획이었다. 결국 그 다음해인 97년 6월 미디어밸리는 인천 송도로 부지를 확정하고 2002년까지 총예산 3조 5,000억을 투입하여 106만 평의 규모로 밸리를 조성한다는 계획이 발표되었다.[73](국민일보 97. 6. 16)

　김영삼 정부의 문화정책은 대체로 문화기반시설을 확충하는 인프라 구축사업과 영상산업을 중심으로 한 문화산업 전략으로 평가할 수 있다.[74] 문

---

73) 그러나 이 사업은 애초 98년까지 매립을 끝내고 99년부터 분양을 시작하기로 했으나, 매립 사업 등이 늦어져 2000년 말경에 도로, 상수도 등 기반시설 공사에 착공할 계획이고 기반시설 공사가 끝나는 2003년부터 입주가 가능한 것으로 알려졌다. 또 자치단체의 재정부담이 커지고 민간자본의 유치도 제대로 이루어지지 못한 상황이다.
74) 물론 문민정부가 문화시설의 확충만을 목표로 삼았던 것은 아니었다. 98년

124

민정부의 이 두 가지 문화정책은 한국의 문화도시 발전에 중요한 영향을 미쳤고, 거의 모든 도시들이 영상산업을 중심으로 한 문화산업전략을 세우게 하는 요인이 되었다.75)

한편 97년 김대중 정부의 출범은 문화도시정책에 있어서도 일대 변화를 가져오는 계기가 되었다. 국민의 정부 문화정책에서 가장 빈번하게 사용된 '21세기 문화입국', '문화의 세기' 등이었고, 그것은 곧 문화산업을 21세기 국가경쟁력의 근간으로 바라보고 있다는 의식의 표출이었다.76) 김대중 정부가 추진하고 있는 문화산업의 방향과 내용은 앞서 제3장에서 살펴본 바와 같이 '부가가치가 높고 고용창출력이 강한 관광산업에 최대의 역점을 두고 영상과 게임산업, 음반과 출판산업 그리고 패션과 공예산업에 이르기까지 문화산업을 집중 육성하여, 문화의 힘으로 삶의 질을 향상시킨다'는 것이었다. 이와 함께 김 대통령은 '전국을 7대 문화관광권으로 나눠 적극 개발, 지역문화의 활성화에도 역점을 둘 것'77)도 국민의 정부가 내세운 핵심적인 문화전략이었다.

이러한 발언과 정책을 문민정부와 비교하여 국민의 정부가 보여주는 문화정책을 평가해 본다면 가장 중요한 특징은 첫째, 문화산업의 범위가 훨씬 넓어졌다는 점이고, 둘째, 문화도시 정책이 권역개념인 관광권 개발사

8월 문화관광부는 시설중심에서 프로그램중심으로 지원을 강화한다는 정책을 세우고 문화의 집, 박물관, 미술관 등 국공립 문화시설에 대한 실사와 지표화를 통해 프로그램 우수단체에 지원을 강화하는 정책을 펴기도 했다.
75) 문민정부의 미디어밸리 사업에는 전국 10개 도시가 신청하여 결국 인천 송도로 결정되었으나, 뒤이어 미디어 밸리를 중심으로 한 로컬밸리 조성사업도 치열한 도시 간 경쟁을 불러왔다. 전주, 춘천, 부산, 아산, 파주 등 미디어밸리를 신청했다 탈락한 도시들은 대부분 로컬밸리 조성을 둘러싼 경쟁을 벌이는 한편 자체적으로 영상산업을 발전시키기 위한 다양한 정책들을 펼쳐왔다. 예컨대 전주는 자체적으로 영상산업단지를 추진했고, 춘천은 애니메이션과 만화 등을 연계한 특성화전략을 시도했으며, 부천 역시 만화의 메카라는 도시문화자원과 영상산업을 연결하는 다양한 사업을 펼치고 있다.
76) 순수예술과 전통예술의 발전에 더욱 힘을 쓸 것이나 '적극적으로 지원하되 간섭하지 않는다'는 대통령의 발언도 국민의 정부 문화정책의 기조가 되었다.
77) 1999년 문화의 날 김대중 대통령 기념연설 내용(한겨레 99. 10. 21 참조).

업으로 변화함으로써 문화도시 만들기 전략에서 정부보다는 개별도시의 역할이 훨씬 더 중요해졌다는 것이다. 이러한 중앙정부의 커다란 정책변화와 함께 제2기 민선 지방정부의 출범은 문화도시에 대한 집중적인 관심과 투자를 불러왔다.

물론 문화도시에 대한 이러한 관심은 비단 한국 사회만이 아니라 세계적인 현상이었다. 예컨대 지난 1992년 EU는 회원국들 간의 합의에 의해 '유럽문화도시'를 선정하여 하기로 했고, 이 결정에 의해서 1993년 스웨덴의 스톡홀름과 독일의 바이마르시가 98년과 99년의 유럽문화도시로 각각 선정되었다. 그러나 EU의 유럽문화도시 결정은 그 상징성만으로도 엄청난 관광수익과 이미지 상승효과를 가져온다는 점에서 EU 회원국들 사이에 논란을 거듭했으며 그 결과 98년에는 아비뇽, 베르겐, 볼로냐, 브뤼셀, 크라쿠프, 헬싱키, 프라하, 레이캬비크, 산티아고 드콤포스텔라 등 9개까지 그 수를 늘려 이른바 '잘못된 타협'이라는 비난을 받기도 했다. 또 독일에서는 통독 후 베를린과 뮌헨 사이에 통일독일의 문화중심도시가 되고자 하는 명예를 건 경쟁이 벌어지기도 했다.[78]

이러한 대내외적 변화와 함께 국내에서도 문화도시에 대한 적극적인 운동과 정책이 펼쳐졌다. 먼저 서울에서는 1995년 당시 민주당 서울시장 후보인 조순후보가 서울을 문화도시로 만들겠다는 공약을 내걸었으며, 이듬해인 96년 7월 민간 문화전문가들이 주축이 되어 '문화도시 서울을 생각하는 모임'이 만들어지면서 문화도시에 대한 공론이 형성되었다. 또 99년 4월에는 부산의 주요 기관대표와 문화인들과 경제인들이 함께 '부산을 21세기 문화도시로' 만들기 위한 '새로운 밀레니엄을 위한 문화 창조 부산창조 네트워크'를 발족하면서 문화도시에 대한 전국적인 논의를 촉발시켰다. 이밖에 99년 6월 광주에서는 「문화도시계획 심포지엄」이 학계에서 열렸고, 같은 해 12월에는 대구에서도 새 천년 시정 슬로건으로 '아름다운 도시 품위 있는 대구'를 내걸면서 「격조 높은 문화도시」를 5대 시정방침의 하나로

---

78) 유럽의 문화도시를 둘러싼 경쟁에 대해서는 조선일보 93. 11. 6일자. 97. 4. 10일자. 98. 4. 24일자 각각 참조.

제시했다.

2) 도시문화의 발전과 문화도시의 유형

(1) 도시문화산업의 내용과 범위

문화도시의 발전에서 핵심이 되는 도시문화산업은 대단히 다양하고 복잡한 범위와 과정을 거친다. 문화도시 만들기의 전략과 유형을 살펴보기 위해서 먼저 도시문화산업을 내용적으로 분류해 보기로 하자. 도시문화산업의 내용적 분류 및 유형화는 일단 수익모델을 중심으로 하고, 앞서 제2장에서 검토했던 14가지 문화산업의 기본범주인 이벤트산업(축제, 엑스포, 스포츠 등), 테마파크산업, 관광산업, 공연산업, 영상산업, 음반산업, 게임. 콘텐츠산업, 애니메이션산업, 전시산업, 디자인산업, 출판산업, 문화정보산업, 컨벤션산업, 문화인력산업을 도시문화산업의 분류기준으로 삼는다.

도시문화산업은 내용적인 측면에서 크게 다섯 가지 영역으로 구분된다.(〈표 4-1〉 참조) 첫째, 이벤트산업은 일반적인 도시축제와 그 밖의 다양한 이벤트들로 구성된다. 여기에는 도시의 전통축제로부터 과학 엑스포와 같은 첨단축제 또는 비엔날레와 영화제 등과 같은 순수예술축제 등이 여기에 포함된다. 이 같은 이벤트산업들은 기본적으로는 도시의 이미지를 제고하고 도시 특산품을 홍보하는 역할을 갖는다. 또 도시의 역사적·문화적 자원이 최대한으로 활용된다는 특징을 갖고 있으며, 궁극적으로 이벤트산업의 성패는 시민적 참여와 지지에 달려있다.

〈표 4-1〉 도시문화산업의 내용적 구성과 특징

구분	사업형태	사업내용 및 특징
이벤트 산업	*전통문화축제 진흥 *엑스포 *비엔날레/영화제 등	① 도시의 이미지 제고와 도시 특산품 홍보 ② 도시의 문화적 자원을 최대한 활용 ③ 시민적 참여와 지지가 관건
문화유산 산업	*문화유산 관광산업 *박물관산업 *전통문화특구 개발산업	① 도시의 역사와 전통을 최대한으로 활용 ② 도시의 정체성 구축을 위한 프로젝트 ③ 시민의 개발욕구와 갈등 가능성
관광레저 산업	*테마파크/휴양산업 *경마/경륜/카지노산업 *컨벤션산업 *스포츠산업	① 즉각적인 수익창출 모델 ② 대규모 투자와 국가의 정책적 지원이 필요 ③ 도시 간 경쟁의 심화
정책적 문화산업	*콘텐츠산업 *영상/게임산업 *애니메이션산업	① 맥락적으로 첨단산업화 전략에 위치 ② 벤처산업 육성전략과 연계 ③ 궁극적으로 문화도시로서의 내용 확보
상품판매 산업	*자체 캐릭터산업 *브랜드 활용 상품판매	① 자체의 역사적·문화적(이미지) 자원이 관건 ② 단기적인 수익모델은 아니나 커다란 잠재력

둘째, 문화유산산업은 가장 전통적인 형태의 도시문화산업으로서 잘 보존된 도시의 역사와 전통을 최대한으로 드러냄으로써 관광자원화 하는 사업방식이다. 문화유산을 활용한 관광산업, 박물관산업 또는 전통문화의 거리 혹은 특구조성산업 등이 여기에 속한다. 이 산업은 도시의 집합적 정체성이라는 요소와 긴밀하게 연관되어 이른바 정체성 프로젝트에서 가장 중요한 요소가 되기도 한다. 그러나 문화유산산업의 경우 도시의 역사나 전통이 물리적인 형태로 잘 보존되어 있어야 한다는 조건이 반드시 뒤따른다. 이러한 조건이 뒤따르지 못할 경우 비록 유구한 역사와 전통을 자랑하는 도시라 하더라도 문화유산산업은 실제로 거의 불가능하다. 실제로 문화

128

유산산업은 갈수록 그 의미가 확장되면서 산업의 대상과 범위도 다양하게 등장하고 있다. 그런 까닭에 이러한 산업은 자칫 시민들의 개발욕구와 갈등을 빚을 여지가 많다는 점도 특징으로 꼽을 수 있다.

세 번째는 기존의 문화적 자원에 기대지 않고 전혀 새로운 형태와 내용으로 문화산업을 기획하는 경우이다. 대부분의 관광레저산업이 여기에 속하며 구체적으로는 테마파크산업이나, 자연경관을 활용한 휴양산업, 경마·경륜·카지노 등과 같은 오락산업, 컨벤션산업 등이 있다. 이러한 산업의 경우 즉각적인 수익을 창출할 수 있다는 장점이 있지만, 산업을 유치하려는 도시 간 경쟁이 심하고 대규모의 투자와 국가의 정책적 지원이 필요하다는 특징이 있다.

네 번째는 역시 기존의 문화적 자원이 빈약하거나 또는 상품화가 어려운 도시들이 주로 시도하는 전략으로 정책적 문화산업이다. 여기에는 콘텐츠산업, 영상산업, 게임산업, 애니메이션산업 등이 있다. 이들 산업은 가장 전형적이고 일반적인 의미에서의 문화산업 개념과 일치하고 있으나, 현실적으로는 각 도시들의 첨단산업화 전략의 내부에 위치하고 있다. 따라서 이들 산업은 그 특성상 도시의 벤처산업 육성전략과 궤를 같이하고 있으며, 최근 한국의 거의 모든 도시들에서 시도되고 있는 발전전략의 하나이다. 그러나 이 산업의 경우 현재로서는 첨단산업으로서 기획되고 있지만, 이러한 산업이 정상적으로 발전해가기 위해서는 다양한 문화적 콘텐츠와 탄탄한 문화적 기초가 세워져야 한다는 점에서 오히려 가장 중장기적인 구상 속에서 실현되어야 한다. 예컨대 애니메이션산업의 발전을 위해서는 문학, 미술, 음악, 영상, 정보통신 등 다양한 문화적 기반이 전제되지 않으면 안 된다. 따라서 정책적 문화산업은 궁극적으로 도시가 문화도시의 내용과 의미를 확보할 수 있느냐는 문제와 직결된다.

마지막으로 도시가 자체적인 캐릭터를 통해 도시이미지를 높이는 한편 그것을 상품화하는 것도 도시문화산업의 범주 가운데 하나이다. 이 산업은 결국 도시의 이미지를 판매하는 것으로 단기적으로 성과를 거둘 수는 없으나, 대단히 잠재력이 높은 산업이라고 할 수 있다.

(2) 문화도시의 유형화와 전략

오늘날 새로운 도시개념으로 등장하고 있는 문화도시를 유형화하는 가장 중요한 기준은 그 도시의 문화적 특징과 그에 따른 문화도시 만들기의 중심전략이 무엇이냐에 의해서 결정될 수 있을 것이다. 그 중심전략의 기초는 위에서 살펴본 도시문화산업의 내용적 분류기준에 의해서 결정된다. 그러나 실제로 오늘날의 현대도시들은 대부분 도시발전전략을 기존의 산업도시화와 함께 환경도시화, 문화도시화를 동시에 추구하고 있으며, 도시문화산업전략을 추진하면서도 다양한 요소들을 동시에 추진하는 특징을 보여준다. 따라서 문화도시의 유형분류는 앞서 구분한 도시문화산업의 다섯 가지 방향 가운데 어떤 산업이 그 도시의 가장 중요한 자원이자 방향인가에 따라 이루어져야 한다.

〈표 4-2〉 문화도시의 유형별 문화산업 방향과 전략

도시유형	도시의 문화적 특징	기본방향 (부차방향)	추진주체와 전략
문화유산 관광형	역사/전통도시 유적보존	**문화유산산업** (관광·레저산업)	① 전통이미지 강화와 유적 보존 ② 관광·레저산업 추진 ③ 문화산업의 세계화 *중앙정부에서 지방정부 주도
현대적문화 산업 개발형	신흥도시 민간문화 활발	**정책적 문화산업** (이벤트산업)	① 모든 도시문화자원의 상품화 ② 자연이미지와 도시문화 결합 ③ 첨단문화산업 유치 ④ 문화자원의 축제화(이벤트화) *민간주도에서 민관합동으로
전통-현대 혼합형	역사/전통도시 유적망실	**혼합적 문화산업**	① 전통이미지 강화 ② 전통문화 현대화 및 대중화 ③ 도시전통 및 역사의 가시화 *민관합동에서 지방정부 주도로

〈표 4-2〉는 이 같은 기준을 놓고 도시의 문화적 특징과 중심전략에 따라 문화도시를 세 가지 유형으로 분류한 것이다. 먼저 첫 번째는 문화유산 관광형 도시로서 이탈리아의 베로나나 한국의 경주와 같은 도시가 여기에 속한다. 이러한 유형의 도시들은 역사와 전통을 기본적인 자원으로 하면서 인물과 설화, 종교유적 등을 지니고 있다. 대개의 경우 이들 도시들은 높은 대중적 인지도를 갖고 있고, 역사적으로는 정책적인 차원에서 관광도시로 육성된 경우도 많다. 이러한 도시들이 갖는 기본전략은 문화유산의 원형보존을 기본으로 하여 전통도시의 이미지를 강화하는 전략을 구사한다. 또 도시의 주 수입원인 관광객의 유치를 위해 오락·레저산업을 병행하는 전략도 나타난다. 따라서 이들 도시에서는 이벤트로는 전통축제 및 종교축제가 주로 열리고 관광특구 조성사업도 중요한 사업이 된다.

두 번째는 현대적 문화산업 개발형 도시로 일본의 유바리시나 한국의 춘천 등의 도시들이 여기에 속한다. 이들 도시들은 주로 수려한 자연자원을 갖고 있으며 지역문화와 예술의 수준도 상당한 수준에 올라있거나 아니면 도시문화에 대한 시민적 참여가 자발적으로 이루어진다는 특징을 갖고 있다. 이 도시들의 기본전략은 휴양도시의 이미지를 강화하는 한편, 문화장르의 특성화를 통한 차별화 전략, 문화도시로의 이미지를 강화하는 전략 등이다. 또 도시의 문화산업과 첨단산업을 연계하여 발전시키는 전략도 이들 도시들의 특징이다. 이 도시들의 발전방향 및 주요 사업은 오락·레저산업의 육성과 문화자원의 축제화, 그리고 축제산업의 육성 등으로 요약할 수 있다.

마지막으로 문화유산 관광형 도시와 현대적 문화산업 개발형 도시의 중간에 있는 도시들을 전통-현대 혼합형 도시라고 부를 수 있고, 여기에는 한국의 전주, 수원, 대구 등의 도시가 속한다. 이 유형의 가장 중요한 특징은 대체로 근대화시기를 통해서 산업화 전략에 실패한 전통도시라는 것이다. 이들 도시들의 경우 남다른 전통과 역사를 가지고 있지만 일제시대와 산업화 과정에서 도시의 전통적 면모를 완전히 상실함으로써 관광도시로의 발전도 가로막힌 도시들이다. 따라서 내세울만한 유형의 문화적 자원이 남아있지 않음으로써 철저한 문화도시전략을 구사할 수 없다는 한계를 안고

있다. 따라서 이 유형의 도시들이 갖는 기본전략은 관광형 도시들과 같이
도시의 전통이미지를 강화하는 한편 전통문화를 현대화하는 방향으로 이루
어진다. 그리고 전략형 도시와 마찬가지로 첨단사업과의 병행전략도 구사된
다. 이러한 도시들의 문화산업은 주로 전통문화특구 조성사업이나 전통과
현대문화가 결합되는 형태로 드러난다.

(3) 도시문화산업과 문화도시 만들기의 전략

일반적으로 도시의 문화산업전략은 크게 세 단계를 거치면서 발전한다고
볼 수 있다. 첫 번째 단계는 도시발전에 대한 인식이 전환되는 단계이다.
즉 도시의 오랜 산업적 발전전략에 대한 회의가 일어나면서 비록 소극적이
나마 도시의 문화적 자원을 점검하고 문화의 가치를 새롭게 인식하는 것이
다.(〈표 4-3〉 참조)

1단계의 기본 형태는 도시의 문화적 자원이 각기 산발적으로 존재하면
서 하나의 요소로 작용하는 것이다. 이 과정에서 도시는 그간의 산업적 발
전에 대해 회의하며 기존의 발전전략을 검토함과 동시에 도시의 역사와 전
통 등 문화적 자원을 확인하게 된다.

이 첫 번째 단계는 대체로 민간차원에서 제기되거나 혹은 지역 여론주도
층의 문화적 취향이 크게 반영되는 특징을 가지며, 향토사연구나 지역의
인물 및 역사적 사건에 대한 소극적 기념사업이 이루어진다. 그러나 아직
까지 문화는 지역사회 내 여론주도 층의 문화주의적인 성숙을 특성으로 하
고 지역주민들 역시 개발욕구를 문화발전보다 우위에 둔다.

<표 4-3> 문화도시 만들기의 단계별 주제와 내용

분류	기본형태	추진주체	내용 및 주요 사업
1단계	가능성 있는 자원 요소로 존재	민간주도 소극적 지원	① 민간차원에서 지역문화에 대한 제안 ② 고립분산적인 문화활동 ③ 문화자원의 정리 및 자원 검토(향토사 등) ④ 지방정부에 대한 요구사항 증가
2단계	자원요소의 선택과 탈락	민관 합동	① 선택자원의 상품화와 탈락 ② 도시문화산업의 전문화 요구 제기 ③ 도시문화를 위한 조례 제정 등 제도화
3단계	도시문화정책 정립단계	지방정부 주도	① 도시문화발전 중장기 기본계획안 수립 ② 문화산업 추진주체(전문부서) 형성

제2단계는 모색기로서 1단계에서 요소로서 존재했던 문화적 자원들이 가치가 재평가되면서 상품화되는 과정이다. 이 과정에서 도시는 선택된 자원요소를 상품화시키거나 탈락시키면서 문화산업전략을 발전시킨다. 대체로 도시문화에 대한 투자가 이루어지고 캐릭터 등의 도시상징이 정립되며, 역사를 기념하거나 인물을 선양하는 사업에 지방정부가 지원을 시작하는 것도 이 단계에 들어서면서이다. 특히 축제를 문화산업으로 인식하기도 하고 거리 및 건축물에 대한 관심들도 같이 일어나며, 지역사와 연계되는 박물관 등의 건립이 추진되기도 한다.

그러나 이 시기에는 지역주민들의 사적재산권 분쟁이 활발해지기도 한다. 또 환경, 정보 등의 가치와 함께 문화가 같은 의미로 평가받게 되고, 동시에 민관차원에서 문화전략의 방향에 대한 논쟁이 활발하게 벌어지기도 한다.

마지막으로 세 번째 단계는 문화산업이 하나의 도시정책으로 확고하게 정립되는 단계이다. 가장 특징적으로는 도시문화산업에 대한 중장기 프로젝트가 만들어지는 시기이기도 하다. 도시는 오랜 시험 끝에 나름대로의 도시성을 정립하고 문화산업의 아이템이 확정된다. 또 대표적인 축제의 성격과 내용이 정리되는 것도 이 시기에 이루어진다.

한편으로는 지방정부가 지역주민의 문화적 삶의 질에 관심을 갖고 극장, 공연장, 전시장 등 생활문화의 기반시설을 확장하고, 그와 함께 도시문화 산업전략에 대한 지역주민들의 이해 및 동의도 이루어진다. 경제적으로는 축제가 활성화되면서 그 파급효과 나타나기 시작하고 지역주민들 사이에서 경제적 가치보다 문화적 가치가 우선되는 경향도 나타난다.

이상과 같은 문화도시의 유형 및 문화도시 만들기의 단계를 종합하여 그 기본정책을 그림으로 나타낸 것이 〈그림 4-1〉이다. 한 도시가 문화도시 만들기의 목표를 설정하면 주로 세 가지 방향에서 정책으로 구현된다. 먼저 제도화의 측면에서는 도시경관조성에 관한 관련법령이 정비되고 문화산업과 관련된 조례가 제정되는 등 제도적인 정비가 이루어져야 한다. 또 한편으로는 문화도시 만들기를 위한 다양한 자원들이 제안되고 그 요소들을 구체화하기 위한 프로젝트가 발주된다. 여기에는 문화산업지구 조성, 도시축제의 개발 및 발전 등과 같은 대형사업뿐만 아니라 도시의 각종 문화자원을 점검하고 그 가능성을 측정하는 학술적인 성격의 프로젝트도 진행된다. 또 문화도시로 대외적 이미지를 구축하고 그를 강화하는 도시디자인 사업도 이루어진다. 여기에는 도시 캐릭터의 개발이나 상징물 정비와 같은 CI사업이나 도시대표경관을 조성하는 등의 사업이 여기에 포함된다. 또 '문회의 거리', '낙엽의 거리' 등과 같은 거리조성사업도 도시디자인 사업의 일환이다.

이러한 사업들은 대개 자치단체의 문화직제를 통해 이루어진다. 각 시군의 문화관광국, 또는 문화기획국 등과 같은 부서들은 이러한 역할을 담당하거나 지원하게 된다. 그리고 이러한 문화부서의 궁극적인 역할은 크게 도시문화산업의 육성과 문화적 측면에서 시민의 삶의 질을 개선하는 업무를 담당하게 된다.

〈그림 4-1〉 문화도시 만들기의 정책모형

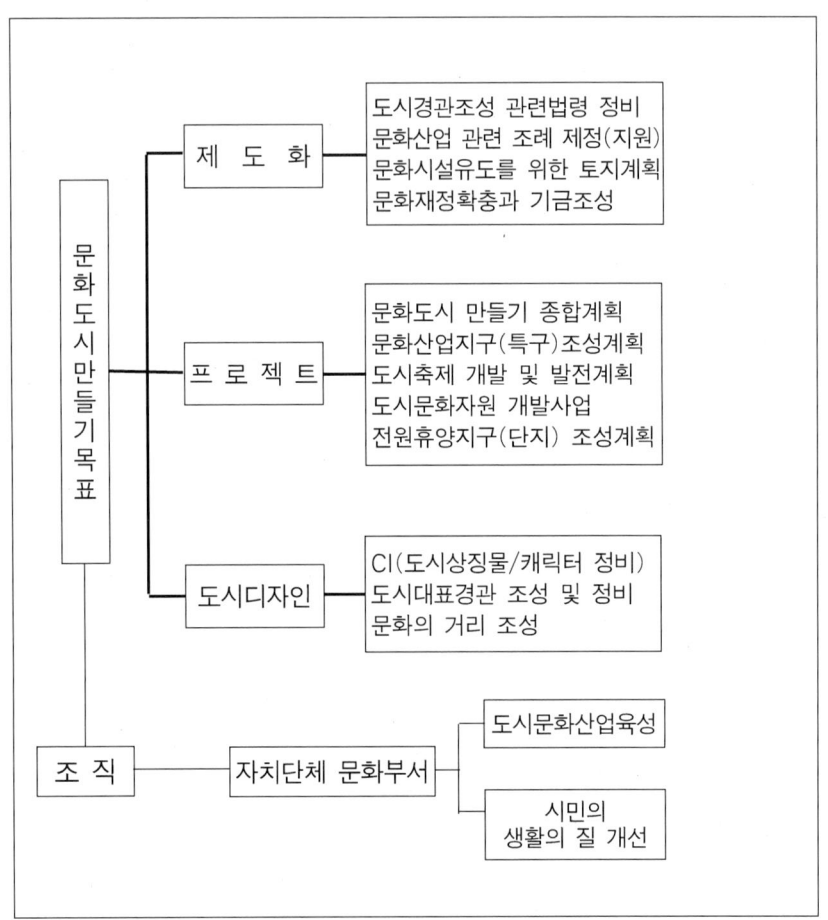

*자료: 광주광역시, 『문화광주 2020 기본계획』에서 인용 및 재구성

2. 문화도시의 유형과 특성

1) 문화유산 관광형 도시의 특성과 전략

(1) 문화유산 관광형 도시의 자원

도시의 역사와 전통은 복합적이고 다양한 의미를 담고 있지만, 탈산업화된 도시전략에서 가장 중요한 자원으로 주목받고 있다. 도시의 전통은 그 도시의 정신적 자원이기도 하지만 동시에 문화적 힘으로 작동하고, 현대사회에서 그것이 가장 극단적으로 현실화하여 문화산업이라는 새로운 산업적 형태로 발전되었다. 사실, 도시의 역사를 도시발전의 중요한 자원으로 활용하는 것은 탈산업적 도시전략에서 가장 효율적이고 긍정적인 방법으로 평가되고 있다. 이탈리아의 로마, 프랑스의 파리, 영국의 런던, 일본의 교토, 터키의 이스탄불 등은 오늘날 가장 각광받는 문화도시들이다. 이들 도시들은 한결같이 오랜 역사와 전통을 갖고 있고 그것은 그 도시의 이미지를 구성하면서 어떤 산업보다도 강력한 부가가치를 갖고 있다.

〈표 4-4〉 문화유산 관광형 도시의 전략과 사업

중심자원	전략유형	기본방향	사업내용
역사 유적 신화/전통	문화유산산업 (기본전략)	역사유적의 보존 신화/전통의 복원	① 보존과 발굴을 위한 특별법 제정 ② 유적의 관광 상품화(관광도시화) ③ 신화의 확대재생산과 상징물 구현
	관광레저산업 (부차전략)	유적의 관광 상품화 문화의 이벤트화	① 역사/신화의 재현 이벤트 ② 신화를 활용한 문화예술축제 ③ 관광객을 위한 레저산업

문화유산 관광형 도시들은 대개의 경우 고대도시로서 오랜 역사와 전통을 지니고 있다. 또 이들은 문화적 자원으로서 상대적으로 잘 보존된 역사

유적을 간직하고 있고, 그것들은 인류 문명사에 중요한 의미를 갖거나 또는 부여받는다. 이 유형의 도시들이 갖고 있는 또 다른 문화자원은 신화와 전통성이다. 〈표 4-4〉는 문화유산 관광형 도시들의 자원과 전략 그리고 사업의 방향을 정리한 것이다. 역사유적과 신화 및 전통을 바탕으로 하는 도시의 중심전략은 문화유산산업이다. 그리고 그 중심전략에는 늘 관광레저산업이 부차적으로 뒤따른다.

(2) 문화유산 관광형 도시의 전략

이 고대도시들의 가장 중심적인 전략은 언제나 유적의 보존과 발굴이다. 유적의 보존은 그 도시를 신비화하고 끊임없이 관광객들을 유치할 수 있는 가장 중요한 자원이기 때문이다.79) 거기에 신화나 전통의 복원 역시 도시 문화산업의 기본적인 과제가 된다. 이러한 기본방향 속에서 유적의 관광 상품화가 이루어지고, 그곳을 찾는 관광객들이 역사와 신화를 사갈 수 있게 하는 전략이 뒤따른다.

문화유산형 도시의 두 번째 전략은 그 도시의 역사성 혹은 신화를 대표하고 그것을 확대재생산할 수 있는 간명하면서도 집약적인 상징물을 만들고 신화화해야 한다는 것이다. 예컨대 베로나는 〈로미오와 줄리엣〉을 갖고 있고, 베이징은 자금성을, 볼로냐는 '피에라'를 그리고 로마는 〈로마의 휴일〉을 중요한 문화적 상징으로 갖고 있고, 그것을 활용하고 있다. 이러한 상징은 그 도시의 역사와 문화를 안내하는 일종의 관문으로서 더 중요한 의미를 갖는다. 그래서 이들 도시들은 자신들의 유구한 역사와 전통을 간명한 상징으로 압축하는데 성공한 도시들이다. 이러한 도시상징들은 다시

---

79) 한해 1억 명의 외국인들이 찾아든다는 체코의 천년 고도 프라하는 세계 유수의 관광도시로 꼽힌다. 프라하는 천년의 고도답게 거리와 건축물 속에 역사를 녹였다. 로마네스크-고딕-르네상스-바로크-로코코-아르누보의 계보를 잇는 건축물들이 거리마다 빼곡하고, 그것은 그대로 천년의 역사를 웅변한다. 이 도시는 도시 전체의 역사적 건축물들을 문화유산으로 관리하고 있고, 특정지역에서는 건축물과 건축물이 이루는 스카이라인을 지키려 나무를 심지도 베지도 못하게 한다.

그 도시의 특성을 구현하고 그것은 결국 도시의 신화로 발전한다.

세 번째 전략은 발굴되고 보존된 역사유적과 도시의 상징을 이벤트로 발전시킨다는 것이다. 실제로 역사도시의 의미를 강화시켜주고 관광객들을 만족시켜주고 그들에게 도시의 이미지를 심어주는 것은 도시의 역사나 신화를 재현하는 이벤트 혹은 그것을 활용한 문화예술축제이다. 이렇게 붙들어놓은 관광객들은 도시가 그들을 위해 마련한 다양한 레저산업을 통해서 도시의 중요한 수입원이 된다.

이러한 전략을 통해서 만들어진 문화도시들은 그들의 문화산업전략을 성공시킨다. 예컨대 로마는 '판테온과 콜로세움→고대문명의 중심→시간의 도시'로 상징과 신화를 창출했고, 베로나 역시 '〈로미오와 줄리엣〉→사랑의 성지→(오페라와 발레를 통한) 문화의 도시'라는 상징과 신화를 만들어냈다. 그런 점에서 한국의 경우 남원시가 취하고 있는 '〈춘향전〉→사랑의 도시→(판소리와 고대소설을 통한) 문화의 도시' 전략이 문화도시의 기본전략에 비교적 충실한 경우라고 할 수 있다.

그러나 무엇보다도 중요한 것은 문화도시의 성장과 발전에서 이 도시들이 시민적인 지지를 얻어낼 수 있는가 하는 점이다. 즉 도시의 문화전략이 지역주민들의 문화적 삶을 풍부하게 하고 그것이 또 직접적인 경제적 이익으로 실현될 수 있을 때 도시의 문화전략은 시민적 호응을 얻을 수 있다. 이 점은 역사유적과 신화가 그 도시에 어떤 의미를 가질 수 있느냐는 시민들의 물음에 대한 응답인 셈이다. 그리고 그 도시적 발전의 과정에 동의한 시민들의 존재와 호응은 결국 한 도시를 문화도시로 만들어내는 셈이다.

(3) 한국의 문화유산 관광형 도시

안타깝게도 한국의 도시들은 위에서 열거한 전통도시만큼 강렬한 인상을 갖고 있지 않다. 천년의 역사를 가진 도시들이 엄연히 남아 있지만 그 도시들의 도시성은 서구도시들만큼 그만큼 풍부하지 않다. 한국은 오랜 역사와 전통에도 불구하고 고려시대의 몽고병란으로부터 가까이는 한국전쟁에 이르기까지 수많은 전란을 치러왔으며, 60년대 이후 급격한 근대화의 과정을 거치면서 대부분의 전통도시들이 그 면모를 상실해갔다.

그럼에도 불구하고 한국이 전통도시로 꼽을 수 있는 몇 안 되는 도시들이 남아 있다면 단연코 경주를 손꼽을 수 있다. 또 〈춘향전〉의 신화를 안고 있는 남원과 최근 엘리자베스 영국 여왕의 방문으로 단숨에 떠오른 안동도 전통도시의 반열에 올릴만한 곳이다. 〈표 4-5〉는 이 세 도시의 특성을 표로 정리한 것이다.

먼저 경주는 신라 천년의 수도로 상징화되었으며, 신라의 왕릉과 수많은 고분을 도시 속에 감춰두고 있다. 불국사와 석굴암은 경주문화의 상징이고, 경주시 전체는 통일신라의 유적으로 가득 차 있다. 이러한 신라문화의 유산을 이어받아 경주는 신라문화제라는 전통축제와 세계를 대상으로 하는 문화엑스포인 경주문화엑스포를 98년부터 격년으로 열고 있다. 그러나 불국사와 석굴암이라는 도시적 상징의 이면에는 경주가 이차돈의 순교를 시작으로 하는 한국불교의 산 역사라는 더 큰 의미가 숨겨져 있다. 경주는 역사도시일 뿐만 아니라 불교도시인 것이다. 또 경주는 박정희 정권 이후 한국을 대표하는 관광도시로서 정책적으로 육성되었다.

고대도시로서의 명성과 내용을 가진 도시는 사실 백제가 한때 수도로 삼았던 부여와 공주가 있고 고구려의 평양과 고려의 개성 등이 있으나 실제로 남한에서 그 모습을 나름대로 보존하고 있는 것은 경주가 거의 유일하다.

〈표 4-5〉 문화유산 관광형 도시들의 문화적 자원과 특성

경주	경주	안동	남원
도시상징	*신라 천년의 수도	*선비(유교)의 고장	*사랑의 도시
유형화 된 자원	*신라의 왕릉과 고분군 *불국사와 석굴암 *통일신라의 유적들 *신라문화제와 경주문화엑스포	*지정문화재 최다(178점) *도산서원과 유교의 본산 *하회탈춤과 하회마을 *불교, 유교, 기독교의 도시 *국제탈춤축제	*춘향전과 판소리 *정절과 사랑의 고장 *광한루와 지리산 *춘향제, 흥부제, 지리산 철쭉제
무형화 된 자원(이미지)	*불교문화의 도시 *고대문명의 중심	*종교의 도시 *양반문화의 보고	*국악의 고장 *고대소설의 고장

　남원은 삼국시대부터 이어져온 고대도시이자 춘향과 몽룡의 사랑의 전설을 간직한 도시로 한국의 베로나로 꼽힐만한 도시이다. 남원은 도시가 가진 문화적 자원을 가장 잘 활용하고 있는 성공사례라고 할 수 있다. 베로나에 〈로미오와 줄리엣〉이 있다면 남원은 〈춘향전〉이 있고, 베로나에 오페라가 있다면 남원은 판소리가 있다. 또 베로나에 오페라 축제가 있다면 남원에는 올해로 70회를 맞는 전통축제 춘향제가 있다고 말할 수도 있다. 남원 역시 베로나처럼 '스쳐지나가는 관광'을 지양하고 '머무르는 관광'을 꿈꾸고 수많은 관광객들을 유혹하지만 당연히 베로나와 같은 연간 550만 명의 관광객들을 끌이 모으고 3천억 원의 관광수입을 올리지는 못한다.

　경주와 남원의 경우는 관광도시로서 정책적으로 육성된 도시라면 안동은 도시의 문화적 자원이 원형상태로 보존된 도시라고 할 수 있다. 안동은 한국의 도시 가운데 가장 많은 지정문화재를 보유하고 있는 곳이고 선비문화의 융성과 함께 기독교가 번성한 종교의 도시이며 하회마을과 같은 민속의 원형이 그대로 보존된 도시이기도 하다. 안동이 문화적 자원의 측면에서 이처럼 강력한 전통과 권위를 가질 수 있는 힘은 여러 가지로 설명되지만 무엇보다도 중앙권력과의 일정한 거리를 유지한 채 독자적으로 다양한 문

화를 수용한 결과로 이해되고 있다.[80]

　안동의 전통문화가 널리 알려지고 경주를 능가하는 문화적 자원으로 인식되는 계기는 99년 4월 영국 엘리자베스 여왕의 방문이었다. 알려진 바와 같이 엘리자베스 여왕과 영국은 "유교와 불교문화의 중심지이자 생생한 농촌풍경을 보여줄 수 있고" 결과적으로 "안동이 가장 한국적인 모습을 담고 있다"고 평가했다.(영남일보 99. 4. 20)[81] 결국 안동이 가진 가장 중요한 힘은 안동문화의 이름을 널리 알린 하회마을이나 도산서원과 같은 일차적 상징에서가 아니라 그 상징이 내포한 전통문화의 힘이었다.

2) 현대적 문화산업 개발형 도시

(1) 현대적 문화산업 개발형 도시의 자원

　모든 도시들이 전통과 역사로부터 도시의 이미지를 창출해 나갈 수 있는 것은 아니다. 또 유구한 역사와 전통을 가진 도시라 할지라도 도시의 경관과 문화적 환경 속에서 설득력 있는 형태로 드러나지 않는다면, 역사와 전통을 중심으로 하는 문화전략은 대단히 어려운 과정을 겪는다. '현대적 문화산업 개발형' 도시들은 지역의 역사와 전통과 같은 천부적인 조건을 전혀 갖지 못했지만, 후천적인 노력과 특화된 아이템으로 도시를 바꿔 성공적인 문화도시로 자리 잡는 경우들이다.

　현대적 문화산업 개발형 도시들의 경우 대부분이 자연자원과 문화예술을 중심적인 자원으로 삼고 있다. 또 이들 도시들의 경우 공업화를 통한 성장전략에서 소외되거나 탈락한 도시들인 경우가 많다. 영국의 쉐필드는 철강산업의 쇠퇴로 쇠락해 버린 도시를 레코드 음악산업을 기반으로 한 현대적인 문화산업으로 발전시켰고, 역시 일본의 쇠락한 탄광촌이었던 유바리는 판타스틱영화제라는 문화산업을 통해 도시의 재구조화에 성공했다.

---

80) 안동의 민속과 문화에 대해서는 임재해(1998)의 『안동문화의 수수께끼』 등을 참조했다.

81) 스티븐 브라운 주한영국대사와의 인터뷰 내용은 1999년 4월 20일자 영남일보.

〈표 4-6〉 현대적 문화산업 개발형 도시의 전략과 사업

중심자원	전략유형	기본방향	사업내용
자연자원 문화예술	정책적 문화산업 (기본전략)	특성화전략 자연자원의 활용	① 도시문화의 특성화전략 ② 첨단문화산업의 유치와 발전 ③ 청정 환경도시의 이미지 강화
	이벤트산업 (부차전략)	문화의 이벤트화	① 특성화 된 문화의 이벤트화 ② 시민적 동의와 참여

여기서 쉐필드는 전통적으로 강력한 공예(craft)산업과 프린트 저널리즘 그리고 지역출판사업의 비교우위라는 자원을 가지고 있었고, 그것은 쉐필드의 문화산업전략에 중요한 힘이 되었다. 한편 특히 유바리는 매년 겨울에 영화제를 열면서 영화제를 특화시키는 한편 도시의 설경이라는 자연자원으로 관광객을 유인하는 효과도 거두었다. 19세기 말 은광(銀鑛)으로 유명했으나 역시 폐광의 위기를 겪으면서 세계적인 아트타운으로 도시를 새롭게 디자인한 미국 콜로라도주의 아스펜 역시 쉐필드나 유바리와 비슷하게 현대적인 문화산업으로 성공하고 있는 도시이다. 또 구겐하임 미술관 분관으로 유명한 스페인의 빌바오 역시 철강산업의 퇴조를 딛고 문화도시로 도시를 재활성화시킨 사례이다. 이에 반해 영국의 헤이 온 와이는 헌책방이라는 아이템으로 세계적으로 독특한 문화도시의 유형을 창출한 사례이다.

(2) 현대적 문화산업 개발형 도시의 전략과 주체
이러한 도시들이 채택하고 있는 전략유형은 정책적 문화산업이며 여기에 부차적으로 이벤트산업이 뒤따르는 것이 일반적이다. 또 이 도시문화산업의 기본방향은 자연자원을 활용하는 한편 문화예술의 산업화를 추구하는 형태로 나타난다.
이 도시들의 중심전략은 첫 번째 특성화전략이다. 즉 그 도시만이 갖는

독특한 문화산업을 통해 도시의 이미지와 의미를 발전시키는 것이다. 예컨 대 유바리는 겨울에 열리는 유일한 영화제, 내용적으로는 판타스틱영화제 라는 특화전략으로 성공했고, 헤이온은 헌책이라는 기발한 아이템을 선택 했다. 또 아스펜의 음악제와 빌바오의 미술관 역시 특화된 아이템 전략이 성공의 기반이었다.

두 번째로는 자연자원의 활용 역시 중요한 전략이었다. 앞서 설명한 유 바리의 설경이나 아스펜시가 내세운 '휴식을 통한 창조, 자연과 예술의 조 화' 역시 자연자원을 적극적으로 활용하는 전략이었다. 헤이 온 와이 역시 작은 시골마을의 분위기와 정서를 헌책방이라는 이미지로 연결시킨 사례라 고 하겠다.

세 번째로는 가장 핵심적이고 실제 수익을 창출하는 이벤트 전략이다. 유바리는 처음부터 영화제라는 이벤트를 목표로 문화산업전략을 구사했고, 아스펜 역시 매년 6-8월까지 9주간 계속되면서 도시 전체에는 각양각색의 250개 이벤트 전략으로 해마다 10만여 명의 인파를 집중시키는 성과를 거 두었다. 헤이 온 와이 역시 헤이축제를 통해서 수만 명의 진지한 관광객들 을 끌어 모으고 있다.

마지막으로는 시민적 동의와 참여를 끌어내는 전략이다. 쉐필드이 도시 재활성화전략은 지방정부의 주도로 이루어졌지만 여기에 시민과 지역기업 의 참여가 그것을 가능케 했다. 또 유바리 역시 시민들의 적극적인 참여로 '따뜻한 영화제'라는 애칭을 얻었으며, 헤이 온 와이는 한집 걸러 하나씩 헌책방이나 제본소, 인쇄소 등 관련된 점포가 즐비하고 34개의 헌책 전문 서점이 있을 정도로 시민들과 호흡을 일치시켰다. 이러한 시민적 참여를 바탕으로 헌책을 두루 다루는 종합 서점들과 시, 아동문학, 음악, 언어, 사진, 영화 등 한 방면을 파고드는 전문 서점이 개발되면서 헤이 온 와이 의 명성은 더욱 높아지고 있다. 아스펜 역시 주민들 스스로 아스펜 음악제 를 후원하고 집을 지으면서도 반듯한 빅토리아풍의 주택을 복구하면서 아 트타운으로서의 도시이미지를 스스로 만들어 나간다.

(3) 한국의 현대적 문화산업 개발형 도시

이 같은 도시의 성공사례들은 수없이 많다. 이 같은 도시들의 한결같은 특징은 무엇보다도 특화된 문화적 아이템을 분명하게 갖고 있고 그것이 세계적인 경쟁력을 갖는다는 점이다. 그러나 무엇보다도 중요한 것은 도시 내부에서 합의와 동의 그리고 참여에 이르는 과정이 완전하다는 점이다. 인구규모가 작기는 하지만 문화산업을 통해 도시의 경제적 효과는 고르게 분산되고 그것은 그 도시의 자부심이자 경제적 힘이 된다. 그러나 시민들의 참여나 경제적 이익의 분배의 모든 과정을 도시가 정책적으로 만들어나가지는 않는다. 지방정부가 할 수 있는 일은 도시의 기본전략을 세우는 일이고 그 과정에서 시민적 참여를 유도하는 일이며, 시민들은 스스로 축제에 참여하고 거기서 스스로 수익을 창출해낸다. 문화산업이 다음 세대의 전략산업이고, 그래서 21세기에는 문화의 힘이 국력이라고 한다면 문화산업을 통해서 도시의 이미지를 강화하거나 변화시키고 그 과정에서 시민적 합의와 참여의 폭을 넓혀가는 것은 그 문화적 힘의 현실화를 의미한다고 할 수 있다.

이처럼 '조상의 덕'을 볼 수는 없지만 새롭고 진지한 아이템으로 새롭게 문화도시로 성장하고 있거나 혹은 그러한 유형으로 분류될 수 있는 한국의 도시로 우선 춘천을 꼽을 수 있다. 여기에 신도시인 부천, 과천 등이 이 유형에 속하는 도시들로 볼 수 있다. 또 약간 다른 의미에서 대전의 도시전략도 여기에 속한다고 할 수 있나. 대전의 경우 역사와 전통 또는 문화예술적 발전을 꾀하고 있지는 않지만 과학도시 혹은 엑스포의 도시라는 독특한 문화전략을 구사하고 있다.

〈표 4-7〉 현대적 문화산업 개발형 도시들의 문화적 자원과 특성

구분	춘천	부천	대전
도시상징	*호반의 도시	*만화/영화(?)	*중부권 행정도시
유형화 된 자원	*소양강 등 자연자원 *'소양강 처녀' *막국수와 닭갈비 *인형극제와 마임축제	*신흥 계획도시 *영화제의 도시 *만화산업 전략육성도시 *복사골예술제와 부천 국제판타스틱영화제	*첨단과학도시 *행정·교통의 중심지 *'대전부르스' *엑스포과학 공원 *유성온천
무형화 된 자원(이미지)	*문화의 도시-축제와 살기 좋은 도시	*문화의 도시-만화산업의 메카	*과학·행정도시-문화적 발전목표 없음

위의 〈표 4-7〉은 한국의 현대적 문화산업 개발형 도시들로 꼽은 춘천, 부천, 대전의 문화적 자원과 특성을 표로 정리한 것이다. 먼저 춘천을 대표하는 전통적인 도시이미지는 '호반의 도시'였고 이러한 이미지가 상징하는 바는 춘천이 청정 도시로서 전원·휴양의 도시라는 것이었다. 춘천의 가장 중요한 문화적 자원은 이처럼 자연환경이었고 여기에 막국수와 닭갈비라는 음식문화, 심지어는 대중가요 '소양강 처녀'가 춘천의 이미지를 선도했다. 그러나 민선 자치시대를 기점으로 춘천의 이미지는 변화하고 있다. 상당한 기간 동안 춘천을 기반으로 자생적으로 성장해온 인형극이나 마임 등이 민선 자치단체의 문화전략 및 행정력과 결합되면서 춘천의 이미지는 다분히 문화적인 도시전략으로 바뀌게 되었다. 그리고 그 결과는 춘천을 궁극적으로는 '문화의 도시'라는 좀 더 진전된 이미지로 변화시키는 힘이 되었고, 거기에는 '살기 좋은 도시' 또는 '축제의 도시'라는 도시적 목표가 실려 있었다.

춘천에 비교해본다면 부천은 또 다른 의미에서 변화의 가능성을 보여주는 도시이다. '21세기 문화도시 부천'을 도시의 구호로 내세운 부천은 아직 분명한 도시적 상징과 이미지를 만들어내지는 못하고 있지만, 적어도 그

방향만큼은 어느 도시보다 특화되어 있고 일관성을 가지고 있다. 부천은 신도시로서 만화산업에 주목했고 만화산업 가운데서도 출판만화라는 다소 고전적인 장르에 집중함으로써 특화된 문화전략을 마련했다. 여기에 만화산업과 이미지를 같이하는 부천국제판타스틱영화제를 국제적인 행사로 만들어 냄으로써 문화도시로서의 형식과 내용을 갖추어가고 있다. 그래서 부천의 축제는 부천만화축제와 부천판타스틱영화제가 있고 애니메이션 페스티벌이 만화와 영화의 사이를 매개하고 있다고 할 수 있다.

부천의 문화전략은 일단 무엇보다도 특성화에 초점이 맞추어져 있다. 영화제는 판타스틱영화제이고 만화산업은 출판만화에 초점을 두고 있으며, 애니메이션 페스티벌은 이 국제대학 애니메이션 페스티벌로 범위를 특화시켰다. 부천의 특화전략은 여전히 진행 중이고 만화 및 애니메이션은 춘천의 문화전략과, 영화제는 부산 및 전주와 아이템이 겹치면서 아직까지는 획기적인 성공으로까지 이어지지는 못한 것으로 보여진다. 그러나 수도권을 보완하는 신도시로 급부상한 부천이 선택한 전략이 '21세기 문화도시'의 전략이라는 점에서 문화산업 또는 도시발전의 측면에서 세밀하게 관찰할 필요가 있는 도시라고 하겠다.

대전 역시 상대적으로 독특한 도시이미지와 발전전략을 보여주는 도시라고 할 수 있다. 대전의 도시구호는 '첨단과학의 도시'이다. 대전시는 시의 캐릭터인 '한 꿈이'에 대해서 다음과 같이 설명하고 있다. "'한 꿈이'는 미래의 세계에서 날아온 큰 꿈을 기진 어린 왕자를 귀엽고 낌찍한 모습으로 형상화하여 '과학'과 '미래'라는 대전의 이미지를 상징한다. 21세기 세계 초일류 과학기술도시를 지향하는 대전의 비전과 새 천년을 이끌어갈 진취적인 시민정서를 담고 있으며, 특히 네트웍 시대의 중심에 대전시민이 있음을 의미한다."(대전시 공식 인터넷 사이트)[82] 대전시는 일제시대 이후 중부권 거점도시로 계획되면서 확장된 도시로서 도시의 역사와 전통에서 도시의 문화적 발전전략을 찾기보다는 첨단과학과 행정이라는 아이템으로 도시발

---

82) http://www.metro.taejon.kr/ 참조.

전의 목표를 설정했다.

 대전시를 상징하는 문화적 이벤트는 역시 과학엑스포이고 과학 공원은 그 공간적 결과라고 할 수 있다. 인근에 자리 잡은 과학기술대학의 존재 역시 이러한 이미지와 연결되어 있다. 또 정부종합청사가 들어와 있는 행정의 중심 도시라는 점도 대전의 도시적 특성을 보여준다. 결과적으로 대전이 택하고 있는 도시전략은 역시 전통과 역사에 기대지 않은 현대적 지향성의 도시발전 전략을 보여준다.

 대전이나 부천 등의 도시와는 전혀 다른 방식으로 문화산업에 접근하는 도시들도 있다. 정부 제2청사를 안고 있는 과천은 수도권의 신도시로 1986년 일개 면에서 일약 시로 급부상했다. 과천은 국립현대미술관의 도시이고 98년 과천 국제마당극대잔치로 축제적인 명성을 쌓았던 도시이다. 이 밖에도 과천의 도시문화를 특징짓는 요소들은 서울랜드, 서울대공원 등이 있지만, 과천의 경마장은 수도권 내에서 가장 커다란 규모의 레저산업으로 번창하고 있다. 인구 7만여 명의 과천은 도시의 캐치프레이즈로 '나의 마음 나의 도시(My Heart, My City)'라는 아름다운 구호를 내걸고, 도시를 판매하고 있다.

 경기도 과천과 일본의 유바리를 합쳐 놓은 듯한 도시가 바로 강원도 태백이다. 폐광으로 가득한 채 이제는 거의 찾는 이 없는 도시가 된 강원도의 태백은 카지노산업을 통해 도시의 미래를 열어나간다. 물론 태백시가 카지노 사업만으로 관광객들을 유혹하는 것은 아니다. 태백은 눈을 이용하여 스키장도 만들고 체험공원도 조성하여 갖추어진 관광휴양도시를 꿈꾸지만 태백은 곧 카지노의 도시가 될 것이다.

3) 전통-현대 혼합형 문화산업 도시

(1) 전통-현대 혼합형 도시의 자원과 도시성

 전통은 그 도시를 지켜주는 가장 끈끈한 힘이다. '전통'은 단지 문화적인 개념만이 아니라 생활의 개념이고 한편으로는 정치적이고 사회적인 개념이

다. 그러나 전통은 때때로 도시발전의 새로운 모색과 성장을 저해하는 요소로 작동하기도 한다.[83]

〈표 4-8〉 현대적 문화산업 개발형 도시의 전략과 사업

중심자원	전략유형	기본방향	사업내용
역사와 전통 문화예술	혼합적 문화산업 (문화유산산업/ 이벤트산업)	전통이미지 강화 문화예술의 산업화	① 전통도시의 이미지 강화 ② 첨단문화산업의 유치와 발전 ③ 문화관광의 이벤트화

　혼합형 도시가 가진 문화자원의 가장 큰 특징은 눈으로 보이지 않는다는 것이다. 이들 도시의 전통성은 흔히 '읽어야 하는' 자원이며 또 대부분 저항적인 역사를 품고 있다는 공통점을 갖고 있다. 그러나 저항의 역사 역시 눈에 보이는 형태로 남겨지거나 확고하게 기념되는 것은 아니라는데 문제가 있다. 예컨대 전주는 멀리는 후백제의 견훤으로부터 고려왕조를 쓰러뜨린 이성계, 조선 중기 권력의 향배를 가른 최대의 정치사건이었던 정여립 모반사건, 그리고 조선조의 말기에 일어난 동학농민혁명에 이르기까지 역사의 곳곳에 저항의 역사를 숨겨두고 있다. 또 수원의 화성은 조선 후기 개혁군주로 꼽히는 정조의 개혁정치를 상징하는 저항의 역사를 담고 있으

---

83) '전통'에 대한 문제의식은 비단 한국의 도시들만이 안고 있는 갈등은 아니다. 전통에 대한 지나친 집착은 곧 국가 전체를 복고주의적인 분위기로 바꾸고 미래지향적인 발전을 가로막는 요소가 되기도 한다. 전통이 중시되는 사회나 국가는 외부적으로 주어지는 급속한 변화에 적응하지 못한 채 정체성의 위기를 겪는다. 한국사회의 경우 조선 후기 대원군에 의해 주창되었던 '위정척사'의 논리가 내적으로는 대단히 혁명적이고 건강한 보수적인 논리였음에도 불구하고, 결과적으로는 시대를 역행하여 조선의 근대화를 가로막는 논리적 근거가 되었다. 이 같은 문제에 대해서 김여수는 '자연이나 역사에 의해 규정된 원초적이고 과거지향적인 토대를 벗어나야 새 정체성 확립이 가능하다'고 주장했다. 김여수에 대해서는 한국정신문화연구원. 2000, '새 천년 한국인의 정체성', 창립 22돌 기념 한국학국제학술회의 자료집 참조.

며, 역시 빼놓을 수 없는 전통도시인 대구는 일제 시대와 해방공간을 거치
면서 한때는 '조선의 모스크바' 또는 '전국 제일의 야도'로 불릴 만큼 저항
의 이미지가 강했던 도시였다. 이러한 상황이 바로 한국의 전통도시들에게
주어진 공통의 문화적 조건으로 그것은 일종의 '문화적 아노미' 상태를 가
져왔다.84) 즉 한국의 많은 전통도시들은 90년대 들어 자신들이 가진 역사
적·문화적 자원을 새롭게 인식하기 시작했지만, 무형적으로 존재하는 전
통을 유형화시키는 데는 한계가 있었고, 그 결과 다양한 이벤트산업을 동
시에 추구하는 혼합적인 형태의 도시전략이 구사되었다.

(2) 전통-현대 혼합형 문화산업도시의 자원과 전략

이 유형에 속한 도시들의 전략은 첫째, 전통도시의 이미지를 강화하는
것이다. 그러나 이 도시들의 문화적 발전전략은 산업적 발전의 완전한 포
기를 의미하는 것은 결코 아니었다. 전통도시들의 오랜 숙원이었던 산업적
발전에 대한 포기는 자신의 운명을 시민들의 표에 걸고 있는 자치단체의
단체장들로서는 위험천만의 선택일 수 있기 때문이었다. 그래서 지방정부
는 가장 안전하면서도 가장 무리 없는 전략을 선택했고 그것은 결과적으로
두 마리 토끼를 잡겠다는 것이었다.

이 같은 전략은 도시의 정책구호를 통해서 다양하게 표현되었다. '과거
와 미래가 공존하는 도시 수원'(경기 수원), '21세기 예스러운 미래 양주고
을'(경기 양주), '아름다운 도시, 품위 있는 대구'(대구광역시) 등은 이러한
전통도시들의 고민과 각오를 압축적으로 보여준다. 수원이 다 갖겠다는
'과거와 미래'는 도시의 문화적 발전과 (첨단)산업적 발전을 의미하는 것이
고 '아름다움과 품위'를 모두 갖겠다는 대구의 꿈은 미래의 섬유도시로 다
시 태어나겠다는 바람을 담은 것이었다. 이러한 전통이미지의 강화전략은

---

84) 문제는 한국의 전통도시들에서 이 같은 문제들이 계속되고 있다는 사실이다.
전통도시들의 혼란이 구조적으로는 전근대사회의 급속한 해체와 그에 적응하
지 못하는 조건에서 야기된 것이라면, 다시 전세계적으로 근대화의 논리가
퇴조하고 새로운 전망이 시대를 지배하면서 한층 심화된 도시적 혼란이 야기
될 수도 있다는 것이다.

단지 구호를 통해서만이 아니라 전통문화에 대한 집중적인 육성과 대중화 전략으로 이어지고 있다.

　두 번째 전략은 첨단문화산업의 유치와 이벤트전략으로 나타난다. 전주의 국제영화제나 대구의 밀라노 프로젝트 등은 첨단문화산업전략이 구체화된 것이다. 예컨대 전주에서는 영상산업단지가 유치되었고, 대구는 미래 패션산업의 선두를 꿈꾸고 있다. 이 밖에 전통문화자원을 산업화하는 전략도 시도되었다. 전주에서는 한지를 이용한 다양한 문화상품들이 개발되었고, 수원에서는 화성과 정조임금을 소재로 한 다양한 이벤트를 정례화하고 있다.

(3) 전통-현대 혼합형도시의 사례

　〈표 4-9〉는 이 대표적인 전통-현대 혼합형 도시들의 문화적 자원과 특성을 정리한 것이다. 먼저 '예향'을 자처하는 전주는 도시의 역사만 놓고 본다면 천년 고도 경주에 버금갈만한 역사와 전통을 갖고 있는 도시들이다. 전주는 비록 짧은 시간이었지만 후백제 견훤의 왕도였고[85], 조선을 건국한 이성계와 직접적인 연관은 없으나 이씨 왕가의 본향이었다. 그런 까닭으로 전주에는 곳곳에 이성계와 관련된 유적들이 지금껏 남겨져 있고, 한편에서는 풍성한 농경문화의 영향을 받아 비빔밥 등으로 대표되는 '맛의 고장'이며, 또 전통문화의 맥이 면면히 이어져 오는 '멋의 고장'이기도 하다. 그런 까닭에 전주는 산업화 과정에서 가장 많이 침체되고 소외된 도시였지만, 한편으로는 전통과 예향의 고장이라는 자부심을 버리지 않았던 도

---

85) 후백제를 세운 견훤이 전주에 도읍을 정하고 나라를 유지했던 기간은 불과 35년에 지나지 않는다. 본래 견훤은 경상도 상주 출신으로 전주에 들어와 도읍을 정했다. 최근 드라마 〈왕건〉의 영향으로 견훤에 대한 재조명이 활발하고, 전주시는 후백제와 관련된 다양한 문화정책들을 구상하고 있다. 한편 경상도 출신의 견훤이 왜 하필 전주에 도읍을 정했는지, 그리고 전주지방의 호족들은 견훤을 어떻게 맞이했는지를 두고 전주의 도시성을 설명하는 시각도 있다. 그러나 무엇보다도 견훤 기념사업이 갖는 가장 결정적인 한계는 견훤의 유적은 지금 전혀 남아 있지 않다는 점과 견훤 개인에 대한 역사적 평가가 대단히 극단적이라는 점일 것이다.

150

시였다. 그럼에도 불구하고 전주의 전통은 지금의 도시 속에서 쉽게 발견되지 않는다. '전통의 현대적 계승'이라는 전주의 문화적 목표는 전주가 안고 있는 가능성과 한계를 동시에 보여준다.

〈표 4-9〉 전통－현대 혼합형 도시들의 문화적 자원과 특성

구분	전주	대구	수원
도시의 상징	*예향의 고장	*사과/섬유/TK(?)	*화성(?)
유형화 된 자원	*후백제의 도읍과 이성계의 본향 *조선시대의 유적들 *비빔밥 등 음식자원 *풍남제와 전주국제영화제	*팔공산 등 자연자원 *경상감영 등 전통도시 *일제시대와 저항의 역사 *영남권 공업의 거점도시 *달구벌 축제와 밀라노프로젝트(섬유)	*수원화성(정조임금) *수원갈비 등 음식자원 *서울 근교의 전통도시 *수원화성문화제와 정조대왕 능행차 연시 *수원 시향
무형화 된 자원(이미지)	*전통과 예술의 고장 *'전통의 현대적 계승'	*정치적 성공의 반면 내부적 저발전 대응	*과거와 미래가 공존하는 도시－캐치프레이즈

또 대구는 경상감영이 위치했던 한국의 전통도시로서 전주와는 상당히 다른 경로를 밟아왔다. 대구는 팔공산 등 자연자원과 '사과의 도시', 그리고 섬유산업의 도시라는 이미지와 상징을 갖고 있었지만, 어느 쪽도 대구의 대표상징으로 확고하게 굳어지지는 못했다. 또 대구는 일제시대와 해방 이후까지 유명한 좌익운동의 도시였으나, 박정희 정권의 집권 이후 급속하게 그 저항적 정신은 탈색되었다. 박정희 정권과 제5공화국을 거치면서 대구는 다시 'TK의 본산'이라는 정치적 상징을 얻었고, 그것은 독재적이고 구시대적인 정치권력의 전횡이라는 부정적인 이미지로 남겨졌다.

그러나 대구의 정치적인 성공과는 별개로 이 도시는 섬유산업의 급속한 성장과 침체 속에서 도시 전체가 혼란을 겪었다. 도시의 정치적인 성공은 역으로 도시의 발전을 가로막는 요소가 되기도 했고 도시는 내적으로 양극화된 갈등구조를 갖기도 했다. 오늘날의 대구를 상징하는 섬유산업은 공업

화시대를 선도한 성장산업이었으나 가장 노동집약적이고 소비재 경공업의 산업이었으며, 그래서 가장 대표적인 사양산업으로 평가받기도 했다. 대구의 가장 큰 고민은 바로 이 섬유산업의 미래와 관련되어 있었고, 도시의 숙원은 중앙정부로부터 획기적인 지역활성화의 대안과 지원을 얻어내는 것이었다. 그러나 민선 자치시대 이후 대구의 발전모델은 역설적이게도 사양화된 섬유산업으로부터 찾아졌다. 사양화된 섬유산업의 개념을 바꾸어 포스트 모던 시대 개인들의 개성과 표현의 즐거움과 결합시켜 산업 자체를 첨단화하는 프로그램이 대구의 경제적 목표이자 문화적 목표가 되고 있다. 2000년을 기념하면서 대구가 내세운 '아름다움과 품위'라는 도시의 구호와 대구가 야심적으로 기획한 '21세기 대구섬유산업의 비전, 밀라노 프로젝트'는 섬유산업과 도시의 문화를 엮는 대단히 가능성 높은 기획이다. 또 대구시가 정한 도시의 마스코트 캐릭터도 패션이(Fashiony)를 정하고 섬유패션산업이라는 도시적 이미지를 강화했다. 대구시에서는 이 캐릭터를 "한국의 전통적인 비천상(飛天像) 문양의 미적 감각을 21세기 세계적 섬유패션도시로 발전하고자 하는 대구시의 이미지와 조화되게 형상화한 것으로서 섬유패션도시를 상징"한다고 소개하고 있다.[86]

도시의 문화전략이라는 측면에서 한국의 대표적인 전통도시인 대구는 전주나 다른 전통도시들에 비해서는 전통지향성이 상대적으로 덜하다고 할 수 있다. 그러나 대구는 문화적인 발전전략과 (첨단)산업의 발전전략을 섬유패션신업이라는 새로운 아이템으로 결합시켰고, 그 목표는 대구를 사양화된 섬유사업의 도시에서 '패션의 도시'로 바꾸겠다는 문화산업의 전략으로 설정된 것이다.

조선조 건축미학의 정수라는 '화성'을 가지고 있는 도시 수원의 경우는 좀 더 극적인 변화를 겪은 도시이다. 수원은 도심 속에 옛 성곽을 거의 원형 그대로 유지하고 있는 보기 드문 성곽도시로 현재 살아남은 전통도시들 가운데 도시경관의 측면에서는 가장 전통적이라고 말할 수도 있다. 더욱이

---

86) 대구시 공식 홈페이지 http://www.metro.taegu.kr/

이 도시의 성곽이 조선 후기 개혁정치의 상징이었던 정조와 정약용이라는
걸출한 개혁정치가에 의해서 만들어졌고, 이 시대의 개혁정신을 의미하는
유서 깊은 건축물이라고 한다면 전통도시로서 수원은 가장 강력한 전통문
화의 자원을 가지고 있는 셈이다. 수원시의 공식 홈페이지에는 "우리 수원
은 조선 22대 정조대왕의 문예부흥과 개혁의지의 결정체인 '화성'이 있는
한국 최초의 계획도시이며, 현재는 첨단산업, 교통, 문화, 관광, 교육연구
의 중심도시로서 역할을 수행하고 있는 아름다운 고장입니다."라고 수원을
소개하고 있다.

그러나 수원의 강점은 오히려 전통도시로서의 면모에 머무르지 않는다.
수도권의 주축도시로서 이 도시가 보여주는 문화적 지향은 오히려 다분히
현대 지향적이다. 도시문화 속에서 전통의 요소는 그다지 쉽게 발견되지
않으며 화성에 대한 관심과 애정도 굳이 전통문화와 연결지으려는 노력을
기울이지 않는다. 그것은 먼저 수원이 급속히 팽창한 수도권의 주축도시인
까닭에 인구변동이 극심했고 그 과정에서 자연스럽게 토박이 도시인구의
비중이 줄면서 외부인구의 급속한 유입이 이루어졌다.87) 이러한 인구변동
은 결과적으로 정서적이고 문화적인 측면에서 수원의 전통성을 크게 약화
시키는 계기가 되었다. 또 서울과의 물리적인 거리라는 측면도 수원의 문

---

87) 수원의 인구는 1960년대 이후 꾸준하게 증가되었다. 수원은 수도권에 자리
잡은 공업도시이면서 서울로의 출퇴근이 가능한 위성도시로서의 조건도 동시
에 갖고 있었다. 서울의 인구과밀과 위성도시의 개발이 수원인구의 증가를
가져온 셈이다.

〈보표 4-1〉 수원시 인구추이   단위: 명

	인구	가구수	가구당 인구
1975	224,145	46,550	4.8
1980	310,476	70,807	4.4
1985	430,752	106,791	4.0
1990	644,805	171,605	3.8
1995	755,550	216,757	3.5
1999	912,697	297,479	3.1

화적 취향을 좌우하는 요소가 되었다. 이 같은 도시의 문화적 분위기는 수원을 전통문화보다는 현대적이고 좀 더 도회적인 문화에 가깝게 변화시켰다. 수원은 도시의 문화적 인프라가 뛰어나고 생활문화적인 측면에서 강점을 갖고 있고, 바로 이 점 때문에 수원은 96년 문체부 지정 '올해의 문화자치단체'로 선정되었다. 문체부는 선정이유로 '활발한 시립 문화예술단체의 활동과 국제적 문화예술행사 개최'를 꼽았고(한겨레 96. 11. 6) 그것은 곧 수원이 지향하고 있는 문화적 방향을 시사해주는 것이었다. 이러한 평가는 현대경제사회연구원이 96년 민선 자치 1년을 평가하면서 '지난 1년 동안 가장 나아진 곳'으로 선정되는 결과로 이어졌다.

  그러나 지난 79년 복원된 수원의 화성이 1997년 유네스코 지정 세계문화유산으로 등록되면서 수원의 전통성은 새삼스럽게 주목받기 시작했다. 수원시로서는 이 도시가 갖는 전통성이 커다란 자원이 된다는 사실을 새롭게 인식했고, 도시의 문화전략 속에 도시의 전통과 역사를 결합시켰다. 물론 여기에는 수원 화성이 많은 관광객들이 찾는다는 문화산업으로서의 가치도 적극적으로 평가되었다. 이런 과정을 통해서 수원의 현재 캐치프레이즈는 '과거와 미래가 공존하는 도시'가 되었다.

  수원이 추구하는 '과거와 미래의 공존' 수원의 도시문화에 중요한 모토일 뿐만 아니라 실제로 도시의 목표와 경관을 결정짓는 요소가 되기도 한다. 수원시가 정한 문화도시로서의 세 가지 전략적 시정목표는 "미래의 꿈과 희망찬 도시건설을 위하여 21세기 고부가치산업인 '컨벤션 시디 21', '영상 테마파크 조성' 등 세계적인 관광도시로 웅비의 나래를 펴고 있으며, 2002 월드컵을 100만 시민의 힘을 모아, 세계 속에 영원히 간직될 '문화·경제의 월드컵'으로 치르게" 하겠다는 것이다. 이 세 가지 전략 목표 속에서 수원의 전통문화는 크게 드러나지 않는다. 역시 도시문화 속에서 '전통과 현대가 갈등하고 충돌하는' 지점인 것이다. 또 수원이 설정하고 있는 재미있는 도시이미지 가운데 하나는 이른바 '하하!! 수원운동'이라는 이름의 휴먼시티 건설운동이다. 수원은 "21세기 최고의 지식정보사회 실현을 위해 정보 포털 서비스 체제를 구현하여, 모든 네티즌들이 만족하는 정보 도시를

만들고, '하하!! 수원운동'으로 건강한 웃음이 넘치는 휴먼시티"를 건설하
겠다는 구호로 미래 정보산업의 강자를 꿈꾸는 정보 및 벤처사업가들에게
도시를 판매하고 있다.

그러나 수원이 도시의 전통을 완전히 잊고 사는 것은 아니다. 수원시는
고도(古都)에 어울리는 도시경관을 만들기 위해 지난 96년 건축조례개정
안을 만들었다. 이 조례는 건축 심의 시 지붕모양—마감재료—색채 등 건
축물의 외형을 고도라는 시 전체적인 분위기, 주변 건축물 등과 조화를 맞
추도록 하는 것이었다. 또 부설주차장 설치와 조경계획 등을 건축위원회의
필수 심의대상에 포함시킬 계획이다. 수원시는 건축물을 남향 또는 남동
향으로 배치하는 것을 원칙으로 하고, 지붕은 종전 평면형 일변도에서 경
사형, 돔형, 합각형 등 다양한 형태를 갖추도록 했다.(한겨레 1996. 5.
18) 당시 수원시장과의 인터뷰를 실은 조선일보의 기사는 이러한 수원시
의 문화적 목표를 잘 보여준다.

> ······ 심 시장은 "인구증가와 비인간적인 콘크리트 건축물들을 최
> 대한 억제시키고, 무분별한 개발행위를 자제할 계획"이며 "효원의 도
> 시답게 효를 세계적인 상품으로 만들어 가겠다"는 포부를 밝혔다. 이
> 와 함께 수원시는 관선시대에 결정됐던 수원천 복개를 중단하여 자
> 연천으로 되살리기로 하고, 풍부한 문화예술 행사 개최와 고도에 어
> 울리는 건축조례 개정 등으로 '문화도시'로서의 이미지를 확고히 심
> 어가고 있다.(조선 1996. 6. 15)

그러나 수원의 문화도시전략은 여전히 진행 중이며 그 전략들이 어떤 경
제적 이득을 가져오고 또 도시의 최초 이미지를 얼마나 개선시키고 있는지
는 아직 분명히 드러나지 않는다. 아직도 수원은 하나의 이미지로 상징되
는 대표적인 문화를 형성하고 있지는 않다. 수원이 갖고 있거나 목표로 하
고 있는 수원성(화성), 컨벤션, 영상테마파크, 수원시향, 2002 월드컵 또
는 휴먼도시 중에 어떤 이미지가 수원을 대표하게 될지는 아직 알 수 없
다. 도시의 문화적 상징은, 또는 벤야민식의 개념으로 도시의 아우라는 단

기간에 만들어지지 않기 때문이다.

　무엇보다도 수원의 문화전략은 전통과 현대가 어떻게 만나고 합류하는가, 그리고 외지인의 비율이 월등히 높은 도시적 특성에서 전통은 어떤 방식으로 시민들의 정체감 형성에 영향을 미치는가 하는 점 등에서 성패를 가름할 것이고 바로 그 점이 수원의 도시문화를 바라보는 기준점이 될 것이다.

제5장 '문화유산 관광형' 도시의 문화산업:
경주를 중심으로

1. 경주의 도시성과 문화적 자원

인구 29만 명의 경주는 30점의 국보와 76점의 보물, 72점의 사적을 안고 있고, 전체 시면적의 2.6%인 34.66km2의 토지를 문화재 보호구역으로 '보호'하고 있는 도시이다. 물론 지정문화재로 따지자면 안동이 경주보다 많다고 말할 수 있으나, 문화적 상징성이라는 측면으로 본다면 경주는 단연 한국의 문화와 관광을 대표하는 도시라고 할 수 있다.

인구적인 측면에서 경주시의 인구추이를 보면 1970년대 이후 지속적인 증가세를 보이는 것으로 나타나고 있다. 경주시의 인구증가에는 인근 도시의 통합과 관광지 개발 등에 힘입은 바 컸지만, 전국적으로 도시인구의 평균증가율과 큰 차이를 보이지는 않는다. 즉 경주의 관광도시 개발이 급속한 인구증가를 가져오거나 하지는 않았다는 것을 보여준다.

〈표 5-2〉는 1990년 이후 경주의 산업별 사업체 취업자수 추이를 표로 나타낸 것이다. 이 표는 전체 취업자 가운데 광공업과 건설업의 비중이 지속적으로 낮아지고 서비스 및 기타 3차 산업의 비중이 높아지면서 산업구조가 완만한 변동을 겪고 있음을 보여준다. 그러나 문화도시로서 경주의 산업구조가 특별히 3차 산업중심이라고 볼 수는 없다.

〈표 5-1〉 경주시 인구추이

단위: 명

	인구	가구수	가구당 인구
1975	108,431	22,568	4.8
1980	121,999	27,847	4.4
1985	127,544	31,832	4.0
1990	141,896	37,942	3.8
1995	273,968		—
1999	292,480	96,664	3.0

*자료: 통계청 공식 홈페이지(http://www.nso.go.kr/)

1990년 당시 한국 전체 취업자 비중이 광공·건설업 65.6%, 서비스 및 기타 3차 산업 33.9%로 나타나고, 1999년에는 그 비율이 각각 29.7%와 69.9%로 역전되었다는 점을 고려한다면 경주는 오히려 한국 전체의 취업 자 구조와 거의 유사한 산업구조를 보여주고 있다고 할 수 있다.

〈표 5-2〉 경주시 산업별 사업체 취업자수의 변화추이

연도	총수	농림어업	광공·건설업	서비스 및 기타 3차 산업
1990	13,419	9(0.1)	6,906(51.5)	6,504(48.5)
1995	17,411	117(0.7)	8,304(47.7)	8,990(51.6)
1996	68,234	236(0.4)	25,390(37.2)	42,608(62.4)
1997	87,604	144(0.2)	37,330(42.6)	50,130(57.2)
1998	81,241	187(0.2)	28,848(35.5)	52,206(64.3)
1999	73,216	141(0.2)	23,329(31.9)	49,720(67.9)

한편 문화도시로서 경주는 전통적인 문화유산을 기본자원으로 하는 도시이다. 경주가 기반하고 있는 문화적 자원은 시대적으로는 신라의 전성기이며, 문화적으로는 불교의 문화유산을 바탕으로 하고 있다. 경주시내를 뒤덮은 거대한 고분군과 불국사와 석굴암은 경주의 문화적 상징이다. 경주는 사실상 도시 전체가 하나의 박물관이라고 할 수 있을 만큼 엄청난 유물과 유적을 곳곳에 간직하고 있다. 또 도시의 발굴은 현재도 계속되고 있으며, 그에 따라 도시의 문화적 자원이라고 할 수 있는 문화재 역시 지속적으로 증가하고 있다.

〈표 5-3〉 경주시의 문화재 현황 및 추이

연도	국가 지정문화재				시·도 지정문화재		
	국보	보물	무형	기타	유형	무형	기타
1990	22	50	1	58	14	–	9
1995	23	55	1	61	14	1	11
1998	29	75	1	93	28	1	21

그러나 경주는 90년대 중반 이후 한국문화계에서 가장 논쟁적인 도시 중의 하나가 되었다. 경주는 천년 고도의 역사와 전통 그리고 고대문화와 불교의 유적들, 한국의 대표적인 관광산업과 지방정부의 모호한 입장과 시민들의 저항 등 도시의 문화전략에서 제기될 수 있는 거의 모든 변수들이 한꺼번에 드러난 도시였다. 지역신문에 실린 다음의 두 기사 '경주여 경주여'와 '경주도 사람 사는 곳'은 오늘날 경주가 어떤 논쟁의 대립 점에 서 있는지를 한눈에 보여준다.

경주를 볼 때마다 "분통이 터진다"고 하는 사람들이 많다. 경주만큼 잘난 조상에 못난 후손을 실감하는 곳이 없다고 한다. 도대체 '역사의 냄새'를 깡그리 죽이고 있다는 것이다. 천년 고도(古都)가 100년 자취는커녕 10년 자취도 느끼지 못하게 한다고 말한다. 경주에 어째서 아파트가 있는가. 신라사람들이 아파트에 살았는가. 그것도 15층이 넘는 고층 아파트가 즐비하다. 경주에 웬 자동차가 그리 많은가. 신라사람들이 자동차를 타고 다녔는가. 경주에 왜 그리도 시멘트 길이 많고 아스팔트 포장이 많은가. 신라사람들이 시멘트 길을 다녔는가, 아스팔트 포장으로 달렸는가. 경주에 왜 그리도 전신주가 많은가. 신라사람들이 전기 불을 켜고 살았는가. 경주의 가로등이 이제 막 생긴 신도시 가로등과 어째서 꼭 같은가. 천년 전에도 신도시 가로등이 거리에 있었는가. 문무대왕의 해중릉(海中陵) 가는 길엔 웬 횟집들이 그리도 많은가. 흡사 동남아 어디 빈한하고 비위생적이기 한량없는 어느 선창가를 거니는 것만 같다.(대구매일신문 2000. 1. 31 '宋復칼럼 - 경주여, 경주여')

경주를 종종 찾는 대구의 대학생이다. 경주에 갈 때마다 천년 신라의 향수가 사라지는 듯 하여 아쉬움을 느끼곤 한다…… 그렇다면 경주 사는 사람들은 옛 신라의 유적지에 산다는 이유 하나만으로 아파트에 살지도 못하고 마차 타고 다녀야 하나? 경주 사는 사람들은 다른 도시 사람들이 누리는 당연한 문화생활도 죄다 포기해야만 하는가? 서울에서 아래에 있는 경주를 내려다보고 이래라 저래라 얘기해서는 안 된다. 경주 시민도 다른 도시 사람들처럼 편한 생활을 누릴 권리가 있다. 서울을 조선의 도읍지라는 이유로 똑같은 제안을 한다면 송복 교수의 기분은 어떻겠는가? 문제는 그간의 근시안적인 도시행정이다. 물론 경주는 기와집이나 유적지의 보호에 나름대로 신경은 썼지만, 아파트 부지의 경우 특정 지역에만 좀 더 제한적으로 할 수도 있었고 호텔 부지에 대해서는 전통식으로 짓도록 권유할 수도 있었을 것이다. 신라 유적지의 올바른 보존을 위한 제안은 좋지만 경주 시민을 좀 생각하고 얘기했으면 한다. 천년 신라의 유적지인 경주도 엄연히 사람 사는 곳이기 때문이다.(대구매일신문 2000. 2. 4 '독자의 편지 - 경주도 사람 사는 곳')

경주는 이처럼 한쪽에서는 도로가 포장되고 가로등이 설치되는 것마저 불만스러운가 하면 그 불만스러움에 대해서 경주의 시민들이 겪는 불편함과 불만은 도시의 정체성을 혼돈속으로 빠뜨리는 요소가 된다. 여기서 도시의 문화적 발전이라는 전략적 목표가 도시개발의 각 주체들에게서 어떻게 이해되고 있고 받아들여지는가를 살펴본다면 한국사회에서 도시의 문화산업이 기획되고 발전하는 경로를 이해할 수 있다. 이를 위해서 먼저 경주시의 도시발전과정과 지방자치단체의 문화도시 발전전략을 살펴볼 필요가 있다.

다음의 〈표 5-4〉는 이 같은 상황에서 경주시가 지향했던 도시의 문화적 자원과 기본정책방향을 정리한 것이다. 지방정부가 공식적으로 가지고 상징물은 상징 꽃에 개나리, 상징나무에 소나무, 상징 새에 까치 등이다. 여기에 경주시의 마스코트는 아직 정해지지 않았고, 경주시기는 경주의 대표적인 상징인 금관을 뜻하는 기본문양에 문화고도와 천마의 진취적 기질을 상징한다는 구름무늬로 구성되어 있다.

〈표 5-4〉 경주시의 이미지와 문화적 자원

도시문화의 영역	주 요 내 용
□□도시의 공적상징	*도시상징 및 마스코트 －개나리/소나무/까치/없음
□□시정목표와 주요 시책	*새 천년을 준비하는 도시 경주 －'고도보존 및 개발촉진에 관한 법' 제정 추진 －경마장 건설 －관광 건설화 －환경도시 건설
□□도시의 문화전략 및 방향	*세계적인 관광도시 건설 *'천년 고도'에 대한 정부차원의 특별한 지원과 대책 －지역주민의 개발욕구와 문화전략의 갈등
□□문화 및 자연자원	*불국사, 석굴암 등 신라의 문화유산(문화유산) *'천년 고도'와 〈신라의 달밤〉(이미지 자원) *박목월과 김동리(인물 자원)
□□주요 축제	*신라문화제(1962년) *경주상가시민축제(1994년) *경주문화엑스포(1998년) *한국전통주·떡 축제(1998년)
□□도시문화의 주요 쟁점	*신경주 건설과 고도보존법 제정 여부 *'개발이냐 보존이냐' －고속철, 경마장, 도시 스카이라인 문제 등 －지역 내 갈등양상이 아닌 전국단위에서 쟁점 형성

2. 경주의 도시발전과정과 문화정책

1) 국가개발전략과 도시발전

경주는 "천년의 세월을 잠자고 있다가 지난 사반세기에 도시로 급변한"

(김석철b, 1997) 도시이다. 경주는 고대 통일신라의 신화와 역사와 유적을 간직한 도시였으나 고려의 개국 이후 역사 속에 묻히기 시작했다. 고대도시로서의 경주가 결정적인 타격을 입은 것은 고려후기 무신정권 시절 몽고와 겪었던 병란과 왜구의 침탈 때문이었다. 경주는 이 시기에 지상에서 사라졌고 고고학적 자취만 남겼다.

경주가 다시금 역사 속에 조명받기 시작한 것은 일제시대를 거쳐 해방 이후였다. 경주에 대한 다음의 기록은 경주가 어떤 의미로 일제시대와 해방 이후 한국사회에 다가왔는지를 잘 보여준다.

"…… 1933년 4월 3일. 당시 경주읍내 노서리 215번지에 살고 있던 김 씨라는 농부는 자신의 집 앞 뜨락 동북쪽에 호박을 심기 위해서 마당을 파고 있었다. 깊이 웅덩이를 파고 있던 김 씨는 검은 흙 속에서 뭔가 사금파리 같은 것이 빛나고 있음을 발견하였다. 김 씨는 즉시 삽질을 멈추고 그 반짝이는 물건을 주워보았다. 삽질을 할 때마다 흙 속에서 다른 유물들이 쏟아져 나오기 시작한 것이다. 순금으로 만든 목걸이도 쏟아져 나왔으며 비취로 만든 곡옥, 유리로 만든 곡옥, 호박으로 만든 곡옥, 운석으로 만든 관옥, 은으로 만든 팔찌와 지환 등 엄청난 양의 유물들이 출토되었던 것이다.

그러나 그 제140호 고분이 발굴되기 시작한 것은 그로부터 13년 뒤인 1946년의 일이었다. 광복을 맞은 신생 대한민국에서는 그 첫 번째 고고학의 발굴조사를 오래전부터 계획해왔던 경주 140호 고분에 초점을 맞추었으며 …… (중략) …… 다행스러운 것은 고대 위에 초가집 두 채가 있고 사람이 살고 있었으므로 오히려 고분이 도굴을 당하지 않았다는 사실이었다. 따라서 이 고분은 처녀분임이 분명하였다. 그리하여 마침내 1946년 5월 3일 오전 10시. 역사적인 제140호 고분의 발굴은 시작되었다. 이 140호 고분의 발굴조사서는 그로부터 2년 뒤인 1948년 4월, 당시 발굴책임자인 김재원의 이름으로 500부 한정판으로 을유문화사에서 출간되었다.(최인호, 『왕도의 비밀』 중에서)

경주는 이처럼 전 도시가 고대 신라의 유물과 유적으로 가득 차 있다. 그리고 그 유적들은 대부분 통일신라의 유적이며 그것은 곧 고대 한국불교의 흔적들이었다. 경주는 도시 전체가 절과 탑으로 이루어졌고 도시의 일상은 종교생활과 하나가 되어 있었다.(김석철b, 1997) 바로 그 점에서 경주는 형이상학의 도시로 불렸고, 경주의 재발견은 지금도 계속되고 있다.

경주는 지금 한국을 대표하는 역사도시로서 기억되고 있고 실제로 수많은 국내외 관광객들이 찾는 성공적인 관광도시로 자리 잡았다. 그러나 역사도시로 경주의 개발과 발전과정은 역사와 전통에 대한 선택적 개발이라는 평가를 벗어날 수 없다. 요컨대 5.16 이후 경주는 "허물어져가는 탑과 방치되어 있는 불상, 또는 호박덩굴이 뻗어 올라가는 거대한 고분군……"의 모습으로 버려진 도시였지만, 그것은 비단 역사도시로서 경주만의 현실은 아니었다. 고대왕국 백제의 수도였던 서울이나 부여 역시 마찬가지로 버려져 있었지만 어떤 도시도 경주만큼 집중적인 관심과 투자를 받지는 못했던 것이다.

경주개발과 관련된 박정희 전대통령의 일화는 대단히 많다. 오늘날의 관광도시로 경주가 만들어지는데 그 기초가 되었던 「경주관광종합개발계획」의 수립배경에 대해서 다음과 같은 회고가 전해진다.

　　'오늘날과 같이 경주가 문화의 도시, 관광의 도시, 역사의 도시로
　종합적인 발전을 하게 된 직접적 계기는 박정희 대통령의 강한 의지
　와 관련을 맺고 있다. 그 시발은 1970년대 초반으로 거슬러 올라간
　다. 당시만 해도 우리나라는 문화사업에 투자할 만한 경제적 여력이
　부족한 상태였고, 기반시설 확충을 통한 국가재건과 경제건설이 당
　면한 과제였다. 1971년 6월이었다. 박정희 대통령은 포항제철의 고
　로 화입식(高爐 火入式)에 참석하였다가, 상경 길에 경주에 들르게
　되었다. 정확히 일정에 잡혀 있는 것도 아니었지만, 가족들과 함께
　들렀던 그때 대통령의 경주방문이 경주관광종합개발계획을 수립하게
　되는 결정적인 계기가 된 것이다. 경주를 돌아본 대통령은…… "신라
　고도는 웅대, 찬란, 정교, 활달, 진취, 여유, 우아, 유현의 감이 살
　아날 수 있도록 개발하라"는 지시를 내린 것이다. 이 지시가 당시로

서는 실시된 적이 없었던 종합도시개발계획이라는 역사적인 사업을 낳게 하였다.'(경주개발동우회. 1998, 『그래도 우리는 신명 바쳐 일했다』, 고려서적)

이러한 과정을 거쳐서 경주는 최초로 기획된 역사·관광도시라는 의미를 얻었고, 또 한편으로 역대 권력에 의해서 끊임없이 보호받은 역사로 남겨졌다. 경주는 지금까지도 전국 중 고등학교의 필수 수학여행코스 중의 하나로 권장되었고, 모든 문화관광의 자원이 집중되었다.

이러한 경주의 도시이미지는 다양한 방식으로 재생산되었다. 경주의 도시적 이미지를 구성하는 모든 것들, 예컨대 노래, 건축물, 역사적 인물 등은 한결같이 경주의 역사적 경험에 기반하고 있고 이러한 것들은 일종의 신화로 재생산되고 있다. 예를 들어 불국사는 한국의 대표적인 사찰이면서 한편으로 신라문화와 경주의 도시적 이미지를 규정하는 건축물이며 김유신, 김춘추 등으로 대표되는 삼국통일의 주역들 역시 경주의 도시이미지를 구성하는 인물들이다. 현인의 흘러간 옛 노래 〈신라의 달밤〉은 "아−신라의 밤이여/불국사의 종소리 들리어온다……"라는 노랫말을 통해서 신라와 경주(불국사)의 이미지를 완전하게 동일시하고 있고, 이 노래는 수많은 사람들에 의해서 다시 불려지면서 역사도시 또는 '신라 천년 고도경주'의 이미지를 자연스럽게 확산시켰다.

경주의 이미지는 비단 경주시민들만의 것은 아니었다. 박정희 정권의 집중적인 관심과 지원 그리고 경주의 진정한 가치에 주목한 학계와 문화계는 경주에 대해 각별한 애정을 갖고 있다. 지난 95년부터 본격적으로 시작된 경주 고속철 논쟁은 경주가 가진 문화적 의미와 위상을 확연하게 보여주었다. 다음의 기사들은 경주가 어떤 의미를 갖는가를 반추하게 한다.

"…… 경주는 이미 반세기 전에 정도 2천 년을 맞은 신라 천년의 왕도로 한국문화의 자존심이자 인류의 자랑인 것이다. 그런 경주를 지니고 사는 것은 우리의 행복이며 그것을 지키는 것은 우리의 의무이다……"(유홍준, 95. 1. 13 한겨레 시평)

"⋯⋯ 경주는 우리나라에서 유일하게 2천 년간의 문화가 보존돼 있는 곳이다. 유네스코가 아시아의 대표적 역사도시로서 연구하고 있는 것도 바로 이 때문이다.

이처럼 우리의 자랑인 고도가 지금 우리들 손에 의해 그 개성을 빠른 속도로 잃어가고 있는 것이다. 학계는 현재와 같이 훼손이 계속되면 서울 6백 년의 문화가 거의 사라졌듯이 신라 2천 년의 문화도 소멸될지 모른다고 경고하고 있다. 지역주민들의 고충을 이해 못하는 것은 아니지만 고도는 당장의 이익과 편리함에 얽매여서는 그 모습을 간직할 수 없다⋯⋯"(한국일보 사설 95. 9. 1)

"⋯⋯ 이런 현실을 감안하면 우리의 고도관리정책은 너무나 한심하다. 경주는 1천5백 년 이상의 역사를 자랑하는 이 나라의 대표적 역사도시다. 도시 아무 곳을 파도 유물이 쏟아져 나온다고 할 정도의 역사문화재의 보고다. 그럼에도 불구하고 우리는 고층건물이 도시의 발전을 상징이라도 하는 양 아무 곳에나 마구 들어서고 있다."(1994. 3. 9 조선일보 사설)

경주의 도시발전은 이처럼 다양한 의미를 갖고 있고, 1995년 지방자치제의 실시와 함께 경주의 도시발전전략은 중요한 전기를 맞았다. 보호받은 도시로서 경주의 문화는 대부분의 경주시민들에는 일상생활의 불편과 사적 재산권의 제한을 의미했다. 경주의 관광산업을 비롯한 문화산업은 전반적으로 그 비중이 약화되거나 쇠퇴하고 있었고 도시는 새로운 개념으로의 이미지화와 진보적인 문화산업의 전략을 요구받았다. 이와 함께 지역상공인들을 비롯한 경주시민들과 지역 언론의 개발욕구는 필연적으로 도시의 문화전략과 갈등할 수밖에 없었다.

경마장 건립과 고속철도 경유라는 두 가지 문제로 드러난 경주시의 문화적 갈등은 한 도시의 특수한 상황으로 여겨졌지만, 결과적으로는 도시의 문화적 발전 속에서 언제나 드러날 수 있는 보편적 법칙성을 가지고 있다. 특히 어떤 방식으로든 도시의 전통과 역사를 자원으로 삼아 도시의 문화전략을 발전시키는 경우 경주의 사례는 나름대로 보편성을 가질 수 있다. 그런 의미에서 경주의 사례는 좀 더 세밀하게 분석될 필요가 있다. 먼저 〈표 5-5〉는 경주의 도시발전과정을 단계별로 정리한 것이다.

오늘날 경주의 도시문화를 형성하고 방향을 결정짓는 데는 크게 두 차례의 분기점이 있었다고 할 수 있다. 첫 번째는 앞서 언급한 바와 같이 1971년 박정희 정권에 의해 주도되었던 '경주관광종합개발계획'(이하 계획)의 실시였고, 또 한번의 계기는 1995년 민선 지방자치가 시작됨으로써 주어졌다. 먼저 경주 도시문화의 첫 번째 단계는 1971년 이전까지의 시기로 볼 수 있다. 이 시기의 경주는 이른바 침묵의 도시였고 시간 속에 묻혀져 있던 도시였다.

〈표 5-5〉 경주의 도시발전단계

	제1기 (~1971)	제2기 (1971~1995)	제3기 (1995~)
특징	*고대도시(신라의 수도)	*국가주도 관광도시 개발	*민선자치단체의 출범
주요 정책 외적변화	*통일신라의 신화로 기억 *불교문화 중심도시이자 쇠퇴한 도시로 이미지화 *동학 창시자 최제우	*경주관광종합개발계획— 신화의 회복과 상품화 *박정희 정권의 특별한 관심과 투자 *1979 보문관광단지 개상	*국가주도에서 지방정부주 도로 관광도시 개념변화 *고도보존법과 신경주 건 설 주요 쟁점
정책의미 갈등	*신라의 몰락과 함께 도 시적 영화쇠퇴 *지방 도시의 행정중심 에서도 탈락	*사유재산권 제한 *관광특구로 개념 *시민적 권리 제한·통제 —관광특구로서 혜택	*관광도시로서의 위상쇠퇴 *개발/보존의 갈등 표면화 —고속철도, 경마장 사업 *경주의 도시적 보편성과 특수성이 갈등

시간 속에 묻혀 황폐화된 주목하고 경주를 문화도시로 깨워낸 것은 역설적이게도 독재정권의 힘이었다. 박정희 정권이 1971년 실시한 '계획'은 경주를 일종의 문화특구로 양성하겠다는 관점이었고 이때부터 경주는 이른바 국가주도의 관광도시로 개발되었다. 이를 위해 박정희 정권은 방치되어왔던 경주

168

의 고분과 거리를 발굴하고 조정하는 한편 관광객들을 유치하기 위한 다양한 문화적 인프라의 구축을 시도했다. 그 결과 1973년에는 불국사가 복원과 천마총의 발굴이 이루어졌고 1979년에는 보문관광단지가 개장했다.

그러나 이 시기는 경주시민들에게는 뜻밖의 불편과 사유재산권의 제한이라는 결과를 가져왔다. 정부는 1970년 문화유적의 보호를 목적으로 경주시 대부분을 도시계획지구로 묶었고, 76년에는 한옥보존지구 주변의 건축 높이를 7미터로 제한하는 건축고도제한 규제가 시행되었으며 79년에는 도시계획지역의 83%를 건축제한지역으로 묶었다. 경주시민들에게 이 같은 법령과 제한은 생활환경의 악화와 재산권 행사의 제한이라는 결과로 이어졌다. 결국 개발독재의 세월 동안 침묵하던 경주시민들을 80년대 중반 이후 '경주시 건축과잉규제 완화촉구회', '경주시 고도제한 피해심의회'를 구성 도시계획의 재검토를 끈질기게 추구해왔다. 이 시기 경주문화를 둘러싼 지역주민들의 갈등양상은 국가를 상대로 하는 것이었고 규제완화 혹은 개인적인 피해의 구제나 재산권 회복에 집중되어 있었다.

1995년 민선자치단체의 출범은 경주시의 문화적 지형을 근본적으로 바꿔놓는 계기가 되었다. 이 시기의 도시발전은 무엇보다도 국가주도의 도시전략이 부분적으로 지방자치단체에 이관되었다는 점에서 중요한 의미를 갖는 것이었다. 이제 경주는 다른 도시들과 마찬가지로 국가로부터 간섭과 보호를 벗어나 도시 자체의 생존을 위한 경쟁에 돌입했다고 할 수 있다. 이제 경주시는 그동안 국가의 도시정책 일반과 경주에 대한 특수한 문화정책을 관철시키는 단순한 행정업무에서 벗어나 자체적으로 도시전략을 구상하고 실현시켜야 하는 힘겨운 과제를 떠맡은 셈이었다.

이 과정에서 경주시와 경주의 상공인 및 시민들이 선택한 경주발전의 대안은 고도보존법과 신경주 건설이라는 전략이었다. 신라 천년의 유적과 유물로 가득 찬 현재의 경주시를 그대로 두고 문화도시로 발전시키되 이 지역에 살고 있는 시민들의 사적재산권을 보장하거나 혹은 획기적으로 보상할 수 있는 방안이 고도보존법이라면, 적극적인 개발을 통해 경주시의 미래지향적이고 현대적인 도시건설의 꿈을 이루는 방법이 신경주 건설이라는 전략으로 나타났다.

그리고 이 과정에서 돌출되었던 가장 주요한 쟁점이 바로 경마장 건설과 고속철도 논쟁이었고 그 논쟁의 대립 축은 예전에 국가와 시민이라는 소극적인 민원의 형태에서 국가의 문화정책 대 지역상공 및 지역시민 그리고 소극적이나마 시민의 편에 설 수밖에 없는 지방정부라는 대립 축으로 변화했다. 여기에 경주시의 개발전략을 결사적으로 저지하고 나선 불교계와 고고학회를 비롯한 역사학계와 문화계, 언론계 등이 경주시민과 또 다른 대립 축을 형성하는 특징도 보여주었다. 결국 경주의 도시적 발전이라는 과제는 '개발과 보존'이라는 양립 불가능한 명제로 함축되었다.

그러나 '개발과 보존'이라는 논리의 대결구도는 사실 문화도시로서 경주의 발전전략에 대한 적절한 명제라고 볼 수 없다. 한 도시가 문화산업으로 도시의 전략적 발전방향을 설정했을 때 일상생활과 삶을 지배하는 시민들의 가치와 그 경제적 결과에 대해서 시민적 합의와 동의의 과정을 어떤 방식으로 거치는가가 중요한 것이다. 경주시의 경우 경주가 가진 많은 문화산업적 잠재력이 시민적 합의와 동의의 과정 없이 국가에 의해 곧바로 의미화 되면서 문제가 드러난 경우라고 할 수 있다.

경주의 경우 경주시민들도 문화도시로서의 자부심까지 버린 것은 아니었으며 큰 틀에서 문화도시로의 발전전략에 대한 합의까지 무너진 것은 아니었다고 보여진다. 시민들의 경우 도시가 공업적 발전전략을 선택해야 한다기나 하는 차원에서의 문제제기가 아니라 문화적 발전의 방법론 즉 '보존'에 대한 도시적 차원의 보상과 개인의 재산권 보호라는 측면에서 본질적인 문제제기가 이루어졌던 것이다. 이러한 문제들은 결과적으로 문화산업의 경제적 효과에 대한 시민적 합의와 신뢰가 이루어지지 않음으로써 생겨난 것이라고 할 수 있다. 시민들은 도시가 원형 그대로 보존되는 결과와 개발된 이후의 결과에 대한 손익계산에서 원형이 보존되는 쪽에 전폭적인 신뢰를 보내지 못했다는 것이다.

결국 개발과 보존의 문제라기보다는 도시의 문화적 발전전략과 문화산업에 대한 시민적 합의의 문제가 현재 경주를 둘러싼 갈등의 근본원인이 되고 있는 셈이다.

2) 지자체의 도시전략과 정책변화

경주의 도시발전과정에서 이른바 민선시대의 개막은 대단히 중요한 의미를 갖는다. 이것은 앞서 정리했듯이 경주시의 문화전략이 국가주도에서 지방정부 주도로 변화할 가능성이 높아졌고 경주시의 문화정책은 보다 복합적이고 다양한 대립 축을 가질 수밖에 없다는 것을 의미한다. 그런 의미에서 아직은 많은 제한과 한계를 갖고 있지만 경주시가 가진 지방 도시로서의 도시전략과 그 변화를 살펴보는 것은 도시의 문화산업이 어떤 방향으로 발전해갈 것인가를 측정하는데 중요한 의미를 가질 것이다.

1997년은 민선자치단체가 본격적으로 출범하고 도시의 자체적인 발전전략이 기획되고 실행되는 시점이라고 할 수 있다. 그런 과정에서 한국의 도시들은 전반적으로 문화교육부분에 대한 투자를 집중적으로 강화했던 것이다. 반면에 그동안 전통적인 문화 관광도시로서 정부의 특별한 지원과 관심을 받아왔던 경주시의 경우 문화정책에 관한 이른바 '정글의 법칙'에 끌려 들어간 셈이었다.

먼저 〈표 5-6〉은 1987년부터 지난해까지 경주시의 문화교육예산의 비중이 어떻게 변화해왔는지를 그 추이를 살펴본 것이다. 1987년 전체 한국도시의 문화교육예산의 비중이 1.67%에 지나지 않을 때 경주시의 문화교육예산은 11.58%를 기록했고 이 같은 추이는 1996년까지 계속되었다. 1996년의 경우 전체 도시의 문화교육예산이 2.12%, 광역시가 2.54%, 전국의 도시평균이 2.68%일 때 경주시의 문화예산 비중은 4.14%라는 높은 비중을 보여주고 있다. 앞서 지적했듯이 경주시가 국가의 전략적인 지원을 받으며 관광도시로 육성되었다는 수량적 지표를 여기서 확인할 수 있다.

〈표 5-6〉 경주시 문화교육예산 변화추이(일반회계 대비)

단위: 만 원, %

구분	1987	1993	1996	1997	1998	1999	
						일반회계	문화예산
전 체	1.67	408,020 (1.77)	856,363 (2.12)	2,647,652 (5.52)	3,248,114 (5.88)	54,265,047	3,228,999 (5.95)
광역시	2.96	69,729 (2.40)	120,047 (2.54)	616,884 (11.56)	832,332 (12.10)	6,270,173	819,684 (13.07)
시(전체)	2.18	107,138 (2.75)	277,541 (2.68)	689,798 (5.47)	818,071 (5.83)	14,292,696	787,350 (5.51)
경주시	11.58	5,109 (9.99)	9,999 (4.14)	24,303 (10.80)	26,650 (10.11)	264,748	28,178 (10.64)

*자료: 『지방행정연감』 각 년도

이러한 상황은 문화 관광도시로서 경주의 상대적 우위가 더 이상 보장될 수 없다는 점에서 '경주의 위기'를 가져왔다. 또 지역의 토착자본인 상공인들과 시민 단체들의 도시정책에 대한 저항, 시민들의 사적재산권 제한에 대한 저항도 동시에 터져 나왔다. 이러한 상황에서 지방정부의 도시발전전략은 국가와 시민 그리고 문화계 및 불교계 등과 다중적인 대립 점을 형성할 수밖에 없었다.

경주시의 시정목표는 98년까지 '세계적인 문화관광 경주 건설'에서 2000년을 맞으면서 '새 천년을 준비하는 도시 경주'로 바꿔 걸었고, 도시의 특성을 ① 민족문화의 발상지－문화재가 많은 국제적 관광도시 ② 문화유적을 통한 관광 진흥과 동해안 청정해역 등 개발 잠재력 ③ 시민성향－보수적, 소박한 인심, 강한 자긍심 등으로 꼽고 있다. 이 같은 도시적 배경 속에서 경주시가 주요 목표로 설정하고 있는 시정목표와 주요 시책은 먼저 고도보존법과 경마장 건설 그리고 관광건설화와 환경도시 건설이라는 구호로 요약되고 있다.[88]

결국 경주시가 민선시대를 맞아 선택한 도시전략은 문화도시로서의 기본

틀을 벗어나는 것은 아니었으며 오히려 이를 더욱 강화하고 경쟁력을 높이
자는 전략으로 평가할 수 있다. 그리고 이를 위해 경주시는 타시도에 비해
경주가 가진 월등한 자원인 신라 천년의 불교유산과 문화도시로서 선점된
도시적 이미지 그리고 이미 구축된 문화관광산업의 인프라를 활용하여 도
시의 문화적 발전전략을 추진했다.

3. 경주의 문화도시 만들기 전략

1) 역사와 전통의 이미지 강화

경주의 문화도시 만들기 전략에서 가장 핵심적인 방향은 도시의 전통적
이미지를 강화하는 것이었다. 그것은 그동안 경주시가 일관되게 추진해온
문화전략이자 관광전략이었다. 지방자치제 이전의 경주는 주로 국가가 정
책적으로 시행한 국책사업의 형태로 경주시의 문화유적이 발굴되고 정비되
었다. 1971년 실시된 「경주관광종합개발계획」 등은 경주를 한국의 대표적
인 역사 관광도시로 발전시키기 위한 국가 차원의 프로젝트였다. 그리고
이 계획안은 실제로 경주시 도시문화발전의 마스터플랜이 되었다.

경주의 역사와 전통을 발굴하고 되살리고자 하는 노력은 무엇보다도 역
대 중앙정부가 집중적인 투잘르 아끼지 않은 대규모 발굴사업과 발굴된 유
물의 보존 및 관리에 집중되었다. 불국사의 개보수 및 경주국립박물관의
개장과 천마총 등 발굴유적의 관광 상품화는 경주의 도시적 이미지를 신라
와 불교의 도시라는 전통적 이미지로 발전시키는 결과를 가져왔다.

또한 경주의 대표적인 도시축제인 신라문화제 역시 경주의 전통이미지를
강화하는 의미를 갖고 있었다. 다음의 〈표 5-7〉에서 정리된 경주의 도시축

---

88) 경주시 홈페이지 및 행정자치부가 1998년 발간한 『지방자치단체 기본현황』 참
    조.

제 역시 경주의 전통적 이미지를 강화하는 방향으로 추진되고 있다. 1962
년부터 시작된 신라문화제는 1960년대 전국 각지에서 생겨난 전형적인 관
주도의 종합축제로 출발했다. 매년 10월초에 열리는 이 축제는 3일간에 걸
쳐서 길놀이, 민속놀이경연, 음악제, 신라미술대전, 백일장, 연극공연, 전시
회, 불교행사, 경축행사 등 종합축제로서의 면모를 갖고 있는 축제이다. 신
라문화제의 주최는 경상북도이며 경주시와 경주시 문화원 및 예총지부와
신라문화선양회가 주관하는 것으로 되어 있는 축제이다. 그러니까 엄격한
의미에서 신라문화제는 경주시만의 축제가 아닌 경상북도 전체의 축제인
셈이다. 물론 경주는 그 도시적 특성상 경북지역 일대의 문화적 핵심이자
도전체에 파급효과가 대단히 크다는 점이 감안된 진행 형식이었다.

〈표 5-7〉 경주시의 도시축제 현황(2000년 현재)

축제명	주최	주관	최초개최 (횟수)	개최시기 (기간)	축제예산	축제성격 (아이템)
신라 문화제	경상북도	경주시 신라문화선양회	1962 (28회)	10월 초 (3일간)	40억 원	종합축제 (주민화합)
경주상가 시민축제	상가발전연 구협의회	상가번영회	1994	4월 중 (2일간)	–	기획축제 (관광산업)
경주문화엑 스포	경상북도	경주문화엑스포 조직위원회	1998 (1회)	10월 초 (60일간)	400억 원	기획축제 (관광산업)
한국 전통주 · 떡 축제	경주시	경주시	1998 (3회)	3월 중 (4일간)	–	전통문화축 제 (특산물)
경주 버섯축제	건천JC	건천JC	1998 (3회)	5월 중 (2일간)	–	기획축제 (특산물)
경주 캐릭터 박람회	경상북도	한국캐릭터 디자인협회	1999 (2회)	10월 중 (10일간)	–	기획축제 (특산물)

*축제예산은 1998년 기준

신라문화제의 특징 가운데 하나는 경주의 대표적인 사찰이자 유적인 불

국사에서 해마다 신라문화제에 기금을 납부하는 형식으로 중요 행사주체로 참여해왔다는 사실이다. 그러나 민선자치단체의 출범 직후인 1996년부터 불국사에서 기금납부의 중단을 선언하면서 신라문화제의 존속여부까지 불투명해졌고 한때 경주시와 불국사는 이 문제를 놓고 법적투쟁 직전까지 가는 상황을 만들기도 했다.[89] 신라문화제를 두고 벌어진 경주시와 불국사의 이 사소한 듯한 갈등은, 그러나 경주문화에서 불국사로 대표되는 불교의 영향력이 어느 정도인지를 상징적으로 보여주는 사례라고 할 수 있다. 이 같은 불교의 영향력은 사실상 경주시의 정책결정에 대단히 중요한 변수가 되고 있다.

축제의 성격이 이렇다보니 신라문화제는 그 성격과 내용이 이른바 '새마을 축제'의 형식을 크게 벗어나지 못하는 구시대적 축제로 평가되고 있다. 특히 98년부터 '경주문화엑스포'가 새로운 도시축제로 기획되면서 신라문화제는 더욱 설 곳을 잃고 있다. 신라문화제는 97년 약 7억 원의 예산으로 치러졌으나 98년 3억 원 규모로 행사가 축소되었고 현재는 종합축제로서 시민체전과 통합되는 방안도 강구되고 있다.(대구매일 1999. 10. 1일자)

〈표 5-8〉 경주시의 문화도시 만들기 관련 법령정비

기본방향	개요	비고
도시계획	*문화재보호법 제정(62)	재산권 제한
	*한옥미관지구, 고도제한지구(72)	재산권 제한
	*시민 단체 '고도보존법' 개정촉구(96)	경주시도 찬성

---

89) 불국사의 기금납부는 지난 76년 12월 경주시장이 당연직 회장이 되는 신라문화선양회를 발족, 시직영 사적관람료 12%와 불국사. 석굴암 관람료 6%를 납부 받아 운영하되 이 기금은 매년 또는 격년으로 개최되는 신라문화제 행사비로 지원키로 한다는 조항에 따라 시작되었다. 이에 따라 경주시는 매년 불국사와 석굴암의 입장료 중 6%인 1억~3억 원의 선양회비를 납부 받아 왔는데 불국사측이 군사정권의 잔재라며 지난 94년부터 납부하지 않고 있다.

그러나 이러한 전통성의 강화가 시민들로부터 받은 호응은 그다지 크지 않았다. 〈표 5-8〉에 나타나 있듯이 시민들은 도시의 역사와 전통성을 지키기 위해 재산권의 제한을 받아야 했고, 그것은 곧 시민들의 불편과 불만을 가져왔다. 결국 시민들의 불만과 반발은 민선지방정부 이후 급속하게 커졌고 경주시와 시민 단체들은 끊임없이 고도보존법 또는 경주발전특별법으로의 개정운동을 벌이고 있다.

한편 전통성에 기반한 경주의 도시문화산업 전략이 한계에 부딪치고 있다는 지적도 나오고 있다. 즉 경주를 찾는 내외국 관광객의 수가 몇 년째 계속 감소하고 있고, 그 원인이 바로 시민적 참여나 기타 연관사업을 파생시키지 못한데 있다는 것이다. 경주시에 관광홍보단이 구성되고 '전통주떡 축제' 등이 열리는 것은 바로 그러한 문제를 해결하기 위한 새로운 시도들인 셈이다.

2) 관광레저산업의 육성

마지막으로 관광레저산업을 통한 복합도시 만들기가 있다. 민선 1기 동안 경주시에서는 컨벤션시 건립(96년, ASEM 등 대비), 세계민속촌(테마파크) 건립, 국제 스포츠도시 메카(97년), 보문단지에 영화테마파크 건설(97년) 등의 도시모델 사업이 다각적으로 검토되거나 제안되었다. 물론 이러한 도시모델이 모두 도시발전전략으로 채택되는 것은 아니었으나 결과적으로 경주시의 문화적 발전의 전망이 어떤 방향으로 향하고 있는가에 대한 충분한 시사는 되고 있다.

〈표 5-9〉 경주시 경마장 건설 관련 주요 쟁점 및 일지

시기	주요 사업 및 내용
92	대선 앞두고 정부 천북면 일대 경마장 건설계획 발표
	*연간 5천억 원 매출, 5백억 지방세 납부로 지방재정 도움
94. 2	경주 경마장 유치 시의회·군의회 결의문 채택
94. 3	경주 경마장유치 범시민 궐기대회
95. 2	경주 경마장 건립계획 백지화 위기
96. 1	마사회, 경주에 국제경마장 건립
96. 6	경주 경마장 부지서 유구 106기 무더기 발굴
96-9	문화계, 학계, 언론계 등 경주 경마장 반대
	*문화재 보호 최대 쟁점으로
98. 4	경주 경마장부지서 유구-유물 다량 확인
98. 10	경주 경마장 백지화 부산·경남지역으로 선회 가능성
	*지역 언론, 경마장추진위 등 결사반대
98. 11	경주 경마장 건설여부…… 문화 재발굴 최대 관건
2000. 1	경주 경마장 추진위 창립.
	문화관광부, 경주 경마장 예정대로 추진
	경주 경마장 정부건의 요구…… 범도민추진위 경북도 방문

이 시기 경주 도시전략의 기본전제는 경마장과 고속철도 경유에 있었고 경마장 건립은 경주시가 앞으로 어떤 도시로 발전할 것인가와 관련된 방향 설정의 문제와 맞닿아 있었고, 고속철도 경유문제는 신경주 건설이라는 과 제와 만나고 있었다. 이 가운데 경마장 건설 사업은 경주시의 관광레저산 업 육성전략을 단적으로 표상하는 사업이었다. 그러나 이 사업을 통해서 경주는 도시의 역사성 및 전통성이라는 문제와 다시 한번 충돌하는 과정을 겪었다. 〈표 5-9〉는 경마장 건설과 관련된 경주시 문화산업의 주요 쟁점 및 일지를 정리한 것이다.

1992년 대선 당시 정부에서는 경주시에 제2 경마장을 건설 연간 5천억 원의 매출과 5백억 원의 지방세 납부를 가능케 하고, 대구·경북·포항 등 경북권 시민들의 여가선용 공간을 조성하며, 2백만 명 이상의 관광객 증대 와 연간 3천 명 이상의 고용효과를 누리게 함으로써 경주시 발전에 중요한

전기를 마련하겠다는 구상을 밝혔다.

특히 경마장 건설이 경주시민들에게 적극적으로 호응 받았던 것은 이 사업이 일종의 문화산업으로서 경주의 관광산업과 연계효과가 높다는 점 때문이었다. 그러나 경마장 역시 앞서 살펴보았던 고속철사업과 똑같은 경로를 거치며 강하게 반발되었고, 경마장 건설이 백지화되거나 혹은 부산으로 이전된다는 등 온갖 우여곡절을 겪어야 했다. 또 경마장 건설을 확정하고 정부가 매입까지 마친 부지에서 대규모의 매장문화재가 발굴되면서 사태는 한층 복잡하게 발전해갔다. 결국 경주시의 강력한 바람에도 불구하고 아직까지도 경마장 문제는 명확한 해결의 실마리를 잡지 못하고 있다.

3) 경주문화의 세계화: 이벤트산업

문화도시로서 경주의 위기감 속에서 경주시가 집중하고 있는 전략은 세계화전략이다. 경주시는 이제 포화상태에 이른 국내 관광객들을 좀 더 새로운 아이템으로 유인하는 한편 세계적인 관광도시를 꿈꾸고 있다. 구체적으로 경주는 석굴암과 불국사의 유네스코의 세계문화유산 지정, 경주 문화엑스포 등을 통해 경주를 동아시아 문명의 중심도시로 인식시키려 하고 있다.

이러한 상황에서 98년 경북도가 시작한 '경주문화엑스포'(이하 엑스포)는 침체에 빠진 경주의 관광산업을 일으키고 도시경제를 활성화시키겠다는 구상 속에서 세계화와 이벤트산업의 육성이라는 목표를 깆고 기획되있다. 98년 처음 열린 엑스포는 전체 예산만 400억 원(국고지원 150억 원)이 투입되었고 무려 두 달 가까운 기간 동안 계속된 대형국제축제였다. 98년의 1회 대회를 통해서는 11만 명의 외국인을 비롯하여 3백7만 명의 입장객이 다녀갔고 2백9억 원의 수입을 올린 것으로 집계되었다. 이 2백9억 원의 수입 가운데 182억 원이 입장수익이었으며 휘장사업 등이 나머지 수익을 차지했다. 결과적으로는 총 투자예산 4백4억 원 가운데서 약 10억 원 정도의 적자를 낸 것으로 최종 결산되었다.

경주문화엑스포는 일종의 문화박람회로서 많은 사람들에게 참신한 아이디어라는 평가를 받았고 결과적으로 경주시의 대표적인 국제축제로서 경주의 도시문화 발전에 중요한 영향을 미칠 것으로 기대되었다. 실제로 이 엑스포는 경주의 이미지를 새롭게 하고 관광객을 유치하는데 성공함으로써 부분적으로 성공의 평가를 받기도 했으나 좀 더 세밀하게 엑스포를 관찰한 지역 언론과 경주시민들에게는 부정적인 평가를 들어야 했다. 즉 중앙언론이나 문화계에서 행사의 전체 규모나 관광객의 수와 같은 외형적인 목표달성을 놓고 성공을 평가했다면, 현장에서는 그 허실을 제대로 짚어내고 있었다. 또 행사의 전반적인 질적 수준과 운영의 미숙함도 지적되었고, 입장객의 수를 두고 지역 언론에서는 "단체 관람객이 관람객의 대부분을 차지했다는 점은 오히려 행사의 실패를 의미하는 것이기도 하다. 외국인 관람객은 극히 일부였으며, 국내 관람객도 대구. 경북지역에 집중돼 동네잔치를 벗어나지 못했다."(영남 1998. 11. 9)고 혹평했다.

물론 같은 지역 언론에서 다른 평가도 나왔다. 대구매일신문에서는 거의 비슷한 시기에 '일단 성공'이라는 제한된 평가를 통해서 "지방자치단체가 치러낸 행사치곤 성공작이라는 평가도 나오고 있다. 하지만 새 천년에는 '왜 문화이어야만 하는가'라는 담론을 설득력 있게 풀어내지 못했다는 점에서 이번 경주문화엑스포는 한계를 드러냈다. 경주문화엑스포가 명실상부한 지구촌문화축제로 2000년을 장식하기 위해서는 풀어야할 과제가 많다는 것을 확인했다."(대구매일 1998. 11. 10) 고 썼다. 또 이 기사에서는 엑스포가 단순히 문화적 관점에서만 평가되는 경계하면서 각 분야로의 파급효과 즉 고부가가치 문화상품개발의 중요성, 문화 인프라 구축과 도시기반시설의 확충, 침체된 사회분위기의 전환이라는 부수적인 효과를 얻었다고 긍정적으로 평가했다.

4. 경주 문화도시전략의 주체와 쟁점

〈표 5-10〉경주의 문화도시 만들기 진행상황

구분	주요 정책 및 사업	추진상황	추진주체
1단계 자원요소	지역문화운동	*경주 경마장 유치운동(94) *경주 고속철 통과추진(94) *ASEM대비 컨벤션시 건립 추진(96년) *문화예술의 거리조성(97) *남산 되살리기 운동(97) *푸른 도시 가꾸기 사업(97) *국제 스포츠도시 메카로(97년) *보문단지에 영화테마파크 건설(97년) *경주설화 관광 상품으로 개발 주장(98) *경주문화 테크노파크' 조성 추진(98)	경주시 전체 경주시 전체 경주시 경주시 시민 단체 경주시 경주시 외부자본 학계 산학연합동
	문화자원의 정리 (향토사 등)	*유네스코 경주 문화유산 지정 신청(95) *박목월. 김동리 생가복원(97)	경주시
2단계 선택/탈락	자원의 상품화	*보문관광단지 개장(79) *2백만 평 규모 복합 리조트단지 건립(98) *보문단지 '한국의 술과 떡 축제'(98) *신라시대 名酒 '경주신라주'탄생(98) *'서라벌 향수'개발(98) *제1회 경주문화엑스포 개최(98)	중앙정부 외부자본 경주시 지역자본 경주시 경상북도
	진문화/기반시설		
	조례 제정/제도화	*문화재보호법 제정・재산권 제한(62) *한옥미관지구, 고도제한지구(72) *시민 단체 '고도보존법' 개정촉구(96)	중앙정부 중앙정부 시민 단체
3단계 정책화	문화 기본계획 수립	*경주관광종합개발계획 실시(71)	중앙정부
	전문주체 형성		

1) 경주 문화도시전략의 성과와 현황

경주는 한국 최고의 역사도시이자 관광도시로 꼽히고 있으나 문화도시로 서의 경주는 사실상 분명한 도시정체성을 구축하지 못하고 있다. 앞서 제3 장에서 구분한 문화도시의 발전단계에 비추어서 경주시의 문화도시 만들기 정책과 사업을 평가해본다면 경주는 여전히 1단계의 내용에 머물러 있음 을 보여준다. 〈표 5-10〉은 경주시의 문화정책과 사업을 문화도시 만들기 의 단계와 추진주체별로 구분한 것이다.

경주의 문화도시전략은 대체로 지역문화운동의 차원에서 다양한 주체들 에 의해서 제기되고 있는 단계를 벗어나지 못하고 있다. 즉 경주의 문화도 시 만들기는 현재 다양한 자원화 되지 못한 채 자원요소로 존재하고 있다 는 것이다. 1994년 처음 발의되기 시작하여 현재까지 문화경주시의 핵심 적인 과제로 남겨져 있는 경주 경마장 유치문제나 경주 고속철 문제가 궁 극적으로 어떻게 해결되느냐에 따라 경주시는 중요한 영향을 받게 될 것이 다. 이처럼 요소로서 존재하고 있는 경주의 문화적 주제들은 컨벤션시 건 립, 문화예술의 거리, 남산 되살리기 운동, 푸른 도시 가꾸기 사업, 국제 스포츠도시 추진, 영화테마파크 건설, 경주설화 관광 상품으로 개발, 경주 문화 테크노파크 조성 추진 등이 있다.

〈표 5-11〉 경주시의 문화기반시설 현황 및 추이

연도	박물관 (관람인원)	문화원	극장 (좌석수)	시민회관	종합 문예회관	미술관
1990	2(1,431,782)	1	5(808)	1	-	-
1995	2(1,173,215)	1	4(770)	-	-	1
1998	2(1,862,775)	1	4(770)	2	-	1
1999	2(2,000,000)	1	6(980)	1	-	1

*자료: 『도시연감』 각 년도

　　문화도시 만들기의 제2단계는 앞서 제안된 문화적 자원이나 사업을 선
택적으로 받아들이거나 탈락시킴으로써 일정한 전략적 방향을 보여주는 단
계이다. 그러나 경주시의 경우 아직 기존의 역사불교유적은 한계를 드러내
고 그에 대응할만한 구체적인 문화자원이 아직 선택되지 못하고 있다고 할
수 있다. 따라서 경주의 문화도시전략은 아직 1단계적인 상황에 머물러 있
다고 하겠다.

　　다음으로 경주시의 문화기반시설과 예술단 현황을 통해 지역주민의 차원
에서 문화도시 만들기가 어떻게 진행되고 있는지를 살펴보았다. 먼저 〈표
5-11〉은 경주시의 박물관과 문화원, 극장 및 기반시설의 현황을 보여주는
자료이다. 이 자료를 통해 보면 1990년 제6공화국 당시로부터 지난해인
국민의 정부 시절에 이르기까지 경주시의 문화 인프라는 거의 발전하지 못
하고 있다는 점이 확인된다. 예술단 역시 90년 이래로 거의 아무런 변화
를 보이지 않고 있으며, 이 같은 지표는 결과적으로 경주의 문화도시전략
이 얼마나 지난한 과제를 안고 있는지를 보여주는 것이라고 할 수 있다.

〈표 5-12〉 경주시의 예술단 현황 및 추이

단위: 명(창단일)

연도	교향악단	국악단	무용단	합창단	소년소녀 합창단	연극단
1999	70(90. 3)	－	－	59(90. 3)	－	16(83. 5)

*자료: 『도시연감』 각 년도

2) 경주 문화도시전략의 주체

(1) 중앙정부와 지방정부

　　문화도시 만들기의 추진주체는 앞서 표에서 보듯이 크게 중앙정부와 지
방정부 그리고 시민 단체로 구성된다. 그리고 여기에 외부자본이 대형 개

발사업의 경우 제안자로서 또는 개발주체로 참여해 들어오기도 한다. 첫 번째, 경주문화도시 만들기의 태풍의 눈인 고속철과 경마장 문제에 관한한 중앙정부 대 지방정부와 시민세력의 구도는 거의 공고하게 연결되고 있다. 이러한 결과는 그동안 경주시 문화산업의 기본전략이었던 문화유산산업이 시민들과 지방정부 양자로부터 모두 배척당하고 있다는 것을 말해준다. 즉 중앙정부에 의해 발굴과 보존의 방식으로 주도되었던 문화유산산업이 지역 주민의 경제적 이익을 증대시키지 못하고 오히려 재산권의 침해와 저발전 만을 강제했다는 것이다. 이러한 상황은 결국 중앙정부의 권한약화와 지방 정부의 영향력 증대를 가져왔고, 이러한 경향은 갈수록 강해질 가능성이 높다고 하겠다.

(2) 기초단체와 광역단체의 갈등과 대립

두 번째, 기초단체(경주시)와 광역단체(경상북도)의 갈등도 존재한다. 경주시는 민선 1기와 2기를 통해서 도시발전전략의 가장 중요한 주체로서 자체적인 전략프로그램을 제시하거나 주요 정책을 통해 도시 분위기를 선 도해 나가는 데는 크게 성공하지 못한 것으로 보인다. 그것은 일차적으로 는 경주라는 도시의 특성 자체가 한국을 대표하는 문화도시로서 한국 문화 정책의 시금석이라는 의미가 너무 컸다는 사실에 기인한다. 또 경주시가 경북지역의 핵심적인 관광도시이자 인근 도시에 미치는 파급력이 크다는 점에서 끊임없이 경북도의 통제를 받아왔다는 점도 원인이 되었다. 예컨대 고속철도 경유문제나 경마장 건설 등에서 시는 자신만의 독자적인 의견이 나 주장을 펼치지 못했으며, 심지어 도시의 컨벤션 시티 구상 역시 지역 언론과 경북도의 구상 속에서 보조적인 역할을 수행할 수밖에 없었다. 특 히 98년 국제문화엑스포는 행사장이 경주시 권역에 있었음에도 불구하고 자체적인 프로그램의 기획과 실행에 실패함으로써 실리를 취하지 못했다는 비판을 받았다.

특히 경주문화엑스포는 경주시와 경북도의 갈등이 드러나는 계기가 되었 다. 앞서 간략히 언급한 경주문화엑스포는 그 긍정적인 성과의 이면에 많

은 문제를 경주시에 남겼다. 경주의 보문단지에서 열린 이 축제에서 무엇
보다도 가장 중요한 평가는 두 달여 동안 축제의 현장을 지켰던 경주시민
의 평가라고 할 수 있다. 다음은 98년의 엑스포에 대해서 가장 신랄한 비
판자였던 영남일보의 평가기사와 사설을 발췌한 기사이다.

> "그럼에도 불구하고 경주시는 이번 엑스포에서 철저히 제외된 채
> '경북도와 조직위만의 생색내기 행사'에 그쳤다는 것이 경주시민들의
> 솔직한 평가다. 하루평균 5만 명, 행사기간 동안 3백7만여 명이 엑스
> 포 행사장을 찾는 동안 시민들은 차량 홀짝제 운행을 시행하는 등 '경
> 주관광산업 도약의 기회'라는 불확실한 기대감으로 고통을 기꺼이 감
> 내했다. 그러나 경주지역 주요 유적지에는 관광객이 오히려 줄었고,
> 상가의 매출도 예년에 비해 크게 떨어졌다. 자체 흑자 수입에만 급급
> 했던 조직위의 운영 방식을 미뤄볼 때 예상됐던 일이었다. 경주시민
> 들은 '장소를 빌려줘 경주의 기존 관광산업을 되레 붕괴시켰다'며 조
> 직위와 경주시측을 싸잡아 비난하고 있는 것이 현실이다. (중략)
> 가장 큰 아쉬움은 야간 행사가 전혀 없었고, 셔틀버스 등으로 경
> 주의 문화재를 알리는 노력이 없었다는 점이다. 엑스포는 오전 8시
> 에 개장, 오후 6시에 문을 닫고 귀중한 저녁 시간을 전혀 활용하지
> 못했다. 이 때문에 관광객은 행사장을 한 바퀴 둘러보고 돌아가 버
> 려 행사장에만 사람이 붐볐을 뿐, 경주의 문화재를 둘러보는 사람은
> 거의 없었다. 이번 행사의 중요한 목적의 하나가 우수한 신라문화를
> 널리 알린다는 것인데, 이 목적은 전혀 이루지 못한 것이다. 해외
> 홍보가 부족해 외국인 관람객이 너무 적었던 것도 크게 반성해야 할
> 부분이다.(영남 1998. 11. 11)

이 지역신문의 평가가 지나치게 신랄한 것이라 할지라도 경주문화엑스포
를 치르면서 경주시민들이 느꼈을 소외감과 안타까움은 대부분의 '국제적'
축제를 치러본 지역시민들의 공감을 얻을 수 있는 지적이었다. 결국 경주문
화엑스포에서 가장 핵심적인 문제는 바로 '주체'의 문제였던 것이다. 참신한
기획과 그 기획을 뒷받침하는 튼튼한 실무역량 그리고 현지 시민들의 자발

184

적인 협조를 가능케 하는 경제적 혜택에 대한 믿음, 여기에 축제를 즐기고 자 하는 시민들의 문화적 태도까지 결합될 수 있다면 축제는 당연히 성공할 수 있다.90)

경주문화엑스포가 산업화된 대형축제라면 경주시가 1998년부터 자체적 으로 기획하고 있는 '한국의 전통주, 떡 축제'는 작지만 경주의 전통적 이 미지와 잘 부합되는 축제로 평가할 수 있다. 98년 처음 열린 이 축제는 경주의 또 하나의 문화적 자원인 동아마라톤을 맞아 외국인들에게 볼거리 와 먹거리를 제공한다는 취지에서 열렸다. 이 축제의 주요 행사는 약 3일 동안 떡메치기 경연, 화전 만들기, 전통술 알아 맞추기, 누룩디디기 시음 및 시식회 등 이색적인 프로그램과 날짜별로 비나리제, 솟대세우기, 풍물 놀이, 달집태우기, 강강술래 등의 전통행사들이 결합되는 형식이었다. 이 '전통주와 떡 축제'에 대한 본격적인 평가는 아직 나오지 않았지만 그 아이 템이 갖는 전통성과 독창성 그리고 도시적 특성과의 연계성은 대단히 뛰어 난 잠재력으로 평가할 수 있다.91)

경주시가 가장 활발한 활동을 벌였던 이슈는 황성공원 개발사업과 고도 보존법 추진 등이었다. 경주시는 96년 시청사의 신축부지로 황성공원을 결정했으나 시민 및 문화계의 집중적인 반대에 부딪쳐 결국 포기했으나

90) 경주문화엑스포에서 정작 경주시와 그 경주의 문화가 주인이 되지 못한다는 비판은 올해(2000년)의 문화엑스포에서도 똑같이 지적되었다. 올해 경주문 화엑스포가 끝나면서 한겨레신문에 실린 다음과 같은 비평기사는 경주문화엑 스포의 문제를 다음과 같이 짚었다. "전문가들은 신라 천년의 얼이 깃든 경 주를 빼놓은 채 행사를 해 결과적으로 우리문화를 세계에 알리는데 실패했다 고 진단했다. 동국대 관광학과 서태양 교수는 □□문화도시 경주만의 특징을 살린 프로그램이 부족했으며 경주시민들과 관람객이 한데 어우러져 시가지 전체가 떠들썩한 축제의 장이 되지 못해 아쉽다□□고 말했다. 너무 많은 분 야를 다루려다 보니 알맹이 없는 행사가 됐다는 지적도 나왔고 행정기관보다 는 문화단체들이 중심이 되는 행사가 돼야한다는 의견도 쏟아졌다."(한겨레 2000. 11. 17)
91) 경주는 이 밖에도 1994년 시작된 경주상가시민축제가 있고 99년 처음 경북 도가 주최한 '캐릭터 박람회'도 열리고 있다. 고부가가치 문화산업인 캐릭터 산업을 육성하기 위해 경북도가 개최한 캐릭터 박람회의 주요 행사는 전시, 영상, 관객참여행사, 공연, 게임페스티벌 등이다.

97년 다시 시민들의 집중적인 반대를 이겨내며 이곳에 경주문화엑스포를 대비한 체육시설을 건설함으로써 도시의 개발의지를 과시했다. 경주시가 경주시의 복잡하고 다양한 문제를 해결하기 위해 갖고 있는 카드는 바로 고도보존법과 신경주 건설의 구상이다. 경주시는 이를 위해 여러 차례의 공청회와 의견수렴을 거치면서 제정을 신청해 놓은 상태로 알려져 있다.

(3) 성장연합의 동향과 전망

세 번째로 토착자본, 시의회, 지역 언론 등 성장연합의 동향에도 주목해야 한다. 경주시는 오랜 세월 동안 굳어져온 씨족사회의 특징을 갖고 있고 상대적으로 농업적 기반이 튼튼한 도시로 알려져 있다. 경주시의 고속철 및 경마장 건설 등 여러 쟁점들이 부각되면서 경주의 상공회의소와 상가연합회 등 지역유지그룹과 시의회의 태도는 한결같이 개발의 관점에 서 있었다. 결과적으로 시의회는 토착자본과 씨족사회의 이해를 대변하고 있었고 지역 언론 역시 이 틀에서 크게 벗어나지 않았다. 또 중요한 쟁점이 있을 때마다 대구에 본사를 둔 지역 언론들도 이 성장연합의 입장을 지지하는 사설이나 기사를 통해서 개발의 관점을 견지했다.

이 성장연합은 기본적으로 경주시와 정책의 보조를 맞추었지만 때로는 갈등의 양상도 보여주었다. 예컨대 시의회는 경주시가 황성공원으로 시청사의 신축하겠다는 결정을 내렸을 때 그것을 추인했고 논쟁과정에서 유일하게 경주시의 입장을 지지했다. 상공회의소 등 토착자본 역시 황성공원 문제에 있어서만은 소극적이나마 반대 혹은 방관하는 태도를 보여주었다.

이들 시의회와 토착자본의 도시발전에 대한 태도를 정리해보면 개발지향적인 도시의 발전전략에 대해서는 철저하게 지지하고 때로는 결사적으로 이를 사수하려는 의지를 보이는 반면 도시 개발과 직접적인 연관이 없거나 작은 경우 입장표명을 유보 혹은 소극적인 반대의 태도를 보인다는 것이다. 예컨대 황성공원 개발에 대한 반대 입장의 근거로 이들이 내세우는 것은 도시의 문화적 경관을 해친다는 것이었다. 결국 이들 역시 도시의 발전전략에 대해 이중적인 태도를 보여주고 있다는 것이다.

(4) 반성장연합과 시민사회

마지막으로 반성장연합과 시민들이다. 경주시를 둘러싼 다양한 쟁점들 속에서 가장 어려운 선택을 하고 있는 집단이 바로 이들 시민 단체들과 불교계라고 할 수 있다. 경실련, 남산사랑회, 경주사랑교수모임 등 시민 단체들은 소극적이기는 하지만 문화적, 환경친화적 도시발전의 모델을 갖고 있으며 그 같은 모델을 통해서 나름대로 도시발전의 전략을 세워나가고 있다고 할 수 있다. 그러나 이들 역시 경주시의 개발욕구와 문화적 보존이라는 상충된 갈등관계 속에서 즉각적이고 강력한 의견을 개진하기에는 현실적인 한계가 있고, 또 영향력이 크지도 않다.

특히 경실련의 경우 1997년에는 황성공원 내 시청사 신축문제로 갈등을 겪으면서 시당국으로부터 고발을 당하는 등 시민 단체로서 나름대로의 독립적인 활동영역을 지켜왔다. 그러나 고속철과 경마장 건설에서는 원칙적으로 찬성하되 문화재 훼손을 최소화해야 한다는 이중적인 태도를 드러내는 한계를 보여주기도 했다. 이들 시민 단체와는 달리 불국사를 중심으로 하는 불교계의 입장은 가장 강력한 반개발세력의 면모를 보여주었다. 96년 경주 고속철 문제에 대한 전국적인 관심을 촉발시킨 불국사 주지의 단식사건은 불교계가 경주를 어떤 관점으로 바라보는지를 명확히 해 주었고, 이후 도시개발에 대한 불교계의 입장에 대한 기준점이 되었다. 불국사 등의 불교계는 이후 고속철도의 우회가 결정된 상황에서도 끊임없이 백지화를 요구하는가 하면 경마장 건설에 대해서도 가장 강력한 반대의사를 밝혔다.

결론적으로 본다면 시민 단체의 경우 앞서 살펴본 이른바 경주시의 성장연합과 비교해서 정도의 차이는 있지만 여전히 이중적인 태도와 사업방식이 드러나고, 그런 점에서 본다면 경주시의 도시발전전략은 여전히 개발중심적인 입장들이 견지되고 있다고 하겠다.

〈표 5-13〉 경주시 경부고속철사업 관련 주요 쟁점 및 일지

시기		주요 사업 및 내용
	83-84	서울~부산 고속전철사업 타당성 조사
	89. 5	경부 고속철도 건설 방침 결정
	90. 6	노선(서울-천안-대전-대구-경주-부산) 사업기본계획 발표(사업비 5조 8400억 원. 사업기간 92~98년)
고속철 논쟁 1기 (90-95. 9)	92. 93. 6	경부 고속철도 경주노선(도심통과노선)에 대한 논란 시작. 1차 사업계획 수정(대전·대구역사 지상건설 등)(사업비 10조 7400억 원. 사업기간 92~2001년)
고속철 논쟁 2기 (95. 9-96. 5)	95. 9	경부 고속철도 경주노선 재검토…… 통과는 확정 *건교부안(지하통과구간 연장)과 문체부안(시 외곽 우회통과안)
고속철 논쟁 3기 (96. 6-현재)	96. 6	문화재위원회 건천노선채택 요구 건교부, 경주노선 전면 재검토(제3의 노선 선택) 경주시민 강력반발로 방내리 안과 덕천리 안 대립
	97. 1	경주 경유 노선 화천리로 확정 경주시민 대체로 환영/울산, 포항지역 반발
	97. 5	신한국당 고속철사업 계속여부 차기정권에 위임
	97. 9	사업계획 2차 수정(사업비 17조 7천5억~18조5천억 원. 사업기긴 92-2005년)
	97. 11	고속철 경주역사 실세 당선삭 발뵤
	98. 6	〈대통령직인수위원회〉 고속철경주통과 노선배제-다시 확정 경주노선 2단계 사업으로 연기(2006년-2012년) 경주시민 강력반발
	99. 12	경주역사 부지매입예산 결정

3) 경주의 문화적 쟁점

경주의 고속철 사업을 이해하기 위해서는 두 가지 점이 먼저 고려되어야 한다. 첫 번째는 경주시가 경북지역에서 차지하는 산업적, 문화적 비중이다. 경주는 인근의 포항, 울산 등 철강 자동차산업의 중심지와 연결되는 산업적 중심이자 연간 9백만 명이 다녀가는 한국 관광산업의 핵심지라는 사실이다.

두 번째는 보다 내적인 요인으로 신경주 건설이라는 문제와 관련되어 있다. 경주는 도시 전체가 신라 및 불교유적으로 그 대지규모와 유물의 총량은 아직도 추산이 어려울 정도로 많은 발굴문화재와 매장문화재를 갖고 있는 도시이다. 바로 이 점 때문에 경주는 한국 최고의 문화도시로 꼽히지만 동시에 도시 어느 곳도 문화유적으로부터 자유로울 수 없는 까닭에 개발과 재산권 행사에 결정적인 한계도 동시에 갖고 있는 모순적인 도시인 것이다. 경주의 이러한 문제는 결국 발전전략을 현재의 도심을 그대로 유지한 채 신경주를 건설하여 개발한다는 방향으로 귀결되었다. 고속전철 문제는 바로 이 신경주개발사업의 핵심사업으로 신경주의 근거를 마련함과 동시에 경주발전의 획기적인 인프라를 확보한다는 차원에서 제기되었던 것이다.

그러나 고속전철 문제는 처음부터 그다지 순조롭지 않았다. 앞서 정리했던 1단계 논쟁기에서 경주는 경주시, 지역 언론, 지역상공인 그룹 등은 고속철의 통과를 절대 사수하겠다고 나섰고, 이에 맞서 중앙언론과 학계, 문화계, 국회의원 등은 절대 반대의 입장을 표명하면서 경주는 폭풍 속으로 빠져들어 갔다. 요컨대 고속철의 통과 여부 자체가 쟁점이 되었던 단계였다. 그러나 이 시기 동안 경주는 일단 일치된 목소리를 내고 있었고, 고속철을 지지하는 입장 역시 경주가 국제적인 관광도시로 발전하는데 있어서 교통의 편의성이 얼마나 중요한 것인가 하는 점에 초점이 맞추어져 있었다.

두 번째 국면은 95년 9월부터 96년 12월로 노선 및 역사의 위치를 어디로 할 것인가 하는 점에서 다양한 논쟁의 전선이 형성되었던 단계이다. 그러나 먼저 사태를 전국적으로 확산시킨 것은 불국사 주지 설조스님의 고속철 경주도심 통과반대 무기한 단식이 벌어지면서였다. 이 단식을 계기로 전

국의 불교계와 학계, 문화계 및 언론계까지 나서서 고속철의 도심통과를 결
사반대하고 나섰다. 전국의 반대세력들은 '고속철도 경주통과 반대운동 추
진위원회'를 결성하여 결사반대를 선언하고 나섰고, 이에 맞서 경주상공회
의소 등이 주축이 된 경주의 상공인들은 '고속철도 경주 확정역사사수 범시
민 단체 협의회'를 구성 상경투쟁을 불사하며 통과 사수를 주장했다.

그 와중에 논쟁은 정부부처 내에서도 불거졌다. 건설교통부에서는 도심
을 통과하되 지하통과구간 연장함으로써 문화재 훼손을 최소화하겠다고 나
섰고, 문화체육부에서는 시 외곽을 우회하여 통과하는 안을 내세웠다. 한
편 정작 경주시민들은 노선의 통과 자체에 큰 관심을 보이며 지켜보고 있
었으나, 시민 단체들 내부에서도 의견차이가 드러나기 시작했다. 먼저 시
의회, 상공회의소, 상가번영회, 로타리 클럽 등 경주의 90여 개 사회단체
회원들은 경주발전을 위해 건교부안 즉 개발노선(확정노선-도심통과)을
적극 지지하고 나섰고, 남산사랑모임, 불교계, 학계 등 경주의 53개 사회
단체로 구성된 '건천역사건립추진위'는 외곽의 보존노선(변경노선-우회노
선)을 지지하고 나섰다.

〈표 5-14〉 경부고속철사업 관련 주요 쟁점 입장 정리

	개발지향적 입장	보존지향적 입장
1기	■ 고속철 통과 찬성 경주시민, 경주시, 지역상공인, 지역 언론 등	■ 고속철 통과 반대 고고학회, 미술사학회 등 학계, 문화계, 언론계 등
2기	■ 도심 통과 찬성(건교부) 상공회의소, 상가번영회, 로타리 클럽, 경주시의회	■ 우회 통과 찬성(문체부) - 고고학회, 미술사학회 등 학계, 문화계, 언론계 등 - 남산사랑모임, 불교계, 학계
3기	■ 고속철 역사 덕천리 찬성 교통개발연, 경주시, 건교부, 울산, 포항 등 인접도시	■ 고속철 역사 방내리 찬성 학계, 문화계, 문체부 경주시민 대체로 지지

마지막 세 번째 단계는 고속철 역사를 둘러싸고 벌어진 공방이었다. 이 단계에서는 노선우회가 이미 결정되고 우회노선을 어디로 할 것인가 하는 문제와 고속철 역사를 어디로 할 것인가가 최대의 쟁점이 되었다. 고속철 역사가 어디로 갈 것인가 하는 문제는 결국 신경주 건설의 거점이 어디가 될 것이냐는 문제와 긴밀하게 연관되어 있었다. 일단 세 개의 안이 제시 검토되었고, 이 가운데 건천 방내리와 내남 덕천리가 강력하게 경합되는 형세로 상황은 전개되었다. 방내리 안의 경우 문화재 훼손을 최소화할 수 있다는 점에서 고고학회, 문체부 및 문화계의 광범한 지지를 받았고, 덕천리 안은 교통개발연구원과 경주시, 건교부가 공사의 용이함과 공사비 등의 문제를 이유로 지지하고 있었다.

이 세 번째 단계에서는 울산과 포항 등 인접 공업도시들이 경주 고속철 역사를 좀 더 가까운 곳으로 유치하기 위해 건교부 안을 지지하고 나서는 새로운 변수가 돌출했고, 문체부와 건교부의 논쟁은 상징적으로 한국사회에서 건설의 시대가 가고 문화의 시대가 오고 있음을 보여주고 있었다. 그러나 고속철의 통과 자체에 사활을 걸었던 경주시와 토착자본으로서는 어느 쪽이든 상관없다는 태도를 보이면서 경주시 자체적으로는 고속철 논쟁의 과정이 진정 국면으로 접어들었다. 이 시기 경주 경실련이 실시한 시민조사에서 경주시민의 59.5%가 방내리 안을 지지했고, 덕천리 안을 지지한 시민들 역시 방내리 안에 반대하지 않아 경주시의 내홍은 일단 진정되었다고 볼 수 있었다. 또 이 조사를 통해서 경주시민들은 고속철 역사의 후보지 선정 기준으로 도시발전(47.5%), 유적보호와 도시발전(31.2%), 유적보호(18%)를 꼽았다.(한국 1996. 12. 11)

이 조사 결과는 경주시민들에게 있어서 도시개발과 문화도시의 자존심이라는 두 가지 문제가 어떻게 받아들여지고 있는가를 정확하게 보여준다. 경주시민들은 여전히 경주라는 도시에 대해서 도시의 문화적 개발을 중시하면서도 한편으로는 개발이 가져다 줄 현실적인 이익에 대해 손을 들어주는 이중적 가치관을 보여주고 있다. 결국 고속철도의 문제를 통해서 경주시와 시민들이 주체적으로 고민해야 하는 과제는 '유적보호와 도시발전'이

라는 현재는 대립되는 두 개의 가치를 어떤 방식으로 통합하고 정책으로
발전시킬 것인가 하는 점이다.

5. 소결: 경주 문화도시전략의 의의와 평가

문화가 삶의 가장 중요한 가치로 평가받으면서 문화도시에 대한 욕구는
도시발전에서 최상의 모델이 되고 있다. 그런 가운데서 오랜 역사와 전통
그리고 그것을 증거 해주는 유적과 문화유산을 가진 도시는 문화산업과 그
를 통한 문화도시전략에서 가장 유리한 위치를 점하고 있다. 경주는 그런
의미에서 한국의 도시들 가운데서 가장 문화도시의 가능성이 높은 도시 가
운데 하나이다. 고대국가 신라가 남긴 경주의 문화유산은 이미 세계적으로
도 공인받은 동아시아 고대문명의 중심이며, 수많은 불교유적은 경주의 또
다른 자원이다.

바로 이 점 때문에 경주는 70년대 초부터 중앙정부로부터 특별한 보호와
지원을 받으며 한국을 대표하는 관광도시이자 문화도시로 육성되었다. 경주
에 대한 중앙정부의 정책은 이처럼 분명한 것이었다. 그 결과 경주는 국내
외의 관광객들이 즐겨 찾는 관광도시로 성장하는 한편 도시 전역은 끝없는
발굴사업의 대상이 되었다. 그러나 관광도시로의 외형적인 발전이 경주의
도시정체성 형성으로 이어진 것은 아니었다. 경주시민들은 문화재의 보호와
발굴을 위한 재산권의 제한과 생활상의 불편함을 감수해야 했고, 관광도시
로서 얻어지는 경제적 이득으로부터도 소외되었다. 물론 경주가 관광도시로
성장하고 발전되는 과정에서 시민적 참여는 거의 배제되었고, 이러한 문제
는 결국 경주의 도시정체성을 위협하는 결과를 가져왔다.

그런 과1정에서 96년 민선지방정부의 출범은 경주시 도시발전전략과 시
민들의 의식에 일대 변화를 가져왔다. 경주에 대한 중앙정부의 영향력은
상대적으로 감소했고, 자치단체와 시민들은 묶여있던 재산권을 회복하고

생활상의 불편을 가져온 각종 규제의 폐지 혹은 완화를 요구했다. 90년대 중반 내내 한국 문화계를 들끓게 했던 경주 고속철과 경마장 건립 논쟁은 바로 이 지점으로부터 출발하고 있었다.

그러나 문화도시전략의 중심인 경주시의 문화정책은 아직 뚜렷하게 드러나지 않고 있다. 98년 대규모로 출발하여 경주의 대표축제로 자리 잡은 경주문화엑스포는 경주시가 아닌 경북도의 주관으로 치러지고 있고 그 속에서 경주시의 도시문화전략은 크게 발견되지 못한다. 경주시가 자체적으로 추진하고 있는 한국의 술과 떡 축제나 도시브랜드를 이용한 몇 가지 문화상품의 존재로 도시의 문화전략이 평가받기는 어렵다.

또 아직은 인적구성이나 역량에서 아직 채 성숙되지 못한 시민사회 역시 문화도시전략에서 분명한 입장을 제시하지 못하고 있다고 보여진다. 상공인을 비롯한 도시의 토착자본과 시의회 역시 문화도시전략을 정책적으로 바라보고 있다는 지표도 분명하지 않다. 도시문화의 각 주체들은 경주 고속철과 경마장 건설에서 각기 강력한 주장을 펼쳤지만, 그러한 주장들은 도시문화의 전략 속에서 나왔다기보다는 그동안의 소외와 저개발에 대한 보상심리로 비춰졌다.

결국 요약한다면 경주의 문화도시전략은 도시의 문화적 자원과 관계없이 여전히 초기단계에 머물러 있으며, 도시문화의 쟁점은 근본적으로는 도시의 문화적 자원이 갖는 경제적 효과나 의미에 대한 신뢰의 문제에 있다고 할 수 있다. 또한 시민들의 문화적 기회 확대라는 측면에서도 경주는 한국의 다른 도시들에 비해 결코 우위를 확보하지 못하고 있다. 민선시대 이후에도 역시 이 문제는 거의 해결되지 못하고 있다.

이러한 문제들은 결국 경주의 문화도시전략에 중요한 약점으로 작용하게 될 것이다. 경주를 찾는 국내외 관광객들이 수년째 지속적으로 감소하고 경주를 둘러싼 문화정책이 표류하고 있는 것은 바로 이러한 문제들의 현상적 반영인 셈이다. 경주는 현재 문화적, 경제적 위기를 겪고 있다. 그리고 그 근본적인 이유를 주체의 측면에서 본다면 그동안 도시문화전략의 핵심이었던 중앙정부의 공백을 메울 수 있는 새로운 주체가 형성되지 못하고 있다는 점에 원인이 있다. 또 내용적으로는 경주의 문화유산산업을 뒷받침할 수 있는 관광레저 프로그램과 이벤트사업의 실패 혹은 미성숙에 원인이 있다. 결과적으로 경주는 외적으로는 중앙정부와 학계 등 거의 전방위적으로 흩어져 있는 논쟁의 파트너들을 설득할 수 있는 논리를 창출하고, 내적으로는 문화도시의 원칙과 전략을 세울 수 있는 문화도시중장기발전계획의 수립이 반드시 필요하다고 할 수 있다. 물론 이러한 문제를 해결할 수 있는 논리적이고 미래지향적인 지도력의 존재는 그 필수적인 전제조건이다.

제6장 '현대적 문화산업 개발형' 도시의
문화산업: 춘천을 중심으로

1. 춘천의 도시성과 문화적 자원

춘천은 수많은 상징과 은유의 도시이다. 춘천은 호반의 도시이며 인형극의 도시이고 만화의 도시이며 축제의 도시이다. 이 밖에도 춘천은 마라톤의 도시, 태권도의 도시, 빙상의 메카, 시와 동화의 도시, 게임산업의 도시, 물의 도시, 안개의 도시이며 또 휴전선과 인접한 후방도시이기도 하다. 이 수많은 상징은 오랜 세월 동안 많은 사람들에게 저절로 익숙해졌다기보다는 춘천이 스스로를 만들어가는 과정에서 파생된 상징들이다.

그러나 호반의 도시라는 아름다운 도시상징이 사실 춘천의 꿈과 미래에 대한 좌절의 다른 표현이라는 점을 아는 사람은 드물다. 춘천이 호반의 도시라는 이름을 얻게 된 것은 1970년대 이후였다. 한국전쟁 이후 50년대 춘천은 주한 미군부대의 하나인 캠프 페이지(Camp Page)를 수용하면서 흴빌한 기지촌 경기를 누렸고, 중부전선 최대의 후방도시로서 번창하는 군수경기를 한동안 구가했다.

1960년대와 70년대 춘천은 곳곳에서 국책공사인 대형 댐 공사가 벌어지면서 나름대로는 호시절을 보냈다. 1965년 춘천댐, 1967년 의암댐, 1972년 소양댐이 완공되면서 춘천은 오늘날 이 도시를 규정하는 기본 요건들이 갖추어졌다. 춘천은 이 대형 댐공사가 마무리되면서 수도권에 깨끗한 물을 공급해야 하는 청정지역으로서의 의무를 갖게 되었고, 호반의 도시라는 아름다운 상징을 얻게 되었다. 그러나 '호반의 도시'라는 춘천의 상징은 역설적으로 춘천의 저발전을 상징하고 있었다. 춘천은 댐공사라는 대규모 토목공사가 가져온 경기진작과 수몰보상금의 영향으로 반짝 특수를 누렸지만, 이 특수경기가 가라앉으면서 춘천에 남겨진 것은 커다란 호수와 더 이상 성장이 멈춰진 공업발전이었다. 즉 춘천이 호반의 도시가 되었다는 사실은 춘천의 산업발전이 원천적으로 봉쇄되었다는 것을 의미했다.(전상인, 1999)

〈표 6-1〉 1965년 이후 춘천시 인구추이(명)

	인구	가구수	가구당 인구
1965	85,638	16,275	5.3
1975	140,521	28,957	4.9
1980	155,247	33,345	4.7
1985	163,217	39,452	4.1
1990	174,153	46,500	3.7
1995	233,016	70,971	3.3
1999	245,655	79,507	3.1

*자료: 통계청 공식 홈페이지(http://www.nso.go.kr/)

인구적인 측면에서 본다면 춘천은 1965년 이후 1981년까지 두 배 이상의 인구증가가 이루어졌지만 1981년 이후 10여 년간은 거의 제자리에 머물러 있었고 95년 이후 다시 상당한 폭의 증가현상이 나타나고 있다. 여기에는 인근 춘성군과의 통합요인이 있었다는 점을 고려해야 하지만 80년대 이후 정체되었던 인구가 90년대 중반을 기점으로 다시 증가하고 있다는 점은 분명하게 드러난다.(〈표 6-1〉 참조)

춘천시의 산업구조를 산업별 사업체 취업자수로 보면 춘천의 특성은 보다 분명하게 드러난다. 1990년 춘천의 광공·건설업의 취업자 비율과 서비스 및 기타 3차 산업의 취업자수는 각각 40.7%와 59.3%로 나타나 있다. 90년대까지 춘천의 산업구조는 전국의 산업별 취업자 비중과 큰 차이

를 보이지 않는다.92) 그러나 1996년과 1997년을 기점으로 춘천의 산업구
조는 급격하게 3차 산업중심으로 이동해왔고, 그러한 경향은 현재까지 계
속되면서 춘천의 도시적 특성을 보여주고 있다.

〈표 6-2〉 춘천시 산업별 사업체 취업자수의 변화추이

연도	총수	농림어업	광공·건설업	서비스 및 기타 3차 산업
1990	14,893	—	6,056(40.7)	8,837(59.3)
1995	17,802	80(0.5)	6,585(37.0)	11,137(62.6)
1996	67,018	56(0.1)	11,471(17.1)	55,491(82.8)
1997	67,754	143(0.2)	11,459(16.9)	56,152(82.9)
1998	66,968	172(0.3)	11,769(17.6)	55,027(82.2)
1999	65,706	174(0.3)	11,496(17.5)	54,036(82.2)

*자료:『도시연감』 각 년도

　　춘천의 도시발전과 도시문화를 이해하는 키워드는 전원·휴양도시이다.
전원과 휴양의 도시는 춘천시민을 위한 것이 아니라 서울을 위해 존재하는
도시라는 개념 속에서 설정된 것이었다. 그리고 그것은 '호반의 도시'라는
상징으로 변주되었다. 그러나 한편 바로 이 조건으로 인해서 춘천은 산업
화의 시기에 심각한 정체와 저발전을 경험했지만 바로 그 경험 속에서 90
년대 민선시대 이후 도시의 문화적 발전을 가져올 수 있었다.93) 요컨대

---

92) 1990년 당시 한국 전체 취업자 비중은 광공·건설업 65.6%, 서비스 및 기타 3
차 산업 33.9%로 나타나고, 1999년에는 그 비율이 각각 29.7%와 69.9%로 역
전되었다.
93) 춘천과 서울의 거리는 춘천의 도시적 위상을 잘 보여주는 재미있는 지표이다.
정성호(1992)는 춘천과 서울의 "1시간 반 거리의 이중성"을 다음과 같이 설명
한다. 우선 관광의 측면에서 춘천은 수도권의 당일코스로서 춘천시 자체의 수
입에는 크게 보탬이 되지 않는다. 그리고 산업의 측면에서 춘천은 수도권으로
부터 '1시간 반이나' 떨어져 있기 때문에 자본투자의 매력도 높지 않다. 한편

춘천의 문화적 자원은 자연적이고 환경친화적이며, 현대적인 문화예술에 기반하고 있다는 특징을 갖는다. 특히 춘천의 경우 남다른 역사와 전통 혹은 가치 있는 문화유산의 존재도 두드러지지 않는다. 〈표 6-3〉은 춘천의 지정문화재 현황을 표로 나타낸 것으로 역사와 전통에 기반한 문화자원이 많지 않다는 것을 보여준다.

〈표 6-3〉 춘천시의 문화재 현황 및 추이

연도	국가 지정문화재				시·도 지정문화재		
	국보	보물	무형	기타	유형	무형	기타
1990	–	2	–	–	3	–	3
1995	–	2	–	–	3	–	4
1998	–	3	–	–	4	–	11

*자료: 『도시연감』 각 년도

전원·휴양도시로서 춘천은 국내에서 가장 살기 좋은 도시 가운데 하나로 꼽히고 있다. 이러한 결과는 여러 기관의 몇 차례에 걸쳐 이루어진 도시평가를 통해 나온 객관적인 결과이다.[94] 하지만 이 같은 외부의 평가가 실제로 춘천 사람들이 스스로 느끼는 만족도와 반드시 일치하는 것은 물론

문화의 측면에서 볼 때 성루는 춘천에서 '1시간 반밖에' 걸리지 않기 때문에 문화행사에 관심이 많은 사람은 직접 서울로 나들이 가고 있는 형편이다. 전상인(1999)에서 재인용.

94) 1993년 환경청의 조사에서 춘천은 대기가 가장 깨끗하고 맑은 도시로 꼽혔고(1993. 8. 27 동아일보), 1995년에는 문화체육부로부터 광주광역시와 함께 '올해의 문화자치단체'로 선정되었다.(1995. 11. 1 한국일보) 또 1996년에는 문화체육부로부터 만화의 도시로 선정되었고, 1997년에는 서울대 행정대학원으로부터 '최우수 자치단체', 현대경제연구소로부터 '가장 살기 좋은 도시', 내무부로부터 '경영사업 최우수도시'라는 평가를 받았다.(1997. 10. 21 강원일보)

아니다. 즉 바깥에 비친 모습과 안에서 느끼는 체감 간의 이른바 '이미지 긴장'은 어느 도시에나 있을 수 있는 일이다.

춘천의 도시이미지와 문화적 자원은 상당히 폭넓은 기반을 갖고 있다. 춘천의 공식적인 도시이미지는 개나리(시화), 은행나무(시목), 산 까치(시조)이며, 1997년에는 물의 요정이라는 캐릭터를 시의 공식상징으로 만들어냈다. 당연히 시의 공식 캐릭터인 '물의 요정'은 춘천시의 적극적인 장소마케팅 전략 속에서 만들어진 결과이다. 〈표 6-4〉은 춘천의 도시이미지를 구성하는 요소들을 정리한 것이다.

춘천은 1970년대 이후 '호반의 도시'라는 강력한 이미지를 얻은 대신에 산업적 발전의 포기라는 값비싼 대가를 치러야 했다. 그리고 바로 이 점은 1960년대 이후 약 30여 년 동안 춘천의 딜레마가 되었다. 그러나 1990년대 들어서면서 춘천은 조금씩 변화하기 시작했다. 지방자치제가 시작되면서 춘천은 도시의 발전전략을 전통적인 산업화전략으로부터 문화 관광도시로 전환시키면서 도시의 이미지를 새롭게 구축해 나갔다.

<표 6-4> 춘천시의 도시이미지 구성요소

도시이미지의 영역	주요 내용
□□도시의 공적상징	*도시상징 및 마스코트 －개나리/은행나무/산 까치/물의 요정
□□시정목표와 주요 시책	*도시의 주요 시책 －멀티미디어 단지 조성 －만화영상산업 육성 －제3의 지역농업혁명 기반조성 －명소와 이벤트가 어우러진 관광산업도시 육성
□□도시의 문화전략 및 방향	*깨끗한 자연환경과 수도권의 휴양기능 －호반관광도시 조성 *친환경적·문화적 발전(공업발전 배제)
□□문화 및 자연자원	*의암호와 소양호(자연자원) *'호반의 도시'와 〈소양강 처녀〉, 경춘선(이미지 자원) *닭갈비와 막국수(문화 자원) *김유정과 유인석(인물 자원)
□□주요 축제	*소양제(1977년) *춘천국제마임축제(1989년) *춘천인형극제(1989년) *춘천막국수축제(1996년) *춘천만화축제(1997년)
□□도시문화의 주요 쟁점	*그린벨트(개발제한구역) 해제 *소양호 물값 논쟁

앞서 살펴본 바와 같이 춘천의 가장 강력한 외부적 이미지는 역시 '호반의 도시'라고 할 수 있고, 내부적으로 춘천시민들이 가장 선호하는 이미지는 교육의 도시, 문화의 도시 등의 순서로 나타난 바 있다. 지방자치제가 시작되면서 자치단체와 지역 언론, 그리고 시민 단체들이 주목한 춘천의

가능성은 바로 문화도시로서의 면모였다. 즉 도시의 이미지를 창출하는 과정에서 교육의 도시라는 추상적이고 보편적인 이미지는 탈락시키고, 호반의 도시로 상징되는 자연환경의 이미지와 문화적 이미지를 연결시켰다.

춘천시가 시의 공식 주요 시책으로 설정한 멀티미디어 단지 조성, 만화영상산업 육성, 제3의 지역농업혁명 기반조성, 명소와 이벤트가 어우러진 관광산업도시 육성은 결과적으로 춘천시가 어떤 도시전략을 세우고 있는가를 명확하게 보여준다. 춘천의 도시전략은 '전원-첨단산업', '휴양-문화예술과 관광'이라는 기본 틀에 놓여져 있다.

춘천을 소개하는 안내문이나 도시발전전략 속에는 언제나 '깨끗한' 혹은 '청정'이라는 단어가 가장 많이 사용되고 있다. 그리고 도시의 자연환경이나 축제 혹은 개발되는 문화상품 역시 이러한 도시이미지의 기본범위를 결코 벗어나지 않는다. 그런 의미에서 춘천의 도시문화가 발전하는 과정은 나름대로 대단히 규범적인 틀을 갖추고 있다고 할 수 있다.

2. 춘천의 도시발전과정과 지역정체성

1) 국가개발전략과 도시발전

민선시대 이전 춘천의 역사는 '잠자는 도시, 50년간의 침묵'으로 은유되었다. 그만큼 춘천은 거의 이렇다할 변화를 겪지 않는 침묵의 도시였고,[95] 그 침묵은 물론 춘천의 경제적 침체와 저발전을 의미했다. 1972년 소양댐의 준공 이후 춘천에 주어진 도시적 역할과 운명은 전원·청정 도시로서의 역할이었다. 앞서 살펴보았듯이 춘천은 수도권의 상수원 공급지로서 무엇보다도 깨끗한 환경이 절대적으로 필요한 지역이었고 그 결과 춘천은 시 전체면적의

---

95) 춘천은 마임의 도시이다. 마임은 침묵 속에서 손짓과 몸짓만으로 언어를 소통시키는 예술이다. 침묵의 도시 춘천이라는 이미지는 한편으로 마임의 도시 춘천을 배태하는 상징적 배경이었을지도 모른다.

26%, 도시계획면적의 88%가 개발제한구역 즉 그린벨트로 묶인 도시가 되었다. 당연히 도시의 개발은 엄격하게 제한되었고, 지역주민들의 의사와는 상관없이 공해를 유발하지 않는 범위에서만 개발이 허용되었다.

춘천에 대한 정부차원의 도시개발계획은 1981년 발표된 정부의 제2차 국토종합개발계획안(1982-1991)이었다. 그러나 이 계획에서 정부가 집중 육성도시로 선정한 전국 14개의 성장거점도시에서조차 춘천은 빠져 있었다. 춘천은 제1차 국토종합개발계획안에서 제시된 대로 도시계획 면적의 대부분을 개발제한 구역으로 지정하여 관리한다는 방침이 유지되었다. 이 안에는 서울-춘천 국도의 4차선화, 서울-춘천 간 철도를 87년부터 91년 사이에 전철화 한다는 계획이 포함되어 있었다. 이 계획은 춘천시민들의 격렬한 항의와 로비를 받았고 그 결과 춘천은 최초에 제외되었던 성장거점도시에 추가로 선정되었으며, 경춘 국도 4차선화의 조기착공을 약속받았다.

정부는 1981년 다시 이 계획에 근거하여 20년 기본계획으로 춘천시를 ① 성장거점도시 ② 관광도시(수도권 1일 관광지) ③ 교육문화도시로 특성화 하겠다는 재정비 지침을 발표했다. 이듬해 강원도에서도 강원도 종합개발 10개년 계획을 세워 춘천시를 행정, 관광, 휴양, 교육, 문화도시로 육성하겠다는 방침을 세웠으며, 춘천시는 1983년 2001년까지를 내다보는 도시기본계획을 세워 정부의 기본정책을 뒷받침했다.[96] 그러나 이 계획으로 해서 춘천이 곧바로 관광도시이자 교육문화도시로서 면모를 일신한 것은 아니었다.

그 다음으로 춘천시의 도시발전을 이끌었던 것은 1991년 제3차 국토종합 개발계획(1992-2001)이었다. 이 계획에서 정부는 춘천에 대해 첨단산업단지 조성과 관광/휴양도시 조성 등의 계획을 천명했고, 그 계획 속에서 춘천은 다음과 같은 세 가지 역할을 부여받았다. ① '공업, 관광, 유통, 교육 기능'을 적절히 부담할 강원권의 중심도시 ② 권역별 관광·휴양 거점도시로서 장기적으로 금강산 관광개발과 연계될 국민 여가 지대 ③ 중소 규모 첨단 기

---

96) 춘천시의 도시발전과 관련된 도시개발계획 등에 대해서는 한림대사회조사연 구소·춘천문화방송. 1991, 『춘천리포트』 212-223 참조.

술산업단지 조성.

이 제3차 국토종합개발계획에 의해서 춘천은 반도체 조립, 컴퓨터, 광학기기를 적정업종으로 하는 첨단산업단지로 구상되었고, 정부는 이를 위해 춘천에 특성화 대학의 설립과 첨단 전문연구소의 설치를 계획했다. 15만 평 규모의 첨단 산업단지를 조성함으로써 춘천이 행정, 교육, 문화 중심의 기능을 하는 것 외에도 정보, 전문서비스 기능을 확충한다는 이 새로운 안은 재정적으로 중앙정부가 지원하지 않는 가운데 지방정부와 민간 합작으로 추진하도록 되어 있었다. 어쨌든 이 계획에 따라 춘천시는 강원 대에 생산기술연구원 춘천분원을 93년까지 설치하겠다는 계획과 94년까지 3만 평 규모의 한소기술공동연구소 설치, 그리고 99년까지 130만 평 규모의 첨단 산업종합단지를 조성하여 연구단지, 생산단지, 특성화대학을 유치한다는 계획을 수립하였다.

그러나 이 같은 춘천개발계획은 결과적으로 거의 실현되지 못한 채 춘천의 도약은 사실상 좌절되었다. 이러한 춘천의 좌절을 가져온 것은 근본적으로 춘천에 대한 개발제한이라는 중앙정부의 도시정책 때문이었지만 춘천시의 자체적인 추진역량이 부재했다는 점도 중요한 요인이 되었다. 즉 춘천시의 경우 도시발전의 모델은 설정되었으나 그 설정된 목표를 이루기 위한 기반시설은 대단히 취약했던 것이다. 예컨대 명실상부한 행정·교육 중심의 도시가 되기 위해서는 거기에 상응하는 시설과 투자가 있어야 했으나, 실질적으로 이를 가능케 하는 시설이나 재정의 투자는 뒤따르지 못했다는 것이다. 전통적인 서비스사업 중심 도시의 면모를 보여주던 춘천은 이 두 차례에 걸친 도시계획의 시행에도 불국하고 여전히 3차 산업의 비대화와 2차 산업의 비중 축소라는 산업적 특징을 그대로 보여주고 있다.

204

〈표 6-5〉 춘천의 도시발전단계

구분	제1기 (~1972)	제2기 (1972~1995)	제3기 (1995~)
특징	*은둔의 도시	*국가정책의 사각지대	*민선자치단체의 출범
주요 정책 외적변화	*신라 9주5소경의 하나 *고종조 이궁(離宮)건설 과 구한말 도청소재지 *한국전쟁 후 번영기 *60-70년대 대형댐 공 사로 경제적 번성	*수도권의 휴양도시로 서울에 종속 *호반의 도시 *산업발전에서 소외 *인구성장 정체	*민선지방정부 주도의 도 시발전전략 시작 *춘천시와 춘성군 통합 *지역문화의 수용 축제화 *만화, 인형극, 마임 등 특 성화 된 문화산업 추구
정책의미/ 갈등	*분단과 한국전쟁의 영향 으로 국경도시로 특수 *전쟁 후 댐건설로 특수	*국가에 의해 교육, 관 광도시로 정책적 배치 *도세 약화와 인구감소 로 지속적인 저발전	*문화도시 발전전략 수립 −문화산업 통한 수익증대 *문화와 환경, 첨단산업의 도시로 이미지화

이상과 같은 춘천의 도시발전과정을 문화적인 측면에서 요약한 것이 〈표
6-5〉이다. 첫 번째 기점은 소양댐이 완공된 1972년이었다. 춘천은 맥국의
고도였으나 고려시대 이후 상대적으로 정체되었고, 구한말 강원도의 도청
소재지가 되고, 한국전쟁 후 전쟁특수를 누리면서 번성기를 구가했다. 그
리고 한국전쟁 이후에는 70년대 초반까지 댐건설이라는 대형 토목공사의
영향으로 번성했으나, 1972년을 소양댐의 완공을 기점으로 이른바 '침묵의
도시'가 되었다.

72년 소양댐의 완공부터 95년 제1기 민선 자치단체의 출범에 이르기까
지 춘천은 수도권의 상수원 보호구역으로서 그리고 역시 수도권의 1일 관
광도시로 '전원−휴양도시'로 자리매김 되었다. 이 기간 동안 춘천은 내부
적으로는 도세 자체의 약화와 인구감소를 겪었고, 외적으로는 강력한 개발
억제정책으로 심각한 저발전을 경험했다. 그러나 90년대 들어서면서 춘천
은 자생적으로 다양한 문화행사들이 기획되고 인형극, 만화, 마임 등 특화
된 문화예술이 발전하면서 도시문화의 기반이 새롭게 변화하고 있었다.

또 민선 2기 역시 이 같은 기조의 도시전략은 계속적으로 유지되었다. 김유정, 영상사업, 마라톤의 도시, 게임산업, 쇼트트랙, 골든밸리 등의 개념은 민선 2기 춘천의 문화전략에 핵심개념들이다. 이 같은 일련의 이미지 전략은 결과적으로 춘천을 전국적으로 축제의 도시 또는 관광의 도시라는 이미지로 정착시켰다. 특히 춘천이 도시문화의 특성으로서 가장 전략적으로 상정했던 만화, 애니메이션, 마임, 인형극 등은 춘천만이 가진 독특한 문화적 자원으로서 성공적이 이미지 전략의 사례가 되었다. 결국 춘천을 특징짓는 특성들은 대부분 자연환경 또는 문화와 관련되는 이미지로 굳어졌고 그것은 전체적으로 춘천을 문화와 관광의 도시라는 이미지로 조직하는 효과를 가져왔다.

2) 지자체의 도시전략과 도시정체성

1995년 민선시대 이후 춘천시는 그동안 자생적으로 성장해오던 춘천의 도시문화 혹은 축제를 도시의 문화산업으로 인식하면서 다양한 지원전략을 펼쳐왔다. 이 과정을 통해서 춘천은 도시의 분위기와 문화적 의미를 마임, 인형극, 만화 등의 미래지향적인 현대문화로 정형화시켰으며, 이것은 이미지상으로는 춘천의 환경·첨단산업 등의 적극적 유치와 긍정적으로 연관되었다. 이 시기 춘천은 도시가 가진 거의 모든 문화적 자원을 축제 혹은 상품화로 언결시키면서 가장 적극적으로 문화산업을 발진시켰다.

이 같은 변화는 〈표 6-6〉에서 정리한 도시의 문화예산의 추이를 통해서도 확인되어진다. 춘천은 1996년 2.87%에 지나지 않았던 도시문화예산을 97년 9.96%로 대폭 늘리면서 문화부분에 대한 투자를 대폭 강화했고 이러한 추세는 계속되고 있다. 다만 특이한 것은 춘천의 문화예산 비중이 다른 도시들에 비해서 그다지 높게 나타나지 않는다는 점이다. 99년의 경우 한국 도시 전체의 문화교육예산 비중인 5.51%와 거의 비슷하게 나타나, 이 연구에서 분석하고 있는 전주나 경주에 비해서 객관적으로 가장 적은 투자가 이루어지고 있었다. 결과적으로 춘천이 문화도시로의 이미지 변화 및 문화정책을 나름대로는 성공적으로 이끌어가고 있다고 평가할 수 있겠다.

〈표 6-6〉 춘천시 문화교육예산 변화추이(일반회계 대비)

단위: 만 원, %

구분	1987	1993	1996	1997	1998	1999	
						일반회계	문화예산
전 체	1.67	408,020 (1.77)	856,363 (2.12)	2,647,652 (5.52)	3,248,114 (5.88)	54,265,047	3,228,999 (5.95)
광역시	2.96	69,729 (2.40)	120,047 (2.54)	616,884 (11.56)	832,332 (12.10)	6,270,173	819,684 (13.07)
시(전체)	2.18	107,138 (2.75)	277,541 (2.68)	689,798 (5.47)	818,071 (5.83)	14,292,696	787,350 (5.51)
춘천시	5.88	—	4,963 (2.87)	18,968 (9.96)	13,842 (6.38)	215,623	11,893 (5.52)
*경주시	11.58	5,109 (9.99)	9,999 (4.14)	24,303 (10.80)	26,650 (10.11)	264,748	28,178 (10.64)

*자료: 『지방행정연감』 각 년도

　　춘천시의 도시의 이미지전략이 활성화되기 시작한 것은 민선자치단체 1
기에 해당하는 1995년부터 1998년까지의 시기라고 볼 수 있다. 이 시기
를 통해 춘천시는 도시가 가진 문화적 자원을 본격적으로 개발하기 시작했
다. 춘천시의 문화도시 사업은 대단히 구체적이고 광범위하게 진행되었다.
만화, 김유정, 눈과 얼음, 막국수, 닭갈비, 예술의 거리, 낙엽의 거리, 춘
천상징 캐릭터, 소양강 처녀, 태권도, 컨벤션시티, 물의 요정, 빙상의 메
카, 경춘선 등은 이 시기 춘천의 문화를 규정하는 가장 중요한 개념으로
기록되고 있다.

〈그림 6-1〉 춘천의 문화적 자원과 도시이미지의 형성

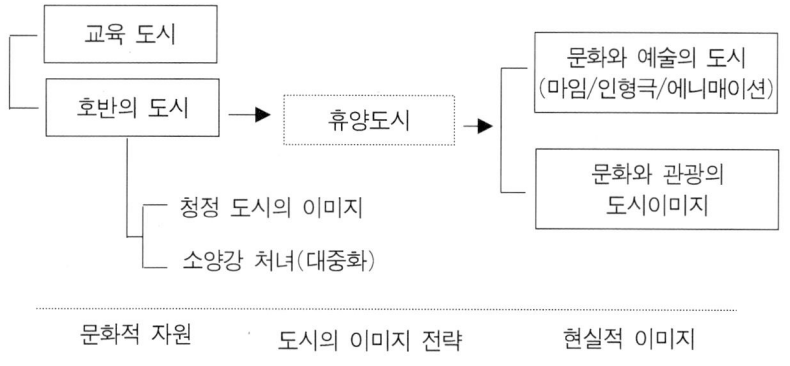

춘천이 문화도시로서 자신의 이미지를 어떻게 상징화하고 산업으로 발전시켜 왔는지를 요약한 것이 다음의 〈그림 6-1〉이다. '호반의 도시'라는 춘천의 이미지가 보다 구체적으로 나타난 것은 청정 도시(자연환경)와 '소양강 처녀'(문화적 이미지)였다. 이 가운데 먼저 춘천시가 주목한 것은 청정도시의 이미지를 발전시켜 수도권의 대표적인 관광·휴양도시로 발전시키겠다는 전략이었다. '호반의 도시'에서 발전한 휴양도시의 이미지는 다시 도시의 지역문화와 지역축제의 개발로 이어졌다.

그럼에도 불구하고 두 차례의 도시개발계획으로 춘천을 오늘날의 도시윤곽을 갖추면서 그 실질적인 성과와 관계없이 수도권의 1일 관광지이자 교육, 문화의 도시로 이미지화되었다. 물론 춘천시민들이 직접 체감하고 인정하는 도시이미지와 외부의 도시이미지는 서로 다를 수 있으나, 춘천의 경우 이 점에서 도시이미지는 상당히 일관된 태도를 보여주고 있다. 〈표 6-7〉과 〈표 6-8〉은 춘천에 대한 도시이미지를 조사한 결과이다. 먼저 춘천으로 연상되는 도시이미지를 조사한 결과 춘천시민과 외지인 모두 청정자연과 호반의 이미지를 가장 많이 떠올렸고, 다음으로 막국수와 닭갈비가 뒤를 이었다.97)

97) 헤이만의 조사는 춘천의 국제마임축제와 춘천인형극제, 막국수축제, 만화축

〈표 6-7〉 춘천에 대한 최초의 이미지 조사(%)

	청정자연/호반	막국수/닭갈비	춘천 가는 길	문화예술(축제)	관광휴양
춘천시민	37.9	27.9	9.9	11.5	9.8
외지인	39.2	24.6	12.2	15.5	9.6

*자료: 헤이만(1998)에서 재구성
*복수응답

〈표 6-8〉 1998년 춘천의 대표이미지에 대한 시민의식(%)

전원도시	군사/행정	문화/교육	첨단산업	경제낙후	관광도시	기타
26.7	6.8	20.5	1.3	20.7	21.3	2.7

*자료: 춘천리포트

이 조사결과는 춘천이 가지고 있는 가장 중요한 문화적 자원이 무엇인가를 보여주는 지표이다. 그러나 춘천이 가지고 있는 이 전원도시의 이미지는 도시의 역동적인 힘과 발전과는 대치되는 개념이다. 청정 도시와 호반, 그리고 막국수와 닭갈비에 대한 도시이미지를 관광·휴양의 이미지와 비교해보면 그동안 춘천이 심혈을 기울여온 관광도시의 이미지는 사실상 그다지 성공적이지 못했다는 것을 알 수 있다. 이 같은 결과는 다음 장에서 살펴볼 전주시의 도시이미지와 형식적으로 비슷한 결과를 보여준다. 전주의 경우 비빔밥과 콩나물 국밥으로 대표되는 음식의 이미지가 가장 강하게 남겨져 있었고,[98] 전주의 전통성은 시민들에게 전주를 대표하는 이미지이자

제에 참여한 외지인 및 춘천시민을 대상으로 조사하여 얻어진 결과이다. 헤이만은 이 결과를 각 축제별로 분류하여 정리하였으나 이 연구에서는 네 개의 축제에서 얻어진 결과를 모두 합산하여 그 평균값을 구하는 방식으로 수치화했다.

문화적 자원으로 인식되었으나, 한편으로 그 이미지는 후진적이고 낙후한 도시발전을 의미하는 것으로 받아들여지고 있었다.

전주의 지역문화 및 문화산업이 '전통'의 함정에 걸려 있다고 한다면 춘천은 '전원도시'의 이미지가 그 같은 역할을 하고 있다는 것이다. 그러한 결과는 〈표 6-8〉을 통해서도 확인된다. 춘천의 대표이미지에 대한 시민들의 의식은 전원도시라는 응답(26.7%)이 약간의 차이로 가장 높게 나타났지만, 문화·교육(20.5%), 관광도시(21.3%)라는 응답도 거의 비슷하게 나타났다. 그러나 이 응답과 함께 낙후한 경제를 떠올린 응답자도 20.7%로 나타났다는 사실은 춘천에 대한 도시이미지가 어떻게 이중적인 태도를 보이는가를 말해준다. 이 같은 의식과 정서의 기저에는 근대화의 시기에 춘천의 자연환경이나 관광도시로서의 조건은 크게 주목받을 수 있는 아이템이 아니었다는 인식도 작용하고 있다고 할 수 있다.

춘천에 대한 도시이미지에 대한 시민의식과 함께 도시에 대해서 시민들이 느끼는 귀속감은 도시의 정체성을 규정하는 또 하나의 요소이다. 〈표 6-9〉는 전주와 춘천 시민의 도시에 대한 귀속감을 비교한 것이다.

〈표 6-9〉 전주와 춘천시민의 도시에 대한 귀속감 비교

	강한 긍정	약간 긍정	그저 그렇다	약간 부정	강한 부정
춘천	58.9%	13.3%	11.0%	7.3%	9.6%
전주	53.8%	28.6%	10.9%	3.6%	3.0%

*자료: 춘천은 1998년 통계로 『'99 춘천리포트』에서 인용.
　　　전주는 2000년 통계로 『전주국제영화제와 통합축제 평가보고서』

---

98) 전주의 도시이미지는 '선생님께서는 전주라는 말을 들었을 때 가장 먼저 무엇이 떠오르십니까?'라는 설문항목으로 측정해보았다. 이 설문에 대해서 전주시민은 68.7%가 '음식'을 꼽았고, 외지인 역시 79.0%가 '음식'이라고 응답했다. 다음 6장 참조.

〈표 6-9〉는 춘천시민들에게는 '귀하는 자신을 어느 정도만큼 '춘천 사람'으로 생각하고 계십니까?'라는 지문으로, 전주시민들에게는 '선생님께서는 평소에 '나는 전주사람'이라는 생각을 해 보신 적이 있으신지요?'라는 지문으로 제시되어 그 응답비율로 귀속감을 측정한 것이다. 결과를 보면 전체적으로 두 도시 모두 긍정적인 응답이 대단히 높게 나타났다. 굳이 두 도시를 비교한다면 전주시민의 도시정체감이 춘천보다 비교적 높게 나타나고 있다는 것과 역으로 춘천이 전주보다는 정체감의 정도가 크다는 분석이 가능하지만 그 차이는 결코 크지 않았다.

이제 이상과 같은 결과를 놓고 춘천의 도시발전과 도시정체성의 문제를 정리해보면 다음 몇 가지 특징을 분석할 수 있다. 첫째, 춘천의 경우 도시의 대표이미지가 상대적으로 약하다는 점이다. 이 연구에서 분석하고 있는 경주나 전주에 비교해본다면 춘천의 도시이미지는 상대적으로 분산되어 있다는 사실이다. 그동안 춘천이 도시문화에 기울여왔던 노력과 투자를 생각해 본다면 춘천의 도시이미지는 관광과 문화(축제)의 비중이 커야 했으나 결과는 여전히 전원-휴양도시의 이미지가 크게 나타나고 있다는 것이다. 이는 결국 다양한 도시의 문화적 이벤트와 투자를 통한 문화정책의 힘보다는 성장과정에서 학습된 이미지가 더 강하게 이미지를 지배하고 있다는 사실을 말해준다. 문제는 춘천의 경우 문화산업이라는 도시발전의 전략적 목표가 시민들 사이에 이미지화되고 합의되는 과정이 있어야 한다는 점이다. 즉 시민들이 여전히 자신의 도시를 문화예술의 도시라기보다는 조용한 전원-휴양의 도시로 인식한다면 춘천의 이미지 갈등은 도시문화의 근본전략을 위협할 수 있다.

두 번째는 전원도시라는 이미지가 그 이면에는 경제적으로 낙후한 도시라는 이미지를 내포하고 있다는 점이다. 즉 전주가 전통도시의 이미지로 문화도시의 전략에 유리한 정서적 기반을 갖고 있지만 그것은 다른 한편으로 도시의 낙후성과 보수성을 표현하고 있다는 점에서 자칫 부정적으로 작용할 가능성이 있다고 한다면, 춘천의 전원도시라는 이미지 역시 마찬가지일 수 있다. 결국 이 문제는 춘천의 일차적인 이미지가 도시의 문화적 상

징으로 발전해가는 과정에서 2차적인 의미화의 과정이 이루어졌거나 혹은
진행 중이지만 이 새로운 의미부여의 과정이 아직은 정교한 시민적 동의를
얻지 못하고 있다는 사실을 말해준다. 예컨대 춘천의 막국수는 그 자체로
하나의 의미 있는 문화상품이지만, 막국수를 통해서 춘천의 도시문화를 이
해시킬 수 있는 매개전략이 있어야 한다는 것이다.

세 번째 문제는 이러한 이미지의 갈등이 도시의 문화산업뿐만 아니라 도
시전체의 활력에 부정적인 영향을 미칠 수 있다는 점을 고려해야 한다는
것이다. 예컨대 전주의 전통성은 도시전체의 정서로써 정치적, 경제적, 사
회적 영향력을 갖고 있다. 춘천 역시 전원도시라는 이미지의 확산은 곧 춘
천시의 역동성을 떨어뜨리는 요소가 될 수 있다.

3. 춘천의 문화도시 만들기 전략

1) 도시문화자원의 상품화

1995년 민선시대 이후 춘천시는 그동안 자생적으로 성장해오던 춘천의
도시문화 혹은 축제를 도시의 문화산업으로 인식하면서 다양한 지원전략을
펼쳐왔다. 이 과정을 통해서 춘천은 도시의 분위기와 문화적 의미를 마임,
인형극, 만화 등의 미래지향적인 현대문화로 정형화시켰으며, 이깃은 이미
지상으로는 춘천의 환경·첨단산업 등의 적극적 유치와 긍정적으로 연관되
었다. 이 시기 춘천은 도시가 가진 거의 음식, 자연 등 모든 문화적 자원
을 축제 혹은 상품화로 연결시키면서 문화산업을 발전시켰다.

〈표 6-10〉 춘천시 문화적 자원의 상품화 과정

분류	기본 자원	자원의 상품화	도시이미지
자연	소양강과 호반	강촌유원지	전원·휴양의 도시 (빙상의 메카)
	눈과 얼음	춘천 눈·얼음 축제	
역사	의병장 유인석	의암제(의병문화제)	의향(역사도시)
문화	'소양강 처녀'	소양강 처녀상	호반의 도시
	막국수	막국수·닭갈비 상표등록 막국수축제	맛의 고장
	만화와 애니메이션	국제만화축제	문화의 도시
	김유정	김유정 문학제	
	인형극과 연극	춘천인형극제 춘천국제연극제 춘천국제마임축제	

춘천의 도시이미지를 나타내는 공식적인 상징은 '호반의 도시, 문화예술의 도시'이다. 그리고 춘천의 캐치프레이즈는 '미래 지식정보사회 구현의 선구자'이다. 이 두 가지 구호는 현재 춘천이 어떤 도시를 꿈꾸고 있는지를 말해준다. 춘천은 21세기의 문화도시를 꿈꾸지만 도시발전의 구체적인 목표는 미래 지식정보산업에 이어져있다. 그리고 미래 지식정보산업은 한편으로는 제2의 테헤란벨리를 꿈꾸는 하이테크산업으로 드러나고, 다른 한편으로는 영상 및 애니메이션과 게임산업으로 구체화되고 있다.

〈표 6-10〉은 춘천이 가진 문화적 자원이 어떻게 의미화 되고 또 상품화 되는지를 표로 정리한 것이다. 춘천의 가장 대표적인 자원인 자연자원은 소양강과 호반 그리고 눈과 얼음으로부터 휴양지 개발과 눈·얼음축제로 발전되었고 그것은 다시 춘천의 본래적 이미지인 전원·휴양의 도시로 의미화 되었다. 역사적으로는 한말 의병장인 유인석의 유적과 충절을 기리는

의암제가 있다.

그러나 무엇보다도 춘천의 도시문화를 풍부하게 하는 것은 문화자원이다. 춘천은 대중가요인 '소양강 처녀'를 자원 삼아 춘천의 호반에 기념상을 세워 도시를 상징하게 하는가 하면 이 노래를 종소리로 편곡하여 보급하기도 하는 등 도시의 상징으로 발전시키고 있다. 또 막국수는 막국수축제로, 닭갈비는 상표등록과 전국 체인점화로, 만화와 애니메이션은 국제만화축제로, 소설 『동백꽃』의 작가 김유정은 김유정 문학제로 기념되고 있다. 또 춘천이 자랑하는 연극과 마임은[99] 국제연극제 및 국제마임축제 그리고 춘천인형극제로 발전되었다.

2) 도시문화자원의 이벤트화

춘천의 문화도시전략 가운데 또 하나의 중요한 요소는 문화적 자원의 이벤트화이다. 이러한 축제프로그램은 도시의 문화적 자원을 다양한 이벤트로 포장함으로써 도시의 인지도를 높이고 궁극적으로 도시이미지를 제고하는 데 기여한다. 물론 다양한 이벤트와 축제는 거의 모든 도시들이 공통적으로 택하고 있는 전략이지만, 춘천과 같이 전통적이고 역사적인 자원에 기대지 않고 전혀 새로운 자원을 개발하고 발전시켜 나가는 경우에는 더욱 효과적이라고 할 수 있다.

춘천이 현재 치르고 있는 공식적인 도시축제는 모두 10개에 달한다. (〈표 6-11〉 참조) 이 가운데 세계화된 축제는 마임축제와 인형극제 그리고 만화축제이며, 세 개의 축제 모두 새롭게 개발된 문화축제들이다. 춘천의 전통축제는 소양제로서 90년대 초반까지만 해도 대표축제로서의 자리를 지키고 있었으나, 앞서의 기획된 국제축제들이 등장하면서 도시문화의

---

99) 마임에 대해 일반인들은 물론이고 문화계에서도 이렇다할 인식이 심어져 있지 않을 때 춘천은 마임의 전국화를 위해 헌신적인 노력을 했던 도시였다. 춘천 마임의 중심인물이자 한국 마임의 오늘날을 이끈 유진규 같은 인물이 대표적인 인물이다. 그런 노력에 힘입어 춘천은 마임의 도시로 이미지화되었다.

지형에 중요한 변화를 가져왔다. 소양제와 같은 종합축제가 쇠퇴하고 특정 장르의 전문화된 축제가 도시를 대표하게 되었다는 것은 문화에서도 특성화를 통한 도시이미지 형성이 중요한 흐름이 되었다는 것을 말해준다.

〈표 6-11〉 춘천시의 도시축제 현황(2000년 현재)

축제명	주최	주관	최초개최(횟수)	개최시기(기간)	축제예산(천 원)	축제성격(아이템)
소양제	소양제위원회	참여단체	1966 (23회)	10월 (3일)	78,000	종합축제 (시민의 날)
김유정 문학제	김유정 기념사업회	한국문인협회 춘천지부	1969 (63회)	3월– 6월	–	예술축제 (인물·문학)
의암제 (의병문화제)	춘천시	의암제 추진위원회	1985 (16회)	4월 (1일)	17,404	기획축제 (인물추모)
춘천인형극제	춘천시	춘천인형극제 집행위원회	1989 (9회)	8월 (5일)	170,650	예술축제 (인형극)
춘천 국제마임축제	춘천국제마임축제위	춘천국제마임축제위원회	1989 (12회)	5월 (5일)	–	예술축제 (마임)
춘천국제연극제	춘천시	IATA(세계아마추어연극협회)	1993 (5회)	10월	120,000	예술축제 (연극)
봄내종합예술제	춘천예총	춘천예총	1994 (7회)	5월	–	예술축제 (종합예술)
춘천눈얼음축제	춘천시	춘천눈얼음축제 조직위원회	1996 (5회)	1월 (10일)	59,000	기획축제 (자연환경)
춘천막국수축제	춘천시	춘천막국수축제위원회	1996 (5회)	8월 (5일)	266,877*	기획축제 (특산물)
춘천 국제만화축제	춘천시	외부기획사	1997 (4회)	8월 (10일)	974,750	예술축제 (만화)

*인형극제와 막국수축제, 만화축제는 1998년 결산자료. 기타예산은 1997년 자료

이 가운데 특히 국제만화축제는 춘천시가 영상산업의 전략종목으로 선정한 만화산업과 직접적으로 연관된 전형적인 기획축제로 볼 수 있다. 여기에 춘천의 자연자원과 특산물을 자원으로 하는 축제도 96년 이후 계속 증가하고 있다. 춘천 눈얼음축제와 막국수축제는 춘천이 자랑하는 자연환경과 특산물을 전국적인 이벤트로 연결시킨 것이다.

춘천이 구사한 이벤트전략의 특징 가운데 하나는 시기적으로는 90년대 중반을 기점으로 특성화, 세계화되었다는 점이다. 이것은 민선지방정부의 출범이 도시문화산업전략의 중요한 전기가 되었음을 말해주는 것이다.

3) 전원·휴양도시의 이미지 강화

춘천의 문화산업전략에서 빼놓을 수 없는 요소가 자연환경을 최대한으로 활용한다는 것이다. 춘천의 도시전략은 우선 널리 알려진 '호반의 도시'라는 이미지를 청정 환경의 이미지와 연결시키는 것이었다. 널리 알려진 〈소양강 처녀〉를 호반의 이미지와 연결시키고 기념물을 세우거나 종소리로 편곡하여 보급하는 등의 프로그램은 바로 그런 전략의 하나였다. 이를 위해 춘천시는 98년 소양강 처녀상을 건립을 추진하는 한편 99년에는 〈소양강 처녀〉 노래비와 캐릭터를 만들어 상품화하겠다는 계획을 밝혔다.

그러나 앞서 살펴보았듯이 춘천의 대외적 이미지는 전원·휴양도시라는 이미지가 훨씬 높게 나타나고 있다.(〈표 6-1〉 참조) 예컨대 경춘선은 춘천의 자연경관과 어우러져 '강변의 낭만'으로 표현되기도 했고, 경춘 국도 역시 서울근교의 대표적인 휴식공간으로서 일상으로부터의 일탈과 낭만을 상징했다. 이러한 전원과 휴양의 도시이미지를 활용한 관광지 개발사업은 춘천의 중요한 문화산업전략이었고, 앞서의 문화상품화나 이벤트 전략이 경제적 효과로 실현되는 지점이라고 할 수 있다. 이러한 점에 주목하여 춘천은 중도에 유원지를 개발하여 관광지로 발전시켰고(94년), 97년에는 강촌 일대를 관광지로 본격 개발하겠다는 계획을 세웠다. 이러한 도시전략의 결과 춘천은 눈과 얼음, 막국수, 닭갈비, 소양강 처녀, 물의 요정, 빙상의

216

메카, 경춘선 등과 같은 자연친화적이고 전원적인 도시이미지를 나름대로 구축했다고 볼 수 있다.

전원·휴양도시로의 이미지는 단지 도시문화영역에만 한정되는 것은 아니다. 예컨대 춘천시가 도시발전의 전략적 목표로 설정하고 있는 생물벤처 산업 거점도시 육성전략이나 돈토피아랜드 조성사업 등도 청정도시라는 강점을 기반으로 하고 있다. 이러한 도시문화전략은 궁극적으로 도시의 장소 마케팅에 성공적인 영향을 미쳤다. 예컨대 춘천국제인형극제와 국제마임축제의 경우, 처음에는 서울에서 활동했던 문화예술인들이 춘천의 자연적 조건과 환경을 바라보면서 본거지를 옮김으로써 오늘날 춘천의 문화산업전략에 결정적인 영향을 미쳤던 것이다.

4) 첨단문화산업의 유치

마지막으로 춘천의 문화도시전략에서 마지막 요소가 바로 첨단문화산업의 유치이다. 일단 외형적으로 춘천은 영상산업과 게임산업 및 하이테크산업의 유치활동, 세계 생물벤처산업 거점도시 육성추진 등을 도시의 미래 중심산업으로 설정하고 있다. 거의 10여 년에 걸쳐 결정되어온 춘천의 문화도시전략의 결정판은 만화산업의 발전을 통한 한국의 대표적인 애니타운 조성으로 집약되고 있다고 할 수 있다. 춘천은 이를 위해 95년에 미디어 밸리를 신청하면서 핵심사업으로 만화를 선정했으나, 이듬해 미디어밸리 후보지역에서 탈락하고 말았다.

그러나 전문만화산업단지인 '애니타운' 조성사업을 지속적으로 추진하고 21세기 전략업종으로 만화도시 육성을 내걸면서 이에 대한 시민적 합의를 이끌어냈다. 강원일보의 다음 기사는 춘천의 애니타운 발전전략에 대한 시민적 지지를 잘 보여준다. "춘천은 지정학적으로 통일시대의 중심지역이 되면서 자연환경조건은 미래핵심사업인 멀티미디어 영상산업의 입지를 구비하고 있다. 멀티미디어밸리와 애니타운 건설은 춘천의 미래지향적인 발전방향이 되고 있다."(강원일보 96. 8. 3일자 사설. '춘천수부 100주년의

비전')

이 같은 첨단문화산업 유치는 1999년 21세기 한국의 골든밸리 조성사업
으로 발전되었다. 춘천시는 99년 상중도 테마파크 개발사업에 7,200억 원의
외자를 유치하면서, 이를 중심으로 하이테크벤처타운, 애니타운, 레저스포츠
타운 중도 등을 연계, 골든밸리를 조성하기로 했다. 춘천의 지향하는 또 하
나의 첨단산업은 이른바 생물산업이다. 생물산업은 생명공학에 기반한 차세
대 핵심 산업으로 부상하고 있는 전략산업으로 많은 도시들이 주목하고 있는
분야이다.

4. 춘천 문화도시전략의 현황과 주체

1) 춘천 문화도시전략의 성과와 현황

춘천이 오랜 정체를 딛고 문화도시로 새롭게 부상하기 시작한 것은
1990년대 초반부터였다. 특히 1989년 마임축제와 인형극제는 결과적으로
춘천의 문화지평을 크게 바꾸었다. 그러나 1995년 민선지방정부가 출범하
기 이전까지 춘천의 문화산업은 전형적으로 관광지 개발에 머무르고 있었
고, 중장기적인 계획이나 기본방향의 설정도 채 이루어지지 않고 있었다.
춘천의 대표축제인 소양제는 선형적인 종합축제로서 춘천의 도시적 특성이
나 이미지를 반영하는 것은 아니었다. 이 가운데 마임축제와 인형극제는
순수하게 민간차원에서 출발하여 후에 지방자치단체가 결합하여 급성장하
는 선례를 남기면서 춘천의 문화산업전략을 선도했다.

〈표 6-12〉 춘천의 문화도시 만들기 진행상황

구분	주요 정책 및 사업	추진상황	추진주체
1단계 자원요소	지역문화운동	*춘천인형극제 시작(89) *한국마임페스티벌 시작(90) *춘천 8경 선정사업(93) *감자상품화 사업검토(95) *대규모 컨벤션 센터 건립 추진(95) *자동차 랠리경기 개최 계획(95) *'예술의 거리' 조성키로(96) *춘천상징 캐릭터 공모(96) *'소양강처녀' 건립추진(96) *춘천시 '낙엽의 거리' 조성(96)	민간차원 민간차원 춘천시 한국은행 춘천시 춘천시 춘천시 강원일보 지역주민 춘천시
	문화자원의 정리 (향토사 등)	*김유정 동상, 문학비 제막(94) *애국선열 추모탑 건립(94) *춘천 백년사 발간(95) *춘천 수부1백 주년 기념사업(96)	춘천시 춘천시 춘천시 춘천시

〈표 6-12〉는 춘천의 문화도시 만들기 진행상황을 정리한 것이다. 1단계에서 춘천이 보여주는 특징 가운데 하나는 도시의 문화적 자원의 상품화를 제기하는 주체가 대단히 다양하다는 점이다. 앞서 언급한 인형극제나 마임페스티벌의 경우 민간의 문화예술인들이 시작했고, 한국은행은 감자의 상품화를 제기했는가 하면 지역 언론의 캐릭터 공모, 지역주민들 스스로 추진한 〈소양강 처녀〉 기념사업에 이르기까지 대단히 다양한 문화주체들에 의한 정책제안이 이루어져왔다

〈표 6-12〉 춘천의 문화도시 만들기 진행상황(속)

구분	주요 정책 및 사업	추진상황	추진주체
2단계 선택/탈락	자원의 상품화	*소양제 시작(77) *중도(中島) 관광개발 착수(94) *막국수-닭갈비 상표 등록 추진(95) *춘천 눈·얼음축제 시작(95) *제1회 춘천막국수 대축제(96) *춘천막국수 신상품 개발(97) *강촌일대 관광지로 본격추진(97) *소양강 처녀상(像) 건립추진(98) *'소양강 처녀' 가요, 관광 상품화(99)	춘천시 강원도 춘천시 춘천시 춘천시 춘천시 춘천시 춘천시 춘천시
	전문화/기반시설	*영상단지 핵심사업〔만화〕선정(95) *'애니 타운' 조성 추진(96) *21세기 전략업종 만화도시 육성(96) *춘천시 마스코트 '물의 요정' 결정(97) *마임의 도시 춘천 전용소극장	춘천시 춘천시 관·민합동 춘천시 한국마임협회
	조례 제정/제도화	*미관 해치는 고층아파트건립 제동(97)	시민 단체
3단계 정책화	문화 기본계획 수립	*도시경관 형성 기본계획 마련(99)	춘천시
	전문주체 형성		

대체로 1단계의 사업이나 정책들은 민선 1기에 집중되어 있다. 이 시기는 주로 지역문화의 토대를 강화하는 기반사업이 폭넓게 진행되는 형태였다. 춘천시는 지역문화의 논리적 근거가 될 수 있는 『춘천백년사』를 발간하는 한편 수부 100주년 기념사업을 기획했다. 또 춘천시는 만화를 문화산업의 전략분야로 선정하고 컨벤션 시티, 생물벤처산업 등 다양한 도시모델과 함께 도시발전을 추진했다. 춘천의 상징캐릭터가 공모되고 도시의 마스코트인 '물의 요정'이 만들어졌으며 닭갈비와 막국수를 활용한 문화상품도 속속 개발되었다.

문화도시의 2단계로 분류할 수 있는 사업들은 시기적으로는 대개 민선 1기의 후반부에 결정되었다. 95년-97년 사이 춘천은 문화도시 전략에서 중요한 분기점을 맞이하는데 그것은 도시문화산업의 전략으로 영상산업이 선택되었고 그중에서도 만화가 핵심사업으로 결정되었다는 점이었다. 이것은 단지 단순한 정책변화를 의미하는 것만이 아니라 춘천의 미래 산업이 어디로 갈 것인가를 결정해주는 결과를 가져왔다. 춘천의 만화산업은 애니메이션 분야에 집중되었고, 애니타운 조성이라는 프로젝트로 발전되었다.

또 이 시기는 도시문화자원의 선택과 탈락이 거의 이루어진 것도 눈에 띄는 경향이었다. 그리고 그 방향은 도시의 문화적 자원을 이용한 이벤트 산업과 자연자원을 이용한 관광산업으로 정리되었다. 무엇보다도 문화도시로서 춘천이 거둔 가장 커다란 성과는 나름대로 만화 및 애니메이션으로 도시문화산업의 특성화 방향이 비교적 분명하게 드러났다는 점이다. 이러한 특성화전략은 춘천과 같은 현대적 문화산업 개발형 도시에 있어서 가장 중요한 전략이라고 할 수 있기 때문이다.

〈표 6-13〉 춘천시의 문화기반시설 현황 및 추이

연도	박물관 (관람인원)	문화원	극장 (좌석수)	시민회관	종합 문예회관	미술관
1990	2(10,070)	1	5(1,995)	1	−	−
1995	2(4,255)	1	5(1,816)	1	1	−
1998	2(1,909)	1	5(1,824)	1	1	−
1999	2(7,971)	1	5(1,739)	1	1	1

*자료: 『도시연감』 각 년도

문화도시로서 춘천의 외형적인 성장을 이제 시민의 삶의 질 또는 문화생활 향수기회의 확대라는 차원에서 접근해보면 결과는 대단히 비관적이다. 〈표 6-13〉과 〈표 6-14〉는 춘천의 문화기반시설 현황과 예술단의 현황을 정리한 것이다. 춘천의 박물관은 1990년부터 현재까지 단 2개에 불과하고 심지어 극장의 좌석수는 오히려 감소했다. 1999년에 유일하게 미술관이 건립되면서 그나마 기반시설에 보강이 이루어졌다. 예술단 역시 아무런 변화를 보이지 않고 있다.

결과적으로 춘천시의 문화도시전략에서 가장 중심이 되고 실질적인 수요층이 되는 시민들의 문화적 생활수준에 대한 정책은 거의 이루어지지 않았다고 할 수 있다. 이 점은 앞서 살펴본 경주의 경우도 마찬가지였으며 한국의 거의 모든 도시들이 비슷한 양상을 보여주고 있다. 이 문제는 춘천의 문화도시전략에서 가장 심각한 과제로 남겨져 있다.

〈표 6-14〉 춘천시의 예술단 현황

단위: 명(창단일)

연도	교향악단	국악단	무용단	합창단	소년소녀 합창단	연극단
1999	49(85. 6)	–	–	50(90. 12)	–	–

*자료: 『도시연감』 각 년도

2) 춘천 문화도시전략의 주체

춘천의 문화도시전략을 이끌이기는 세력은 누구인가. 앞서 〈표 6-12〉를 보면 춘천의 문화도시전략에서 가장 중요한 주체는 지방정부라고 할 수 있다. 춘천시는 그동안 민간차원에서 제시되었던 많은 자원요소들을 정책으로 발전시켰고 때로는 자체적인 기획을 통해 문화상품과 다양한 이벤트를 만들어왔다.

〈표 6-15〉는 춘천의 도시문화산업을 추진주체별로 분석한 것이다. 먼저 춘천의 영상문화산업은 중앙정부의 영향을 받으면서 시작된 것이었다. 춘천은 1995년 정부가 주도한 미디어밸리 조성사업을 신청한 전국 10개 도시 가운데 하나였다. 그러나 1996년 미디어밸리 사업에서 탈락하면서 춘

천은 이 사업을 만화산업과 애니타운 조성사업으로 발전시키면서 나름대로 독자적인 발전전략을 세웠다. 결과적으로 이 시기를 기점으로 춘천의 문화도시전략에서 중앙정부는 커다란 영향을 미치지 못했고, 지방정부의 지도력이 강화되는 결과를 가져왔다. 여기에 막국수축제나 국제만화축제 등과 같이 지방정부가 자체적으로 주도한 사업들도 계속 증가되었다.

다음으로는 민간주도로 시작되어 지방정부가 지원하는 형태의 문화산업들이 있다. 대표적으로 춘천국제인형극제와 국제마임축제는 춘천시가 발의하고 주도한 축제가 아니라 순수 민간 차원에서 어렵게 출발한 지역문화의 결실이었다. 이처럼 지역 문화인들의 헌신적인 노력이 전국적인 축제로 발전한 사례는 전국적으로도 아주 드문 경우였다. 다만 춘천인형극제의 경우 서울의 공연 전문기획자들이 발의하여 만들어낸 축제로 현재까지도 주요 기획이나 진행을 서울의 대형기획사들이 담당하고 있다. 그러나 이 두 축제는 이후 민선시대에 들어서면서 춘천시의 대대적인 지원을 받으면서 춘천의 주요 축제로 자리 잡았다.

이상과 같은 논의를 요약하면 춘천은 문화도시전략에서 가장 주요한 주체로 지방정부가 자리를 잡고 여기에 민간단체들과 지역 언론이 협력하는 이상적인 모델을 보여주고 있다고 평가할 수 있다.

〈표 6-15〉 춘천시의 추진주체별 주요 도시문화산업

추진주체	주요 도시문화산업	비 고
중앙정부 →지방정부	① 영상단지핵심사업 〔만화〕 선정(95) ② 미디어밸리 유치신청(95)	정부 영상산업 지원전략 미디어밸리 탈락
민간주도 →지방정부	① 춘천인형극제 시작(89) ② 한국마임페스티벌 시작(90) ③ 고층아파트 건립 제한(97) ④ '소양강처녀' 건립추진(96)	95년 춘천시의 지원시작 95년 춘천시의 지원시작 98년 춘천시에서 건립
지방정부주도 →민관합동	① 춘천막국수축제(96) ② 춘천국제만화축제(96)	

그러나 그렇다고 해서 시민들의 도시적 발전전망이 문화적이고 예술적인 것만은 결코 아니다. 〈표 6-16〉은 춘천의 도시발전에 대해서 춘천시민들이 갖고 있는 바람과 의식의 변화를 보여준다.

〈표 6-16〉 춘천시민의 도시발전에 대한 전망 변화

단위: %

	교육도시	문화도시	관광/휴양	산업도시	주거/전원	기타
1990년	51.1	30.6	17.8	6.6	3.0	0.3
1998년*	15.0	23.7	17.0	19.6	17.2	3.2

자료: 『춘천리포트』에서 발췌 *98년 자료는 복수응답의 결과

1990년 춘천 시민들이 도시발전의 전망을 교육도시와 문화도시에 두고 있었다면 1998년의 조사에서도 문화도시에 대한 기대감은 가장 높게 나타나고 있다. 교육도시에 대한 기대감이 무너진 것은 상대적으로 이 시기 동안 춘천의 문화적 발전이 눈부셨기 때문일 것이다. 즉 교육도시로의 면모에는 특별한 변화가 없었고 오히려 전국적인 평준화가 이루어진 반면 춘천시의 문화전략은 내외적으로 좋은 평가를 받았던 것이 영향을 미쳤다고 분석된다. 문화도시에 대한 기대와 함께 관광-휴양도시로서의 발전전망노 상낭히 높은 비중을 보여주고 있다.

224

〈그림 6-2〉 춘천시의 발전방향에 대한 춘천시민과 외지인의 의식

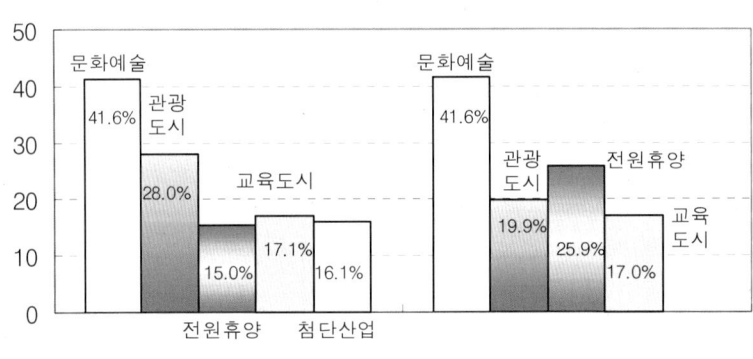

*자료: 헤이만(1998) 71쪽에서 재구성.

이 같은 결과는 헤이만의 연구에서도 확인되고 있다. 〈그림 6-2〉에서 보듯이 춘천의 미래상에 대해서 춘천시민들은 문화예술의 가능성을 가장 높게 보고 있으며, 관광도시, 교육도시의 순서로 도시발전의 미래를 짚어 보고 있었다. 여기에 외지인들 역시 춘천의 미래상을 문화와 예술의 도시로 보고 있어 문화예술의 가능성을 높게 평가하고 있었다.

춘천의 문화산업에 있어서 가장 중요한 특징은 춘천의 초기 이미지를 구성했던 전원-휴양도시의 이미지가 점차 문화예술의 도시라는 이미지로 변화하고 있다는 사실이다. 이것은 춘천의 문화예술이 나름대로 성공적으로 치러지면서 정서적·경제적으로 시민들에게 자신감을 심어주었다는 점과, 대외적으로 문화산업의 가치가 새롭게 평가되는 사회적 분위기의 영향 때문일 것이다. 이 과정에서 춘천은 자연, 인물, 역사, 문화 등 모든 자원들을 상품화함으로써 전원도시라는 이미지를 강화하는 한편 대표이미지는 문화로 바꾸려고 노력하고 있다.

5. 소결: 춘천 문화도시전략의 의의와 평가

춘천은 60-70년대 근대화 과정에서 공업화에 실패하면서 한국의 대표적인 정체도시의 하나로 꼽혀왔다. 여기에 서울의 상수원 지역으로서 대부분의 토지가 그린벨트로 묶이면서 개발은 엄격하게 제한되었다. 또 서울과의 애매모호한 관계도 춘천의 도시정체성을 불안정하게 하는 요소가 되었다. 적어도 90년대 초반까지 '호반의 도시'라는 춘천의 도시이미지는 춘천의 낙후와 정체에 대한 다른 표현이었다. 이러한 과정을 거치면서 춘천은 상대적으로 다른 도시에 비해 월등한 자연환경을 지킬 수 있었고 그것은 90년대 민선지방정부의 출범 이후 가장 핵심적인 문화자원으로 작용했다.

여기에 90년을 전후로 춘천의 문화적 지형도 같이 변화했다. 마임과 인형극을 들고 찾아든 서울의 문화예술인들은 춘천을 하나의 공연장으로 인식했으나, 이들의 활동은 춘천의 문화적 힘을 크게 향상시켰다. 순수하게 민간차원에서 시작된 이들의 노력은 시민적 호응을 받으면서 이후 민선지방정부의 지원까지 받으면서 도시이미지 형성에 한 몫을 담당했다.

이 점은 전국의 거의 모든 도시들이 문화산업을 기획하고 추진하면서 지역문화단체들과 다양한 갈등구도를 형성하는 것에 비해서 본다면 상당히 선진적인 구도라고 할 수 있다. 물론 춘천이라고 해서 문화단체와 지방정부 사이에 갈등이 없다고는 할 수 없으나, 민간 차원의 아이템들이 지방정부에 의해서 받아들여지는 과정은 나름대로 의미 있는 문화산업의 발전경로라고 할 수 있다.

현대문화 지향의 문화전략을 선택한 춘천은 현재 한국의 도시 중에 가장 문화산업에 가장 성공적인 도시 중의 하나로 꼽히고 있다. 춘천은 도시의 발전전략 자체를 문화 및 첨단생태산업으로 설정하는 과정에서 특별한 내부 갈등을 겪지 않은 채 나름대로 성공적인 모델을 형성해가고 있다고 할 수 있다. 춘천을 이끌어 가는 도시의 주요 세력들 가운데서 경주와 같이 끈질기고 격한 지역유지들의 활동은 그다지 눈에 띄지 않는다. 물론 춘천의 경우 오랜 세월 동안 그린벨트로 묶여 개발이 멈춰지면서 저발전을 겪기는 했으나 민선 시대 이후 춘천의 발전전망을 문화와 관광 그리고 그것을 가능케 하는 전원도시로의 전략에는 대체적인 시민적 합의가 이루어진 것으로 보인다.

이상에서 살펴본 바와 같이 춘천 문화도시전략은 부분적으로 중요한 성과를 거두고 있으나 시민의 삶의 질이라는 측면에서의 과제는 여전히 남겨져 있다. 또 문화산업을 기획하고 추진하는 과정에서 불거지는 전문성과 시민적 참여의 문제 역시 과제로 남아 있다.

제7장 '전통−현대 혼합형' 도시의 문화산업: 전주를 중심으로

1. 전주의 도시성과 문화적 자원

1) 전주의 전통성과 변화

전주는 많은 사람들에게 전통의 고도(古都)로 각인되어 있고 전주 스스로도 이 점에 대단한 자부심을 갖고 있는 도시 가운데 하나일 것이다. 또한 전주는 지금 전통의 문제에 관한한 가장 첨예한 긴장 속에 놓여져 있는 도시이기도 하다. 또 전주는 '보이지 않는 어떤 것'들의 도시이다. 전주의 이미지를 구성하는 많은 상징들 예컨대 맛, 소리, 전통, 예향 등등은 한결같이 보이지 않는 어떤 것들을 향하고 있다. 이러한 상징들은 어떤 의미에서 대단히 소극적이며 정지해 있는 것이라는 느낌마저도 준다. 전주시는 바로 이러한 보이지 않는 상징들을 '보이는 어떤 것'으로 만들기 위해 안간힘을 쓰고 있고 많은 사람들이 그러한 노력들에 호응하고 있다. 그러나 여기에는 안타깝게도 전주라는 도시를 보다 내면적으로 이해하고자 하는 노력들이 결여되어 있다.

보이지 않는 세계는 그 내면 속에 훨씬 더 치열하고 능동적인 투쟁을 담고 있기 마련이다. 다만 상처받은 세월 속에서 도시는 그 깊은 속살을 드러내 보이지 않고 있는지도 모른다. 그런 의미에서 전주 출신의 작가 최명희의 『혼불』 속에 등장하는 전주의 모습을 잠깐 훔쳐보기로 한다.

228

　"완산부성을 놓고 풍수사와 지상가(地相家)들이 말하기를, 행주형
(行舟形)이라 한다. 그러니까 많은 사람들과 재물을 한 배 가득 싣
고서, 순풍에 돛을 달아 항로에 오른 배를 지그시 잡아매어 둔 형상
이란 말이다. 다시 말하여 나무랄 데 없는 지형을 구비한 산수형국
이니, 그야말로 백대천손 길이길이 만세(萬世)를 살아가기에 참으로
알맞고 넉넉한 곳이란 얘기지."
　이러한 땅에 풍광도 수려하고, 물산도 풍부하며, 교통의 요지로서
사람과 물물의 왕래가 빈번하고, 군사적으로도 요충이 되는 전주 완
산이, 하등의 이유가 없는데, 그런 끔찍한 백안(白眼) 외면을 당했
던 것이다.
　그것은 꽃심을 가진 죄였는지도 모른다.
　세월이 가도 결코 버릴 수 없는 꿈의 꽃심을 지닌 땅.
　그 꿈은 지배자에게, 근(根)이 깊은 목의 가시와도 같아서, 기어
이 뽑아 내버리고자 박해, 냉대, 소외의 갖은 방법을 다하게 했다.
　　　　　　　　　　　　　(최명희의 『혼불』 제8권 중에서)

　작가 최명희가 주의 깊게 들여다보고 있는 전주의 도시적 상징은 물론
보이는 것에 있지 않다. 그는 경기전이나 조경단과 같은 유서 깊은 역사적
유적이나 전주의 음식문화에 대해 애틋함을 숨기지 못하고 있으나, 그가
주목한 것은 '결코 버릴 수 없는 꽃심'이라는 보이지 않는 도시적 상징이었
다. 여린 감성의 소유자였던 최명희의 전주에 대한 이 아름다운 화두를 좀
더 적극적으로 해석해보자.
　사실 작가적 상상력을 뒷받침해주는 역사적 사건은 전주의 도시적 경관
을 관통하고 있다. 전주에서 가장 아름다운 건물 중의 하나인 전동성당은
한국 카톨릭의 초기역사를 웅변해주는 건물이다. 전주는 천주교의 초기 역
사에서 전국적으로 가장 많은 수의 순교자를 배출한 성지로 꼽히는 곳이
며,100) 전주를 감싸고 있는 모악산은 증산교와 백련교를 비롯한 수많은

---

100) 천주교의 역사에서 전주는 한국의 예루살렘으로까지 불린다. 천주교가 전
　　파된 경로는 조선후기 권력에서 소외된 남인계열의 학자들에 의해서였지만,
　　그 종교적 발전을 크게 이루었던 곳은 전주를 중심으로 한 전라도 일대였

민족종교의 본산이거니와 무속신앙의 모태로 불리우는 곳이다.

　여기에 동학농민혁명의 피어린 항쟁과 역사가 이곳 전주성을 거점으로 하고 있었다는 점도 빼놓을 수 없다. 갑오년 농민들이 혁명의 횃불을 들었을 때 농민군의 일차적인 목표는 전주성이었다. 농민군은 전주성을 점령함으로써 확고한 정치적 의미를 획득할 수 있었고 혁명의 의미와 성격을 결정지을 수 있었다. 이곳 전주를 중심으로 집강소라는 이름으로 전라도 일대에 한국의 역사상 최초이자 마지막인 농민자치가 실현되었고 이곳에서 농민들은 혁명의 성공을 예감했다. 그러나 상황은 변했고 이제 일본과 맞서 나라의 운명과 자신들의 생사를 건 피할 수 없는 한판싸움을 시작한 곳도 이곳 전주였다. 좀 더 거슬러 올라간다면 한국사에서 가장 비운의 왕으로 꼽히는 견훤이 후백제의 도읍을 세우고 도약의 꿈을 꾸었던 곳도 바로 이곳이었다. 전주는 한국사의 고비마다 '저항의 역사'라는 일종의 신화를 간직한 도시로 상징될 수 있다.

　이러한 저항과 좌절의 역사 속에서 전주는 가장 민족적인 풍류를 활짝 꽃피워냈다. 한국 근대문화사의 꽃이라고 할 수 있는 판소리가 이곳 전주를 중심으로 발전해왔고, 수많은 명창들이 전주의 대사습101)이라는 관문

다. 전라도에 맨 처음 천주교를 전파했던 유항검(柳恒儉)은 양반 가문에서 태어나 과거를 준비하기 위해 경기도 양근의 권일신을 찾아갔고, 그는 이곳에서 천주교를 배우고 영세까지 받았다. 유항검은 한국 천주교의 창설자로 불리는 이승훈 신부로부디 신부로 임명을 받고 전리도 지역의 전도에 힘을 쏟았고 결국 신유박해 당시 순교의 운명을 받았다. 또한 신유박해 이전인 1791년(정조대) 당시 전주의 천주교 신자로 남문 밖(현 전동성당 부근)에서 참수당한 윤지충과 권상연은 한국 교회 최초의 순교자로 꼽는다. 이에 관해서는 주명준. 1998. 「천주교와 개신교의 전라도 선교 비교」, 전북전통문화연구소 편,〈전주의 역사와 문화〉참조.
101) 대사습은 조선조 숙종대의 마상 궁술대회, 영조대의 물놀이와 판소리, 백일장 등 민속무예놀이를 종합 대사습이라 일컫은 데서 유래한다. 영조 8년 지방재인청과 가무 대사습청의 설치에 따라 전주에 4군 자청을 신축하고 대사습대회가 최초로 전주에서 베풀어진 뒤 연례행사로 치러졌다. 대사습대회에서 선발된 소리꾼들에게는 벼슬이 제수되었으며 명창 칭호가 내려졌다. 그 후 철종대 대사습대회가 중단되었고 이후 1975년 제1회 전주대사습놀이

을 통과하면서 국창으로 우뚝 설 수 있었다. 판소리의 발전은 다양한 문화적 발전을 가져왔다. 판소리가 대중화되면서 판소리 사설을 인쇄하기 위한 목판본이 전주에서 만들어졌고[102], 그를 통해 전통한지의 명맥이 이어져 왔던 곳도 이곳이었다.

그러나 최명희가 무엇보다도 강조하는 '꽃심'이란 싹을 틔워내는 힘으로 구체적으로는 왕재(王材)를 배출한 힘을 가리키고 있다. 전주는 조선왕조를 싹틔워 낸 관향으로서(豊沛之鄕)[103] 조선왕조 5백 년 동안 일종의 성지가 되었다. 그래서 전주는 조선왕조가 고비를 넘을 때마다 각기 다른 의미에서 기념되고 관리되었던 왕가의 본향(本鄕)이었다. 최명희가 말하는 '꽃심'은 언제나 새로움과의 만남이라는 진보적인 의미를 담고 있었다. 조선왕조를 새롭게 출발시킨 힘이 바로 최명희가 바라보는 꽃심의 정체인 것이다. 이러한 전주의 도시적 상징은 왕가를 배출한 이후에도 끊임없이 이어져왔다. 이 땅 어느 곳에선가 슬그머니 시작된 종교나 정신은 이곳 전주를 거치면서 비로소 완전한 모습을 갖추었던 것이다. 전주를 둘러싸고 벌어진 수많은 역사와 사건들을 씨줄로 엮어놓고 보면 그것은 한국의 저항운동사와 맥을 같이한다.

수많은 사건들을 직접 겪거나 목도하고 또는 좌절하면서 그것들이 오랜 세월에 걸쳐 집합적으로 해석되면서 전주의 도시적 상징은 '저항과 풍류'로 발전한다. 풍류는 저항의 다른 표현이었던 것이다. 여기서 다시 최명희의 『혼불』로 돌아가 보자.

전국대회가 열려 대사습의 전통이 복원되었다.
102) 전주 완판본의 역사와 전통에 관해서는 〈문화저널〉 1997년 10월호, '저널 초점 - 고문서박물관을 세우자' 참조.
103) 풍패(豊沛)는 한고조(高祖) 유방(劉邦)의 고향이다. 조선왕조를 창업한 이 성계는 자신의 선영이 발원한 전주를 한고조의 풍패에 비견하여 풍패지향이라고 부르고 각별한 관심을 쏟았다. 현재 전주객사의 현판에 남아있는 글이 바로 이 풍패지향이며, 경기전에는 태조의 영정을 모셨고 조경단에는 전주 이씨 시조의 위패를 받들어 단을 조성했다.

"백제가 망하고, 후백제가 망하고, 고려에는 사무치는 미움을 골수에 받은 땅. 마한의 옛터. 이 전라도 백성들이 왜 이처럼 반골(反骨) 야인(野人)의 기질로 한세상에 저항을 하며 풍류에 몸을 싣는지, 알 수 없는 사람들도 있으리라."

심진학 선생은 말했었다.

저항과 풍류.

"어쩌면 이 두 가지는 아주 상반되어 보인다. 그러나 이미 이루어 가진 자는 저항하지 않으며, 억울할 일이 없는 자, 혹은 세상을 거머쥐려는 욕망으로 들끓는 사람의 검붉고 걸쭉한 혈관에는 풍류가 깃들지 못한다. 풍류는 빈자리에 고이고, 빈자리에서 우러나며, 비켜선 언덕의 서늘한 바람닫이 이만큼에서 멀리 앉은 세상을 바라보는 마음이 아니면 울리지 않는 것이기 때문이다. 그래서 이 둘은 한 바탕 한 뿌리에서 뻗은 두 가쟁이다."

이명처럼 맴도는 선생의 음성이 돼애액, 기적의 비명에 먹힌다.

......

(최명희의 『혼불』 제4권 중에서)

최명희가 날카롭게 간파한 전주의 문화적 코드인 '저항과 풍류'는 전주가 겪어왔던 역사에 대한 전주지역 주민들의 집합적인 해석인 셈이다. 전주의 고유한 문화적 코드인 '저항과 풍류'는 억압받는 사람들의 정신을 표상한다. 저항의 또 다른 얼굴이었던 전주의 풍류가 80년대를 거치면서 민족문화의 선두로 부상한 것은 결코 우연이 아닌 셈이다.

전주의 도시적 상징이었던 '저항과 풍류'는 지금에 이르러서 천년 고도(古都)와 예향의 이미지로 일반화되었다.104) 이 두 가지 이미지는 언제나 전주시를 감싸 안은 전통성의 상징이었다. 그러나 한편으로 그것은 고도산업사회로 향하고 있었던 한국 현대사속에서 저발전과 전근대성의 의미를 내포하기도 했다. 적어도 80년대 이전까지 '예향' 또는 '천년 고도'라는 이

---

104) 최명희의 '저항과 풍류'라는 개념을 박명규는 일제하 전북지역의 사회운동을 설명하면서 '저항과 순응의 동학'이라고 표현했다.

232

미지는 시대착오적이었고 대중적이지도 못했으며, 도시정책의 중요한 지침
이 되지도 못했다.

그러나 80년대 이후 한국사회가 겪고 있는 성장의 한계가 '지방'과 '문화'에
대한 새로운 접근을 허락하면서 '예향'과 '천년 고도'의 이미지는 급격하게 되
살아나기 시작했다. 문화의 시대, 지방의 시대라는 담론이 전세계적인 담론
으로 발전하면서 역설적이게도 전주의 저발전은 전주의 가능성을 말해주는
강력한 자원이 되고 있다.105)

한편 '전통의 고장', '예향'으로 기억되고 있는 전주의 이미지를 규정하는
역사적 경험은 과연 어떤 것이었을까. 그리고 전주에 대한 이러한 평가는
과연 지금도 유효한가 하는 문제는 정체성의 문제를 풀어나가는데 일차적
인 관건이 된다. 농경의 땅, 전라도의 수부인 전주는 농경문화의 유산이
활짝 꽃피워진 문화의 중심이었던 반면에 한편으로는 착취와 수탈의 땅이
기도 했다. 또 한편에서는 '징게맹게 너른들'106)의 넉넉함과 여유로움이
도시를 지배하는 반면에 끊임없이 모색되는 저항의 현장이기도 했다. 그런

105) 민선 2기를 맞은 전주시는 전주를 조선 문화권으로 개발하겠다는 계획을
    발표했다. 전주시는 전주를 경주를 중심으로 한 '신라문화권' 충남 부여의
    '백제문화권' 안동의 '유교문화권'에 비견하는 조선 문화권의 메카로 만들겠
    다는 기본계획을 확정하고 문화특구를 지정, 개발하고 문화유산 및 예술행
    사를 통해 품격 있는 문화도시로 만들겠다는 구상을 갖고 세워두고 있다.
    이에 대한 지역 언론 및 문화계의 반응은 대단히 호의적이다. 전북일보는
    전주시의 이 프로젝트를 "시가 추진하고 있는 조선 문화권 종합개발계획은
    천년 고도이자 왕조 발상지로서 사료가 풍부하게 산재되어 있는 전주시로서
    는 오히려 때늦은 감이 없지 않다는 평가마저 받고 있다. …… (중략) ……
    전주권 지역의 종합개발 미흡은…… (중략) …… 부의 '역차별'적 정책으로
    분석되고 있어 상대적 소외감을 가중시키고 있는 것이다. 따라서 조선 문화
    권 종합개발은 단순히 경기전과 풍남문, 오목대 등 여러 문화관광자원을 연
    계 개발하는 것이 아니라 사실상 지역의 균형적 개발과 발전을 도모한데 더
    큰 의미가 부여되고 있는지도 모른다."는 평가를 내리고 있다.(전북일보 99.
    6. 23)
106) '징게맹게 너른들'은 김제·만경평야의 사투리이다. 징게맹게는 우리나라에
    서 유일하게 지평선을 바라보는 드넓은 들판을 간직하고 있으며, 이 장소적
    명칭은 땅과 그 속에서 숨쉬며 살아온 농촌의 회한과 역사를 표현하는 말이
    기도 하다.

속에서 전주의 문화는 곧 전라도의 문화를 대표했고 그것은 다시 조선의 문화로 자리 잡았다. 전주에는 농경문화에 기반한 민중문화와 넉넉한 풍요 속에서 형성된 선비문화 또는 한량문화가 뒤섞여 있었다. 그리고 이 두 가지 문화적 경향은 단순하게 고급문화와 대중문화라는 이분법적인 틀로 구분될 수 없는 독특한 의미를 공유하면서 서로 뒤섞이기도 하고 영향을 주고받기도 했다. 예컨대 판소리는 무가(巫歌)의 장단과 가락에서 출발하여 대중적인 사랑을 받으며 발전하다가 조선의 지배계급 속에 광범위하게 파급되는 과정을 밟았고, 농경과 결합한 풍물이 전라도의 농경문화 속에서 다양하게 발전해 나오기도 했다.

전주의 도시적 정체성과 관련하여 전주의 전통문화는 크게 세 시기로 구분될 수 있다. 첫 번째는 전통문화의 중흥기로 조선 중기의 영조시대로부터 일본에 의한 강제합병이 이루어지기 전까지의 시기로 볼 수 있고, 두 번째 시기는 전통문화의 쇠퇴기로 일제 식민지시대에서부터 1970년대에 이르는 상당히 긴 시간을 포괄한다. 마지막으로 세 번째 시기는 1980년대부터 현재에까지 이르는 전통문화의 복원기이다.

① 전통문화의 중흥기

첫 번째 전통문화의 중흥기는 조선 중기인 영조대부터 일본에 의한 강제합병이 이루어지기 전까지의 시기로 판소리를 비롯한 민족문화의 전성기와 때를 같이한다. 이 시기의 전주는 도시경관의 측면에서 본다면 조선왕조의 발상지로서 끊임없는 관리와 보호를 받아왔다. 이러한 왕가의 보호와 관리는 전주를 조선건국의 신화를 간직하고 있었고 성지로서의 이미지를 강제하는 것이기도 했다.107) 그러나 이 시기를 통해서 전주의 이미지를 대중

---

107) 조선의 국운이 위태롭던 고종대에 이르러 전주 이씨의 시조인 이한의 묘소가 새롭게 정비되고, 오목대에 역시 고종에 의해 이성계를 기념하는 비석이 세워진 것은 전주의 정체성과 관련해서 대단히 의미심장하다. 조선의 왕가와 지배계급들은 조선의 위기가 왕실의 기운이 다함으로써 닥쳐왔다는 문제의식 속에서 왕가의 정통성을 다시 한번 정비하고 이를 통해 왕실을 신비화하고 왕실의 권위를 높이려 했을 것이다. 이러한 조선왕조의 노력은 상당한 성과를 거두었

적으로 구축했던 것은 농경문화의 여유로움에서 파생한 무형의 문화유산들이었다. 전라도에서 비롯하여 전국적으로 유행했던 19세기 판소리의 고장, 또는 비빔밥으로 대표되는 음식문화의 보고라는 이미지는 이 시기를 통해서 널리 확산되었다. 지금 외지인들이 전주에 대해서 말하면서 가장 먼저 떠올리는 '판소리와 비빔밥', 그리고 예향의 이미지는 이때를 전후로 해서 전주의 문화적 상징으로 정착되었다.

그런데 왜 이 당시 전주의 문화적 상징이 조선의 창업과 관련된 성지(聖地)로서의 이미지나 아니면 좀 더 거슬러 올라가 견훤이 세운 후백제의 도읍 '완산(完山)' 또는 동학농민혁명 당시 혁명의 가장 당면한 목표이자 정치적 상징이었던 '전주성(全州城)'의 이미지가 아니라 민속적이고 문화적인 이미지로 구축되었을까? 그것은 이제 곧 종언을 고하게 될 조선왕조에 대한 대중적인 인식의 결과였다. 적어도 이 시기의 대중들에게 조선은 억압과 착취, 무능력과 정쟁의 상징이었을 것이고, 따라서 고종을 비롯한 지배계급의 집중적인 노력에도 불구하고 전주의 신화는 무너져가고 있었던 것이다. 또한 당시 전주의 양반유생들과 토반(土班)들은 오랫동안 계속된 정치적 소외로 인한 정치적 냉소주의와 무관심에 빠져있었고, 그들의 관심과 욕구는 당연히 문화적인 배출구를 찾고 있었다. 여기에 이 중흥기가 막을 내려갈 무렵 시작된 일본의 적극적인 진출은 도시의 면모를 완전히 바꾸어 놓고 있었다. 동학농민혁명 당시 무너진 전주의 성곽은 개축되고 보수된 것이 아니라 철거되고 정비되었으며 전라도의 수부로서 위용을 자랑하던 전라감영은 조선왕조의 쇠락과 운명을 같이하고 있었다.

어쨌든 조선왕조 5백 년을 관통해왔던 강력한 중앙 집중적 권력이 서서히 무너져 내리면서 조선을 지켜왔던 유교적인 이념과 가치관도 같이 변화

다. 심지어 한국 최초의 근대혁명으로 꼽히는 동학농민혁명 당시 전주성을 점령한 농민군들은 관군이 전주성 외곽에서 쏘아대는 포격으로 경기전이 심하게 훼손되는 것에 상당한 부담감을 느꼈으며, 이를 염려하여 서둘러 전주화약에 응했다는 분석도 있다. 적어도 이 때까지 전주는 왕의 사신을 처형할 정도로 의식적이었던 반란군들에게도 일종의 성지로서 이미지가 구축되어 있었다. 김은정 외. 1995. 『동학농민혁명 100년』, 나남출판. 참조.

했다. 기존의 지배문화가 쇠퇴하고 새로운 문화는 아직 뿌리를 내리지 않은 절묘한 시기에 조선의 민중문화는 가장 자유롭고 가장 대중적인 모습으로 비약했다. 19세기를 휩쓴 판소리는 반상의 계급적 차이를 넘어서서 민족예술로 등장하면서 당시의 문화 권력으로까지 발전했다.108) 이러한 과정 속에서 전주는 주로 전라도 땅을 기반으로 배출되는 소리꾼들의 한바탕 잔치이자 명창들의 등용문이었던 대사습의 고장이자 소리의 본고장으로 자리 잡았다. 이와 함께 전라도의 풍부한 물산을 바탕으로 한 음식문화가 꽃피고 선비들의 표징이자 장신구였던 부채문화도 등장했다.

② 전통문화의 쇠퇴기

전주의 이러한 전통문화의 중흥기도 한일 강제합병과 함께 서서히 퇴조해갔다. 전주문화의 두 번째 시기인 전통문화의 쇠퇴기는 강제합병으로부터 70년대에 이르는 긴 세월 동안 계속되었다. 정치·사회적 변화와는 별도로 문화적 융성기를 구가했던 전주문화는 이 시기에 들어서면서 일본의 강력

108) 판소리의 초기명창들에게서는 유난히 많은 신화가 따른다. 판소리가 음악적으로는 일정한 경지에 이르지 못하면, 이른바 득음에 이르지 못하면 제대로 된 소리를 얻지 못하는 까닭에 초기 소리꾼들은 독공수련에 목숨을 걸기도 했다. 소리꾼들이 이처럼 힘든 수련과정을 거친 것은 예술가로서의 성취욕에 바탕한 것이기도 했지만 근본적으로는 소리꾼이 명창의 반열에 올라 국창이 되면 돈과 명예와 지위가 달라졌기 때문이었다. 판소리의 초기명창들은 명창의 반열에 서게 되면 인근의 벼슬아치들에게 불려가 소리를 하고 더 나아가서는 왕의 앞에서 소리를 할 수 있었다. 왕의 앞에서 소리를 하게 되면 대개 그 본래의 신분을 막론하고 공식적인 벼슬이 주어졌고 이는 곧 파격적인 신분상승으로 이어졌다. 또한 왕의 앞에서 소리를 했다는 사실만으로도 소리 채 역시 몇 갑절로 뛰어올라 신분상승과 함께 부와 명예를 걸머쥘 수 있었다. 판소리의 가왕(歌王)이라고 불리는 송흥록의 경우 헌종으로부터 통정대부(通政大夫)를 제수 받았고, 당시 세도가였던 안동김 씨 김병기의 총애를 얻어 판소리의 발전에 보이지 않게 기여했다. 또한 대원군의 총애를 받은 서편제를 창제한 박유전은 서편제 계열의 소리꾼들을 중앙에 진출시키고 그들과 함께 판소리의 전성기를 만들어나갔다. 판소리와 정치권력을 이야기할 때 빼놓을 수 없는 인물이 바로 유명한 판소리 매니아 홍선대원군 이하응이었다. 이에 관해서는 전주대사습놀이보존회. 1992. 『전주대사습사』 참조.

한 식민지 문화정책에 부딪치고 새로운 시대를 열망하는 근대적 세계관을
접하면서 급속하게 쇠퇴해갔다. 그것은 한편으로 식민지 권력의 의도적이고
제도적인 파괴에 기인하는 것이기도 했지만, 한국사회가 근대화되어가는 과
정에서 나타난 필연적인 귀결이기도 했다. 전주의 도시적 의미를 상징했던
전라감영과 객사가 근대적인 도로망이 뚫리면서 해체되었고, 경기전은 학교
부지로 절반 이상이 떨어져 나갔으며 도심은 일본인들을 위해 새롭게 조성
되었다.

이와 함께 모든 민족문화의 유산들이 퇴조해가면서 19세기를 풍미했던
판소리도 점차 쇠락해가고 있었다. 판소리는 정통적인 모습에서 점차 일탈
하여 여성국극이나 창극의 형식으로 내용을 변화시켰다. 그것은 이미 전국
을 휩쓸던 서구식 유랑극단의 유행에 맞선 판소리의 자구책이었다. 이러한
과정을 거치면서 판소리는 점차 주류문화의 흐름에서 밀려났고 그와 함께
수많은 민속예술들이 사라져갔다. 전주는 여전히 판소리의 매니아들에게 선
망의 장소이자 소리의 본고장이었지만 그 대중적 힘은 급격하게 상실될 수
밖에 없었다.

물론 이 시기를 통해서도 판소리는 그 내용과 형식을 변화시키면서 끈질
기게 명맥을 이어오고 있었다. 판소리의 사설구조가 지닌 '한(恨)'과 '해학'
그리고 권선징악(勸善懲惡)의 서사구조는 식민지 시대를 살아가는 민중들
을 위로하면서 판소리의 전설적인 스타들을 끊임없이 배출해냈다.109) 이
들은 국극단이나 유랑극단 또는 권번에서 배우나 기생 및 소리꾼으로 활동
하면서 자신들의 판소리와 함께 시대의 영욕을 감내하고 있었다.110) 그러

---

109) 임방울은 이 시기 전설적인 판소리 스타의 대표적인 인물이다. 그는 춘향
    전의 '쑥대머리' 대목을 가장 잘 불러 대중들의 인기를 한 몸에 받았다. 춘
    향이 옥중에서 억울한 죽음을 한탄하며 이도령을 그리워하는 대목인 이 노
    래는 당시 식민지 조선이 처한 암울한 현실과 절망, 그리고 이도령으로 상
    징되는 해방의 염원을 동시에 안고 있었다.
110) 일제시대에 유행했던 창극이나 여성국극 또는 유랑극단들의 연극은 주로 전
    통 설화나 고전을 소재로 했으나 종종 이른바 '신파극'이라고 불리는 근대적
    감각의 연극들도 선을 보였다. 이러한 연극들은 종종 음반극으로 만들어지기
    도 했다. 이 시기의 음반극은 대개 사회, 가정, 여성을 소재로 하고 있었는데,

나 이러한 제한된 환경 속에서 판소리의 문화적 위세는 서서히 시들어갈 수밖에 없었다. 이처럼 식민지 지배를 통해 '민족' 자체가 존망의 위기에 빠져드는 상황에서 전주의 문화적 정체성은 심각한 혼란을 겪으면서 무너져 갔다.

이러한 상황에서 1945년의 해방은 민족문화의 중흥에 일대 전기가 될만 한 계기였다. 그러나 해방과 함께 그동안 각기 흩어져 활동해온 국악인들 은 〈대춘향전〉 공연을 계기로 각 지방의 창악인들 거의가 활동 중심지를 서울로 옮기면서 지역문화는 다시 공백상태로 빠져들었다. 그해 서울에 집 결한 창악인들은 국악원 산하에 국극사, 국극협회, 조선창극단, 김연수 창 극단, 판소리와 줄타기의 임방울과 그 일행들로 5개 단체를 조직했으나 지 방에서 실제로 활동한 단체는 임방울과 그 일행뿐이었다.

여기에 서구문화의 급격한 유입은 전통문화의 기반을 급격하게 약화시키 는 결과를 가져왔다. 특히 5·16 군사쿠데타 이후 한국사회에서 일종의 이데올로기로까지 발전한 근대화론은 전통성을 일종의 극복해야 할 대상으 로 여기게 했고, 그 속에서 전통문화의 유산은 철저하게 파괴되었다. 여기 에는 판소리 등의 민족문화뿐만 아니라 민속이나 놀이와 같은 생활문화의 전통도 포함되어 있었다.

이러한 과정을 통해서 한국 전통문화의 근원이었던 전주의 문화적 전통 은 급격히게 쇠퇴하기 시작했다. 여기에 지속적인 산업화로 인해 농경사회 가 붕괴하면서 전주는 경제적으로도 영향력을 잃기 시작했고, 그것은 곧 한국사회의 문화를 이끌어왔다는 예향의 위상에도 손상을 입혔다. 그러나 농경의 전통에서 파생한 전북지역 고유의 보수성은 서구문화에 대한 무조

특히 아름답고 가련한 여성의 수난과 희생이 가장 자주 취급되었다. 이것은 가치관의 시대적 변화에 따라 가족 내의 신구 윤리가 갈등으로 포장된 연애 이야기를 주된 모티브로 하고 있었으며 그 결말은 대부분 비극적으로 처리되 었다. 이에 대해서는 김만수·최동현. 1998. 『일제강점기 유성기음반 속의 극·영화』, 태학사 참조. 이러한 여성비극의 유행은 당시 사회가 겪고 있던 가 치관의 혼란을 반영하는 것이며, 그 비극적인 결말은 식민지의 우울한 기억들 에 대한 문화적인 표현이다.

건적인 유입에 대해 체질적인 거부감을 보여주었으며, 이 같은 특성은 전통문화의 쇠퇴와 함께 서구문화의 흐름과 발전도 억제하는 요인이 되었다.

그러나 이 시기에 이르러 전통문화의 쇠퇴와 함께 그에 기반한 전주문화도 서서히 옛 명성을 잃어가기는 했지만 전주문화 자체가 몰락해간 것은 아니었다. 전주문화는 전통문화의 옛 영화를 신화로 간직하면서 다른 한편에서는 상대적으로 빈약하기는 했지만 그 빈자리를 서구적 문화양식들로 채워나가기 시작했다. 전주는 예전의 영화에 비할 바는 아니었지만 문화예술계의 가장 풍부한 토양을 지니고 있었다. 이 시기에 이르러 전북은 역시 한국 국악계의 거장들을 끊임없이 배출해냈으며, 연극과 무용, 문학 등 서구적인 문화장르에서도 상당한 성과를 거두고 있었다.

결론적으로 이 시기의 전주문화는 전통문화의 쇠퇴과정과 함께 상대적인 부진에 빠져들었고, 예향의 신화와 이미지는 탈색되었지만 그 자체로 문화의 성장발전이 멈춘 것은 아니었다. 그러나 무엇보다도 이 시기 전주문화의 약점은 이전의 지극히 대중적이고 일상적이었던 전통문화의 생활양식이 급격히 그 기반을 잃어갔다는 사실이었다. 언제 어떤 자리에서도 손쉽게 들을 수 있었던 판소리가 고급화되면서 특정계층에 의해서만 향유되었고, 그 밖의 생활문화의 기반이 송두리째 무너지면서 전주가 가진 예향으로서의 도시정체성은 일반 대중들로부터 괴리되어 존재하기 시작했다.

③ 전통문화의 복원기

전주의 문화적 상징을 구성했던 전통문화는 70년대부터 일기 시작한 민족민중문화운동의 영향을 받으면서 서서히 복원되기 시작했다. 그런 의미에서 1980년대부터 현재까지의 시기는 전주의 도시문화 속에서 전통문화가 복원되면서 새로운 의미에서의 도시정체성을 형성해 가는 시기로 볼 수 있다. 70년대부터 일기 시작한 문화운동은 전북지역의 전통문화에 대한 문화적 정통성을 확인시켜주는 것이었다. 이 시기의 문화운동이 기반했던 전통문화의 양식들은 농경문화의 전통에서 출발한 이른바 '노동의 문화'였다. 70년대 대학을 중심으로 벌어진 저항문화 운동은 맨 처음 농악의 문화적 지위를 복원시켰으며, 그것은 전북의 지역문화에 중요한 의미를 주는 것이었다. 전북지역은 여전히 가장 정통성 있는 호남좌우도 농악의 본산이었으며 나름대로 원형을 보존하고 있었고, 그 속에서 전북지역은 민족문화의 메카로 자리 잡을 수 있는 가능성을 지니고 있었다.

그러나 대중의 문화적 인식과는 괴리되어 생활문화 속에서의 전통성을 상실해 버린 전주의 문화적 전통은 쉽게 되살아나지 않았다. 그럼에도 불구하고 이 시기 동안 전주의 도시문화는 대단히 역동적으로 움직이기 시작했다. 무엇보다도 각급 행정기관들과 언론사, 토착기업인 등 지역사회 지배계층들을 중심으로 전주를 '예향'으로 새롭게 인식하는 분위기가 나타나기 시작했고, '예향론'은 전주의 문화적 구호가 되었다.

이 시기의 전주문화는 크게 두 가지 방향으로 전개되고 있었다. 첫 번째는 오랫동안 맥을 이어오지 못했던 전통문화의 흐름이 서서히 되살아나는 전통문화의 복원이었고, 두 번째는 변혁운동을 지향하면서 나타난 저항문화와 대안문화의 흐름으로서 이 시기 전주문화의 특성은 전체적으로는 '전통의 복원'과 '대안문화의 등장'으로 요약될 수 있었다.

먼저 판소리와 농악을 중심으로 한 전통문화의 복원은 다양한 차원에서 이루어졌지만 가장 강력하게 이를 추동한 것은 역시 행정이었다. 특히 전북도립국악원의 창립과 70년 만에 부활한 전주대사습놀이의 중흥은 전북지역 국악계에 일대 새 바람을 불러일으켰다. 이때까지 각기 고립분산적으로 활동하면서 전근대적인 방식으로 근근이 명맥을 이어오던 전북의 국악은 도립국악원의 창립과 대사습놀이의 명실상부한 부활로 공식화와 제도화의 기틀을 마련했다.

이 시기 전주문화의 두 번째 특징은 저항문화와 대안문화의 등장이었다. 80년대의 변혁의 열기 속에서 성장한 저항문화는 대학과 운동세력을 중심으로 급.속하게 성장해왔으며, 한편에서는 이러한 새로운 문화적 감성과 감각을 받아들이면서 전주문화의 전통성에 궁극적인 목표를 둔 대안문화집단들도 속속 등장하기 시작했다.111)

240

2) 전주의 도시개관 및 문화적 자원

<표 7-1> 전주시 인구추이(명)

	인구	가구수	가구당 인구
1965	216,908	36,482	6.0
1975	311,432	58,325	5.3
1980	366,997	72,862	5.0
1985	426,498	95,181	4.5
1990	517,104	124,911	4.1
1995	570,570	158,635	3.6
1997	590,162	169,235	3.5
1999	611,921	182,919	3.3

*자료 통계청 공식 홈페이지(http://www.nso.go.kr/)

전주의 도시인구는 1999년 현재 60만 명을 약간 상회하고 있다. <표 7-1>은 1965년부터 현재까지 전주시의 인구추이를 나타낸 것이다. 근대화 과정에서 전북의 인구가 지속적으로 감소한 반면 전주의 인구는 꾸준한 증가를 보여주었다. 전주권 개발의 중심도시로서 도시발전에 기대심리와 공업단지의 존재, 그리고 행정과 교육의 중심지라는 점이 전주인구의 증가를 가져

111) 전주에서 형성된 모든 장르의 문화는 어떤 형식으로든 '전통의 문제'와 부딪히면서 발전해왔다. 전북지역에서 대안문화의 효시로 꼽을 수 있는 <전북문화저널>은 대표적인 지역 문화전문지이면서 한편으로 전통과 현대의 접점에서 각종 대안문화운동을 이끌었다. 예컨대 백제기행의 경우 '땅과 사람에 대한 따뜻한 애정'을 바탕으로 전북지역 곳곳의 전통문화의 현장을 누볐고, 전통의 명인·명무를 발굴해온 「전라도의 춤, 전라도의 가락」과 같은 프로그램은 잊혀진 전통문화를 발굴하는 성과를 올렸다. 또한 양악의 불모지나 다름없었던 전주에서 최초로 음악전문공연장으로 문을 열었던 '소극장 예루'의 경우 역시 적극적으로 양악과 국악과의 접합을 시도했으며, 89년 출범한 '황토현문화연구회' 역시 전북의 민속을 주제로 한 다양한 사업들을 기획해 왔다.

온 가장 중요한 요인이었다.

전주의 인구상황을 산업별 취업자수로 보면 한국의 다른 도시들과 마찬가지로 광공·건설업의 지속적인 감소와 서비스 및 3차 산업인구의 증가현상이 두드러지게 나타난다.

〈표 7-2〉 전주시 산업별 취업자수의 변화추이

연도	총수	농림어업	광공·건설업	서비스 및 기타 3차 산업
1990	57,805	20(0.1)	31,008(53.6)	26,777(46.3)
1995	60,819	106(0.17)	28,703(47.2)	32,010(52.6)
1996	145,251	73(0.05)	33,447(23.0)	111,731(76.9)
1997	149,407	138(0.1)	31,391(21.0)	117,878(78.9)
1998	155,206	210(0.1)	35,438(22.8)	119,558(77.0)
1999	145,783	110(0.1)	31,645(21.7)	114,028(78.2)

*자료: 『도시연감』 각 년도

한편 1976년 도시 새마을 운동이 시작되면서 전주시의 시책은 '살기 좋은 도시를 만들자'였다. 민선 1기 전주시의 시정구호는 '열린 시정, 함께 하는 시정'이었다. 그리고 지금 민선 2기를 맞은 전주의 캐치프레이즈는 '전주를 바꿉시다'이다. 전주가 바꾸겠다고 마음먹은 것은 당연히 전주의 저발전이며 정신적 침체이다. 그리고 바뀐 전주의 미래는 지식산업의 도시, 녹색환경의 도시, 문화예술의 도시이다.112) 민선 2기를 맞은 전주의 목표 속에는 문화도시에 대한 전주의 꿈이 담겨 있다. 그러나 현재 전주가 보여주는 문화도시의 목표가 쉽게 이루어진 것은 아니었다.

---

112) '전주를 바꿉시다'라는 전주시의 캐치프레이즈를 보다 구체화시킨 것이 이 3대 시책이다. 전주시 공식홈페이지 http://chonju.chonbuk.kr/ 참조.

〈표 7-3〉 전주시의 이미지와 문화적 자원

도시문화의 영역	주 요 내 용
□□도시의 공적상징	*도시상징 및 마스코트 －까치/은행나무/개나리/없음 *시민의 날－음력 5월 5일 단오(풍남제)
□□시정목표와 주요 시책	*이제 전주를 바꿉시다 －지식산업/녹색환경/문화예술도시 －과감한 시정개혁과 봉사행정 －문화영상산업을 특화산업으로 －2002 월드컵 한국적인 문화대회로
□□도시의 문화전략 및 방향	*녹색환경/문화예술/지식사업의 중심도시로 *'전통의 현대적 계승' －경제우위와 문화우위의 혼돈
□□문화 및 자연자원	*비빔밥, 부채, 한지 등 특산품(문화 자원) *후백제의 왕도 및 조선왕조의 관향(역사 자원)
□□주요 축제	*풍남제(1959년) *전주대사습놀이대회(1975년) *전주국제영화제(2000년)
□□도시문화의 주요 쟁점	*한옥보존지구에 대한 민원과 도시주체 간 갈등 *전통문화에 대한 인식과 그 현대적 계승의 갈등 *2002년 월드컵 성공개최

전주가 가진 문화적 자원을 전주시의 문화재 현황을 통해 살펴보면 국가
지정문화재의 경우 다른 역사도시에 비해서 결코 많다고 할 수 없으며, 오
히려 도시의 전통과 역사에 비해 비교적 작은 수치를 기록하고 있다. 시·
도 지정문화재의 경우에는 유형문화재에 비해 무형문화재가 많은 것으로
나타난다. 이러한 문화재현황은 전주가 천년 고도로서 지닌 전통과 역사가
실제 유형화 된 문화자원으로 남겨지거나 보존되지 못했다는 것을 말해준

다. 이것은 일제시대와 60-70년대 근대화 과정을 거치면서 도시 형태나 역사유적 자체가 거의 사라져 버렸다는 점과, 전주가 본래 유형적인 전통 보다는 무형적인 측면에서 전통과 역사가 이어져 왔다는 점에 그 원인이 있다. 유형문화재에 비해 무형문화재의 수가 월등히 많다는 것은 그러한 사실을 반증해준다.

〈표 7-4〉 전주시의 문화재 현황 및 추이

연도	국가 지정문화재				시·도 지정문화재		
	국보	보물	무형	기타	유형	무형	기타
1990	−	4	−	5	7	6	10
1995	−	4	−	6	8	13	10
1998	2	11	−	6	8	18	10

*자료: 『도시연감』 각 년도

다음으로 전주의 또 다른 문화적 자원인 시립예술단 현황을 보면 교향악 단과 국악단, 합창단, 연극단을 보유하고 있고 이 수치는 다른 도청소재지 나 광역시에 비해 볼 때 결코 낮은 것이 아니어서 예술적인 자원의 폭이 상당히 넓음을 보어준다.

〈표 7-5〉 전주시의 예술단 현황 및 추이

단위: 명(창단일)

연도	교향악단	국악단	무용단	합창단	소년소녀 합창단	연극단
1999	56(76. 1)	55(79. 4)	−	50(84. 10)	−	22(85. 4)

*자료: 『도시연감』 각 년도

2. 전주의 도시발전과정과 문화정책

1) 국가개발전략과 도시발전

전주에 대한 최초의 도시계획은 1938년 일제에 의해 이루어졌다. 그러나 조선시대의 전통적인 도시 모습이 무너지기 시작한 것은 1894년 동학농민혁명 당시 전주성을 두고 벌어진 정부군과 농민군 사이의 전투 때문이었다. 동학농민혁명이 끝난 뒤 조선정부는 포격으로 무너진 전주성을 복원하지 않고 방치했으며, 일제 식민지 시대에 접어들면서 전주성은 철거되었다.

1938년 전주 최초의 도시계획 이후에 1964년 이전까지 전주의 도시계획은 주변도시와의 연계성이 크게 고려되지 않았다. 그러나 1966년 호남고속도로의 개통과 40만 평의 공업단지가 기공되면서 도시계획은 새로운 전기를 맞이했다. 60년대 후반 정부의 국토개발계획은 우선 전주는 전주, 이리, 군산의 3개시와 충남 서천군을 비롯한 전북의 7개 군을 이른바 '전주권'으로 묶어 새로운 공업지역을 구성하겠다는 전략을 세우고 있었다. 즉 전주시는 군산을 외항으로 하면서 군산-장항-비인 임해공업지대와 연관되는 삼례-이리를 잇는 내륙 공업단지의 중심 공업도시로 상정되었던 것이다.

1980년 정부가 내놓은 제2차 국토종합개발계획은 전주권 개발을 위한 일곱 가지 전략을 수립하면서 전주를 집중 육성해야 할 전국 14개 지방거점도시의 하나로 선정했다. ① 전주, 이리, 군산의 연계관계로 집적의 이해를 도모하고 광주 및 대전 광역도시 세력권 중간에서 독립도시 개발권을 형성 ② 공업화의 촉진으로 산업구화의 고도화 ③ 군산 외항개발로 국제진출의 기지화 ④ 동서고속도로(군산-대구) 건설을 통하여 동부 고원지방 개발을 촉진 ⑤ 동부산간 낙후지역의 혼합농 및 부락기능을 강화 ⑥ 서해안 간석지의 적극적 개발 ⑦ 금강 하구언 건설로 남북교통 및 용수 공급원 원활화. 이 같은 기본구상 아래서 정부는 전주는 행정, 이리는 유통, 군산은 제

조업 기지로 기능을 특화시키는 이른바 T자형 연담화(連擔化) 도시권을 형
성하겠다는 계획을 밝혔다. 결국 전주의 도시발전 및 전략의 기본방향은 행
정, 교육, 문화의 중심이라는 것이었고, 이에 반해 이리는 유통, 군산은 공
업기능을 강화하겠다는 것이었다.

1979년 전주시가 국토개발연구원(KDI)에 의뢰하여 1980년 완성한 전
주 도시장기종합계획은 바로 2차 국토종합개발계획을 전주시의 차원에서
도시발전전략으로 구현시킨 것이었다. 이 장기종합계획은 전주를 '전주권'
의 중심도시로서 ① 도시성장형태의 재편성 ② 공업화와 도시화에 따른 토
지수요의 합리적 배분 ③ 도시 기반시설의 확충 ④ 쾌적한 생활환경 조성
⑤ 산업시설의 유치 강화 ⑥ 사회 복지시설의 확장 ⑦ 도시 기능 및 인구
의 적정 배치 등을 단계적 계획으로 설정하고 있었다.

이로부터 약 10여 년 후인 1991년 전주시는 다시 10년을 사업기간으로
하는 장기도시개발계획을 세웠다. 이 계획은 전국 9대 광역권역의 하나인
전주권의 중심도시로서 중추기능을 수행하게 하고 2000년대 대도시로의
발전을 위한 도시기반 구축, 전주 3공단 및 전주 과학산업단지의 배후 중
심지로 육성, 광역적 차원에서 전주시의 기본계획을 수정 및 보완하는데
초점을 맞추고 있었다. 이 계획안에서 전주의 도시개발은 크게 네 가지 목
표를 갖고 있었다. 첫째, 중추관리기능 도시로 도청소재지로서 도내 정치,
경제, 사회, 문화, 교육 등 복합기능의 수행, 행정기능을 중심으로 전주권
역 내 각 기관의 중추도시로 발전. 둘째, 전통문화 예술기능 도시로서 후
백제의 도읍지 및 이조문화권의 중심도시이자 호남 예술의 중심지. 셋째,
교육・문화기능 도시. 넷째, 관광・휴양도시로 역사성 부존자원 및 주변관
광자원을 이용한 관광산업의 진흥.113)

---

113) 전주시의 도시계획에 대해서는 1997년 발간된 『전주시사』를 참조하였다.

〈표 7-6〉 전주시민의 현 거주지에 대한 도시만족도

	대단히 만족	약간 만족	그저 그렇다	약간 불만	대단히 불만
1992년	28.2%		52.1%	19.7%	
1996년	6.6%	30.0%	30.7%	24.2%	8.6%
2000년	21.9%	31.0%	41.7%	4.5%	1.0%

*자료: 1) 1992년 통계는 전주문화방송, 『전북인의 의식조사』 자료
      2) 1996년 통계는 전라북도, 『전북 21세기 발전방안에 관한 도민의식조사』
      3) 2000년 통계는 전주시, 『전주국제영화제와 통합축제 평가보고서』

〈표 7-7〉 전주와 춘천시민의 도시에 대한 귀속감 비교

	강한 긍정	약간 긍정	그저 그렇다	약간 부정	강한 부정
춘천	58.9%	13.3%	11.0%	7.3%	9.6%
전주	53.8%	28.6%	10.9%	3.6%	3.0%

*자료: 1) 춘천은 1998년 통계로 『'99 춘천리포트』에서 인용.
      2) 전주는 2000년 통계로 『전주국제영화제와 통합축제 평가보고서』[114]

---

114) 전라남도가 1995년 전남지역 주민들을 대상으로 실시한 정체감 조사의 결과는 설문 방식이 다소 다르긴 했지만 다음과 같은 결과를 얻었다. '자주 그런 생각을 한다' 42.4%, '간혹 그런 생각을 한다' 40.9%, '거의 한 적이 없다' 16.7%. 이에 대해서는 전남대 사회과학연구소·서울대 사회과학연구소·부산대 사회조사연구소. 1995. 『전남 이미지 실태연구』 참조.

〈표 7-8〉 전주의 도시발전단계

제1기	제1기 (~1966)	제2기 (1967~1995)	제3기 (1995~)
특징	*호남의 수부/정체도시	*국가주도 산업화에 소외	*민선자치단체의 출범
주요 정책 외적변화	*후백제의 도읍이자 조선 왕조의 본향 *1913년 일제의 부제실시 이후 정체시작 *농경의 중심도시에서 농업인구 감소로 침체 *산업화 이후 심한 정체	*'전주권' 개념의 발전전략 *전주권 개발의 중심도시나 전주권 개발부진 *산업발전에서 지속적 소외 *인구성장 정체 *정치적 소외·경제적 침체 *문화의 중앙 집중에 따른 문화적 정체도 경험 *1980년 광주항쟁 이후 지역문화 활성화	*민선지방정부 주도의 도시발전전략 시작 *문화산업 시도 *첨단산업 지향 발전전략 *전통지향적 문화정책: 시민들과 부조화
정책의미 /갈등	*해방 이후 도시전략부재 *농업의 비중약화 *산업화과정의 정치적 소외 및 공업입지 부적절	*특성화되지 못한 도시전략 *공업화에 대한 기대 *산업사회에 대한 문화적 적응에 실패	*산업적 발전(첨단)과 문화적 발전의 갈등 *도시적 특성 약화 *전통에 대한 추상적 이해

　　그러나 전주에 대한 이러한 계획들은 사실상 대부분 계획에 그쳤고, 전주는 늘 기대만큼의 발전을 이루어내지 못했다. 이 같은 도시발전에 대해 전주시민들의 정체감 또는 도시에 대한 만족도는 90년대 이후 계속 나아지고 있는 것으로 보인다. 〈표 7-6〉은 전주시민들의 도시만족도를 조사한 결과로 92년 28.2%에 머물렀던 만족도가 1996년 36.6%, 2000년에는 52.9%로 계속 높아지고 있음을 보여준다.[115]

　　전주에 대한 시민들의 귀속감 역시 대단히 높게 나타났다. 전주시민의 53.8%가 평소에 '나는 전주사람'이라는 생각을 자주 하고 있으며 부정적인 응답은 응답유보자를 포함하여 17.5%에 지나지 않았다.[116] 도시에 대한 귀

---

115) 1992년 전주문화방송의 조사와 1996년 전북도의 조사는 전북대 사회과학연구소가 실시했고, 2000년 조사는 전북문화저널사에서 주관했다.

속감은 연령이 높을수록 대단히 높게 나타났으며, 마찬가지로 도시만족도에서도 연령이 높을수록 높은 만족감을 보여주었다. 예컨대 20대가 전체 14%만이 전주에 대해 무척 자랑스러움을 느낀다고 응답한 반면에 30대는 17.4%, 40대는 22.5%, 50대 이상은 39.1%가 자랑스럽다고 응답하여 큰 차이를 보여주었다.117)

정부의 국토개발계획과 시민들의 정체감이라는 요인을 고려하면서 전주의 도시문화가 어떻게 변화해 왔는지를 정리한 것이 〈표 7-8〉이다. 전주의 도시문화 역시 크게 세 시기로 나눌 수 있다. 첫 번째 시기는 1966년까지의 시기로 호남고속도로의 개통과 전주공업단지의 조성을 분기점으로 본 것이다. 이 시기의 전주는 농경사회의 중심도시이자 이성계의 본향이라는 역사도시의 면모를 점차 잃어갔던 시기였다. 1913년의 일제의 부제실시는 다른 전통도시들과 함께 전주의 도시적 몰락을 가져왔고, 해방 이후 산업화 시기까지 전북 인구의 급격한 감소와 함께 도시의 위상도 크게 낮아졌다.

다른 의미에서 이 시기는 전주의 도시전략이 부재했던 시기라고 할 수 있다. 즉 그동안 도시를 지탱해왔던 농경의 중심이라는 경제적·정서적 아이덴티티와 풍부한 물산으로 대표되던 경제적 위상이 쇠락하는 한편, 산업사회에 대한 적응에는 완전히 실패한 시기였던 것이다.

두 번째 시기는 1967년 이후부터 1995년 민선 자치단체의 출범 이전까지의 시기이다. 대체로 1960년대 말과 1970년대 초는 국가적으로는 제1차와 제2차 경제개발 5개년 계획이 마무리되면서 국토개발계획의 범위가 점차 지방 도시들까지 포괄하게 되는 시기이다. 이 시기에 이른바 '전주권'이라는 개발계획의 공간적 범주가 개념적으로 세워지고, 전주는 그 중심도시로서 산업

---

116) 이 문항에 대해서는 전주의 경우 "선생님께서는 평소에 '나는 전주사람'이라는 생각을 해 보신 적이 있으신지요?"라고 지문을 구성했고, 춘천의 경우 "귀하는 자신을 어느 정도만큼 '춘천 사람'으로 생각하고 계십니까?"라고 물었다.
117) 전주시민의 귀속의식을 연령별로 보면 연령이 높을수록 귀속의식이 강한 것으로 나타난다.

화의 기지가 될 것이라는 희망을 갖게 되었다. 그러나 이 기간 역시 산업적 발전은 지지부진하고 정치적, 경제적 침체는 계속되었다. 이 두 번째 시기 역시 전주의 기본전략은 산업화 시대에 부응하겠다는 것이었으나 그 결과는 여전히 기대 이하였고, 결과적으로 도시의 무기력증은 심화되었다.

다만 문화적인 의미에서 산업사회에 대한 적응과 발전에 실패하면서, 지역문화가 전통지향적 가치를 중심으로 조금씩 변화하기 시작했다. 특히 1980년 광주항쟁을 기점으로 지역문화가 새로운 저항적 의미로 인식되면서 민족민중운동의 발달과 함께 가장 활발한 움직임을 보였던 것도 도시문화의 발전과 관련하여 주목할 만한 일이었다.

마지막으로 세 번째 단계는 민선자치단체의 출범과 함께 시작되었다. 이 시기의 가장 중요한 특징은 민선지방정부가 주도하는 도시발전전략이 자발적으로 모색되기 시작했다는 점이었다. 그리고 이 모색의 과정에서 지역문화는 대단히 중요한 자원으로 인식되었고 다양한 문화정책들이 선을 보였다. 외형적으로 이 시기의 전주문화는 80년대의 민중지향적이고 저항적인 지역문화의 성과까지 감싸 안으면서 질적인 변화를 보여주었다. 전주시는 전형적인 산업화 전략을 큰 폭으로 수정하면서 첨단산업의 유치 및 발전과 문화적 발전을 정책에 적극적으로 반영시켰다.

그러나 지역문화에서 가장 중요한 논쟁점이라고 할 수 있는 전통과 현대의 갈등도 다양하게 터져 나왔다. 전주의 도시문화는 첫 번째는 산업화와 문화적 발전을 동시에 추구한다는 갈등요인과 전통과 현대라는 두 가지의 근본적인 문제를 안고 있었다. 또 문화적 가치가 시민들 사이에서 완전하게 합의되거나 동의되지 못한 채 지방정부의 일방적으로 도시문화를 '건설'해가는 방식도 여러 가지 문제를 야기시켰다.

이 문제는 근본적으로 전주가 가진 역사와 전통이 과연 어떤 의미를 갖느냐 하는 문제와 관련되어 있다. 한걸음 더 나아가 그 물음은 전주시가 도시문화에서 중심개념으로 설정하고 있는 '전통'이 지나치게 추상화되어 있는 것은 아닌가 하는 문제와 관련되어 있다. 이제 이러한 문제의식을 갖고 전주가 갖는 도시의미가 무엇인지 다시 한번 정리해 보기로 하겠다.

2) 전주시의 문화정책: 전통과 현대의 모호함

민선시대 이후 전주시의 문화전략은 큰 틀에서는 '전통의 현대적 계승'이라는 관점을 견지하면서 다양한 내용과 형식으로 모색되었다. 역시 문화도시로서 전주를 기념하고 발전시키는 사업이 본격화된 것은 민선시대가 시작되면서부터였다. 〈표 7-9〉는 이 같은 민선시대의 시작과 함께 전주의 문화부문 투자가 급격하게 증대되었음을 보여준다. 1996년까지 2% 이내에 머무르던 전주시의 문화예산은 1997년 9.96%로 치솟았고 그 같은 추세는 계속되고 있다. 문화에 대한 전주시의 투자는 앞서 전통형 대표적인 유형으로 꼽았던 경주시나 춘천시에 못지않은 대규모 투자가 이루어지고 있음을 보여준다.

〈표 7-9〉 전주시 문화교육예산 변화추이(일반회계 대비/만 원, %)

구분	1987	1993	1996	1997	1998	1999	
						일반회계	문화예산
전 체	1.67	408,020 (1.77)	856,363 (2.12)	2,647,652 (5.52)	3,248,114 (5.88)	54,265,047	3,228,999 (5.95)
광역시	2.96	69,729 (2.40)	120,047 (2.54)	616,884 (11.56)	832,332 (12.10)	6,270,173	819,684 (13.07)
시(전체)	2.18	107,138 (2.75)	277,541 (2.68)	689,798 (5.47)	818,071 (5.83)	14,292,696	787,350 (5.51)
전주시	1.92	2,339 (2.87)	3,796 (1.48)	22,508 (8.03)	15,729 (6.41)	266,975	30,423 (11.40)
*춘천시	5.88	—	4,963 (2.87)	18,968 (9.96)	13,842 (6.38)	215,623	11,893 (5.52)
*경주시	11.58	5,109 (9.99)	9,999 (4.14)	24,303 (10.80)	26,650 (10.11)	264,748	28,178 (10.64)

*자료: 『지방행정연감』 각 년도

　문화도시를 향한 전주의 열망은 곳곳에서 드러난다. 심리적으로는 산업화의 시대를 '실패의 역사'로 인식하는 전주의 피해의식은 '문화도시'를 실현을 통해서 보상받고자하는 측면도 있었다. 전통문화에 대해 새롭게 눈뜨고 문화가 21세기의 경쟁력이라는 개념으로 떠오르면서 전주는 그야말로 백가쟁명의 아이디어들이 쏟아졌다.

　그 속에서 전주의 지역문화가 몇 십 년간 끌어안고 왔던 변치 않는 주제는 '전통의 현대적 계승'이었다. 전주는 전통도시이며 옛것의 도시였다. 그것은 곧 전주는 양반과 선비의 도시라는 이데올로기와 연결되어 전주가 대단히 '점잖고 학자적인' 분위기의 도시라는 의미로 해석되곤 했다. 그것이 사실인가와 관계없이 이 같은 도시적 상징으로 인해 전주는 한때 교육도시라는 상징을 갖기도 했으나, 전주가 최종적으로 받아들이고 대중화시킨 상징은 바로 '예향'이라는 것이었다. '맛과 멋의 고장'이라는 전주의 또 다른 프레이즈는 예향의 또 다른 표현인 셈이다.

〈그림 7-1〉전주의 문화적 자원과 도시이미지의 형성

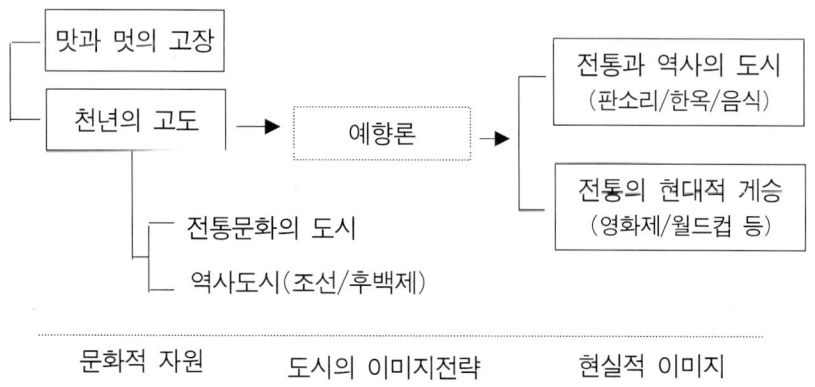

　〈그림 7-1〉은 전주의 문화적 자원이 어떻게 도시의 이미지로 형성되는가를 정리한 그림이다. '맛과 멋의 고장' 그리고 '천년의 고도'라는, 전주가 가장 즐겨 말하는 도시의 이미지 속에서 전주시가 얻고 싶어 하는 상징은 이

곳이 전통문화의 고장이며 역사도시라는 도시의미이다. 그리고 이 두 가지 문화적 이미지는 '예향론'이라는 일련의 이미지로 조직된다. 물론 이 두 가지 이미지는 판소리, 한옥보존지구, 음식문화 등의 현실적인 자원으로 표상되고, 전통의 현대적 계승이라는 도시문화의 전략은 국제영화제의 창설이나 월드컵 유치 등과 같은 다양한 문화산적 이벤트를 통해 현실화된다.

3. 전주의 문화도시 만들기 전략

1) 역사와 전통의 이미지 강화

전주의 도시문화전략에서 가장 중요한 것은 역시 역사와 전통의 이미지를 강화하는 것이었다. 전주의 이러한 전략은 전통문화의 거리 조성사업, 소리 축제(판소리), 천년 고도 이미지 강화, 호남제일문으로 상징되는 호남수부로서의 옛 영화 되찾기 등 다양한 사업으로 드러나고 있다. 이러한 문화적 기획들은 역사도시 또는 예향으로서의 이미지를 강화함으로써 도시의 정체성을 강화하고 그를 통해 관광자원을 개발하자는 시도를 담은 것이었다.

〈표 7-10〉 전주의 전통문화와 상품화 과정

분류	기본자원	자원의 상품화	도시이미지
역사	경기전, 한옥거리 등	전통문화특구	조선 문화의 재현
	동학농민혁명	기념사업	저항정신의 구현
	호남의 수부	호남제일문	전통의 도시
문화	판소리	전주대사습대회 소리축제	소리의 고장
	비빔밥, 콩나물국밥	상표등록과 상품화	맛의 고장
	예향	전주국제영화제 세계서예비엔날레	멋(예술)의 고장
	완판본(한지)	종이축제 한지패션쇼 등 한지산업	예술의 고장

전주의 경기전과 한옥거리 등 조선시대 이후의 역사를 담고 있는 유적들은 전통문화로 묶여 조선시대의 거리를 재현하겠다는 목표로 개발되고 있다. 아직도 계획 중이고 논쟁이 끝나지 않은 이 아이템은 경기전 일대의 한옥보존지구를 조선시대의 풍물과 정신이 그대로 살아있는 거리로 상품화하겠다는 전략이다. 이 계획은 한편으로 가장 전주적인 아이템이라고 할 수 있다. 전주가 가진 모든 문화자원들을 한데 모아 넉실상부한 전통문화의 보고로 가꾸어 안동의 유교문화나 인사동 거리와 같은 경쟁력 있는 거리로 만들겠다는 지방정부의 의지는 사실 그동안의 어떤 지방정부보다도 의욕적인 것이었다.

역시 전주의 중요한 역사적 자원인 동학농민혁명이나 호남의 수부라는 옛 영화는 직접적인 문화상품으로 개발되기보다는 전주의 도시적 이미지를 강화시키는 요소가 될 것이다. 또한 한지의 전통에서 유래한 종이축제 등도 도시의 전통문화를 가꾸고 상품화하는 중요한 산업으로 기획되었다.

그러나 문제는 역시 전통문화를 어떤 관점에서 어떻게 바라보고 해석하며 실현시키느냐는 점이다. 전주의 전통문화에 대한 관점은 다시 전주의 도시성과 연결된다. 제1회 전주국제영화제는 형식상 지역축제의 모습을 띠고 진행되었지만 내용적으로는 영화예술제였다. 이점은 지역문화의 발전과정에서 대단히 중요한 문제가 된다. 또 전주국제영화제 기간에 동시에 열린 전혀 다른 성격의 축제인 풍남제는 현저히 세력이 약화되었지만, 여전히 전통문화에 대한 전주의 지향성을 구현하는 축제로 자리 잡고 있다. 〈표 7-10〉는 전주의 전통문화가 어떤 방식으로 상품화하고 그리고 의미화하는지를 정리한 것이다.

〈표 7-11〉 전주시의 도시축제 현황

축제명	주최	주관	최초개최 (횟수)	개최시기 (기간)	축제예산 (천 원)	축제성격 (아이템)
풍남제	풍남제전위원회	풍남제전위원회	1959 (42회)	4-5월 (7일)	700,000	종합축제 (시민의 날)
전라예술제	전북예총	전북예총	1961 (39회)	9월 (6일)	–	예술축제 (문화예술)
전주 대사습놀이대회	전주시 전주MBC	전주대사습놀이 보존회	1975 (26회)	5월 (2일간)		전통축제 (국악)
전주영상축전	전주시	전주영상축전 조직위원회	1997 (4회)	11월 (3일)		기획축제 (영상산업)
유채꽃축제	전주시	전주시	1999 (1회)	4-5월 (20일)		기획축제 (자연환경)
전주종이축제	전주시	전주시종이축제 추진위원회	1999 (1회)	4-5월 (7일)		기획축제 (특산/한지)
전주명품 복숭아 큰잔치	복숭아 큰 잔치조직위	참가 단체	1999 (2회)	7월 (3일간)		기획축제 (특산물)
전주약령시제전	전주약령시 제전위원회	참가 단체	1999 (1회)	10월 (5일간)		기획축제 (역사)
완산골연꽃축제	전주예총	참가 단체	2000 (1회)	7월 (2일)		기획축제 (자연환경)
전주국제영화제	전주시	전주국제영화제 조직위원회	2000 (1회)	4-5월 (7일)	2,500,000	예술축제 (영화)
전주 세계소리축제	전라북도	세계소리축제 조직위원회	2001 (예정)	–	–	예술축제 (소리)

다음으로 〈표 7-11〉은 2000년 현재 전주시에서 열리는 축제의 현황이다. 전주의 도시축제는 전통축제와 현대축제가 거의 비슷한 정도로 배치되어 있다. 풍남제와 전주대사습놀이대회, 전주종이축제, 전주약령시축제, 전주세계소리축제, 전북세계서예비엔날레 등은 전주의 전통성에 기반한 축제들이다. 그러나 전주의 전통축제들은 대부분 도시문화에서 점차 그 영향력이나 비중이 축소되는 경향을 보여주고 있다. 이것은 역사도시로서 전주의 이미지와 도시성에 대한 중요한 변화를 예상할 수 있는 지표이기도 하다.

2) 전통문화의 현대적 계승과 접합

아직까지 전통문화에 대한 전주의 의지는 대단히 높다. 그럼에도 불구하고 지금 전주는 이 전통문화와 현대문화의 사이에서 중요한 고비를 넘고 있다. 전주가 추구하는 전통은 모든 사람들에게 쉽게 다가오지는 않는다. 그래서 전통문화의 현대적 계승과 접합은 전주 도시문화에서 가장 빈번하게 사용되고 있으나 가장 어려운 과제로 남겨져 있다.

전통문화의 현대화는 대단히 광범위한 분야에서 제기되고 있다. 예컨대 전북도립국악원이 매월 연수생을 받아 판소리를 대중화시키는 프로그램부터 도시의 공중전화박스에 기와지붕을 얹는 것도 이 전통문화를 현대적으로 계승하겠다는 생각에서 이루어지는 일들이다. 또 전북도가 추진하고 있는 세계소리축제는 전주의 대표적인 문화자원인 판소리를 세계화시키고 이를 계기로 전주를 소리의 고장으로 자리매김 하겠다는 의지의 표현이다.

전주의 음식문화를 대표하는 비빔밥과 콩나물국밥은 상표등록의 과정을 거치고 있다. 이는 맛의 고장이라는 도시이미지를 강화하는 의미를 갖는 한편 실제로 상품으로 개발되어 전국적인 음식상품으로 발전시키겠다는 목표를 가지고 있다. 전주시는 지난 1999년에 전통음식의 보전과 발전을 위한 '전주고유음식 보전대책위원회'를 구성하기도 했다.

또 전라북도는 1997년 서예비엔날레를 열어 전주의 서예전통을 세계화하는 국제적인 이벤트로 발전시키기도 했다. 전통문화의 현대화전략에서 최근 새롭게 부각되고 있는 것은 한지산업이다. 한지산업은 한지의 재질을 강화시켜 한지옷감을 개발하기도 하면서 한지패션쇼 등의 이벤트를 열어 대중적인 인지도를 높였다. 한지공예 혹은 한지인화지 등도 전통문화를 계승하고 현대화하겠다는 전략 속에서 이루어진 사업들이다. 또 뒤에서 살펴볼 전통문화특구 역시 전주의 전통문화를 현대화하겠다는 전략의 하나로 시행되는 사업이다.

3) 첨단문화산업의 유치

전주의 도시문화전략 가운데 세 번째 요소는 첨단문화산업의 유치이다. 그동안 전주시는 첨단문화산업을 유치하기 위해 영상 관광단지 조성, 아중유원지 개발, 전주박물관 일대 문화타운 조성 등 다양한 계획이나 정책을 검토하거나 추진해왔다.

전주시의 첨단문화산업 유치전략의 핵심은 영상산업에 놓여져 있다. 특히 지난 94년 국가과학기술자문위원회가 전주의 산업발전방향을 자동차와 영상산업으로 제안하면서 영상산업은 커다란 관심을 모았다. 전주시는 이 전략을 구체화하기 위해 96년 현대건설에 영상 종합 랜드 기본계획안 용역을 의뢰하는 한편 정부의 미디어밸리 유치신청을 냈다가 탈락하고 말았다.

당시 전주시의 영상산업 유치노력은 실제로 여러 가지 가능성과 변화를 가져오기도 했다. 전북대내에 영상산업연구센터가 만들어졌고, 만화영화 감독이 직접 전주에 머무르면서 영상산업을 위한 논의에 참여하기도 했으며, 민간차원에서 독립영화 제작을 꿈꾸는 사회인 동아리가 결성되기도 했다.

이후 전주시는 미디어밸리와 연계되는 로컬 밸리 조성을 노리면서, 한편으로 전주영상 종합 랜드 조성계획을 발표하고 97년 멀티미디어 산업단지 조성방안을 위한 심포지움과 관련 간담회 등을 열면서 의견을 수렴했고 한편으로는 전주영상축전이라는 이벤트성 행사를 개최하기도 했다. 그러나 당시의 영상 종합 랜드 조성사업은 영상산업에 대한 정확한 이해나 전략이 없이 이루어져 결과적으로 커다란 진전을 가져오지 못한 채 용역결과는 사문화되고 말았다.

민선 2기의 지방정부 역시 영상산업에 대해 관심을 갖고 좀 더 정밀하게 사업을 추진해나갔다. 예컨대 전주시가 영상 소프트웨어특성화단지를 조성하여 전국의 전문 인력을 끌어들여 적극적으로 지원하는 등의 정책이 현재 시행되고 있다. 이 과정에서 지난 2000년 5월 처음 열린 제1회 전주국제영화제는 중요한 의미를 갖는 이벤트였다. 전주국제영화제는 부산과 부천의 영화제와 차별화전략으로 '대안영화' 및 '디지털 영화'를 내걸어 나름대로 성공의 기반을 다졌다. 현재 전주시가 추진하고 있는 영상산업의 기본방향은 게임산업에 초점이 맞추어져 있다.

4. 전주 문화도시전략의 현황과 주체

1) 전주 문화도시전략의 성과와 현황

〈표 7-12〉 전주의 문화도시 만들기 진행상황

구분	주요 정책 및 사업	추진상황	추진주체
1단계 자원요소	지역문화운동	*전북문화저널 창간(87) *동학농민혁명 1백 주년 기념사업 추진(93) *다가공원 지키기 결의대회(93) *전주 아이스링크 개관(93) *영상산업 적극추진(94) *약령시 부활 추진(94) *상징가로 조성 추진(95) *공원주변 고층아파트 건립 반대(95) *'푸른 도시 가꾸기 사업' 실시(95) *제1회 세계서예전북비엔날레 개최(96) *팔달-충경로 낙엽거리로(96) *'전통한지축제'(96) *전주종이축제(99) *전주국제영화제(2000)	민간 시민 단체 시민 단체 전라북도 전주시 전주시 전주시 시민 단체 전주시 전라북도 전주시 민간단체 민관합동 전주시
	문화자원의 정리 (향토사 등)	*전주의 관문 '호남제일문' 준공	전주시

　　전주 문화도시전략의 특징은 그 범위가 대단히 넓고 다양하다는 것이다. 실제로 90년대 초반을 시작으로 현재에 이르기까지 문화도시 만들기 및 도시문화산업에 대한 수많은 제안과 정책들이 전진과 후퇴를 거듭해왔다. 또 이러한 제안과 정책의 주체도 전주시뿐만 아니라 전북도, 시민 단체, 학계 등 대단히 다양하게 이루어졌다. 〈표 7-12〉는 전주 문화도시 만들기의 진행상황을 정리한 것이다.

〈표 7-12〉 전주의 문화도시 만들기 진행상황(속)

2단계 선택/탈락	자원의 상품화	*전통음식단지조성(95) *전주비빔밥 상표 등록(96)	전주시
	전문화/기반시설	*전주한지협동화단지 완공(93) *경륜장 유치사업(94) *전통한옥의 거리 조성 추진(94) *전주예술고등학교 개교(95) *강암서예관 개관(95) *대규모 실버타운 추진(95) *판소리 전용극장 건립 추진(98) *향토역사박물관 건립 추진(98) *전주영상SW특성화단지 진흥구역 지정(99)	전주시 전주시 전주시 민간자본 개인(송성용) 전주시 전주시 전주시 전주시
	조례 제정/제도화	*한옥보존지구 전면 해제(93) *'풍남제' 민간주도 전환(94) *공원주변 주거지역 고도제한(95) *대규모 회의 유치 지원조례제정 추진(98)	전주시
3단계 정책화	문화 기본계획 수립	*문화예술 관광도시 기본계획 수립(95)	
	전문주체 형성		

먼저 문화도시의 첫 번째 단계를 보면 문화도시 만들기의 요소가 역사적 사건(동학농민혁명), 스포츠산업(아이스링크), 첨단문화산업(영상산업), 전통문화산업(약령시, 서예비엔날레, 한지축제 등) 등 거의 전방위적으로 제기되어왔음을 알 수 있다.

두 번째 단계 즉 자원의 다양한 요소들 가운데 선택과 탈락이 이루어지는 과정에서도 전주의 특화된 문화전략은 조금씩 모습을 드러내고 있다. 전주는 전통문화와 현대문화의 사이에서 거의 우열을 가리기 어려운 첫 번째 단계에서 벗어나 두 번째 단계는 전통문화의 우위가 비교적 선명하게 드러난다. 전통음식단지가 조성(95년), 전주비빔밥 상표 등록(96), 전통 한옥의 거리 조성계획(94), 판소리 전용극장 건립 추진(98), 향토역사박 물관 건립 추진(98) 등이 두 번째 단계에서 선택된 주요 아이템들이다. 그리고 이러한 사업들은 전주의 문화적 지형과 흐름을 주도했다. 그러나 그 과정에서 전주시가 포기하지 않고 있는 현대적인 문화산업전략이 바로 영상산업이다. 99년 지정된 전주영상SW특성화단지 진흥구역은 아직까지 도 전주시의 각별한 지원을 받으며, 영상 수도로서 전주의 위상과 의미를 확인시켜주고 있다.

〈표 7-13〉 전주의 상징 및 문화산업 도시 간 갈등현황

사업구분		사업내용
도시상징과 이미지	*예향 *자전거 도시	광주의 예향론과 경합 경상북도 상주와 중복
문화축제	*풍남제(단오) *국제영화제 *약령시제전 *유채꽃축제 *소리축제 *음식축제	강원도 강릉과 중복 부산국제영화제(1996년) 부천국제판타스틱영화제(1997년) 전주국제영화제(1999년) 대구약령시제전 제주와 중복 서울의 국제타악기축제 등과 아이템 중복 경주 전통주·떡 축제 광주김치축제 낙안민속음식축제
문화산업	*한지산업 *게임영상산업 *조선 문화권 *문화특구(한옥)	원주한지문화제 청주인쇄출판박람회 춘천, 부천과 중복 서울과 경쟁, 안동의 유교문화권과 중복 인사동, 안동 하회마을과 경합
기타	*아름다운 건축물 시상	울산광역시(1996년)

전주의 도시문화산업들이 다양한 형태의 문화산업으로 발전하고 있지만 전망이 그다지 밝은 것처럼 보이지는 않는다. 전주의 문화산업이 갖는 문제는 크게 다음의 세 가지로 정리할 수 있다. 첫 번째는 전주가 전략적으로 육성하고 있는 문화산업이 아이템 자체에서 특성화되지 못했으며, 지역적 특성을 갖고 있다 할지라도 주요 이미지와 전략을 선점 당했다는 것이다. 다음의 〈표 7-13〉은 전주의 문화산업 및 이미지가 다른 도시들과 어떻게 충돌하고 있는지를 정리한 것이다.

이 같은 아이템의 중복 및 후발성은 전주가 가진 문화적 보수성과 분위기의 영향 때문이다. 산업화시대를 역동적으로 적응하지 못한 채 방어적으로 살아왔던 역사가 문화적 측면에서도 진취적이고 진보적인 아이템을 선점하지 못하게 하는 요인으로 작용한 것이다.[118]

두 번째 문제는 이 같은 조건에도 불구하고 아직까지는 전주의 문화산업이 특화되지 못하고 있다는 점에 있다. 물론 도시문화산업에서 이미지 및 아이템의 경합은 이미 예상했던 일이고 전주만의 고민은 아니라고 할 수 있다. 또 비록 같은 아이템이라 할지라도 지역적 특성을 강화시키고 특화시킨다면 얼마든지 경쟁력은 확보할 수 있다. 그러나 그 같은 특성화전략이 성공하기 위해서는 지역의 문화적 기반이 튼실하게 뒷받침되지 않으면 안 된다.

마지막으로 도시의 이미지나 문화적 자원이 문화산업 혹은 도시축제로 발전하는 과정에서 시민적인 합의와 동의의 과정이 없었다는 점이 역시 지적되어야 한다. 앞서 살펴본 전주의 도시축제들은 모두 한결같이 지방정부나 혹은 관변기관에 의해서 주도되고 있고, 재정의 대부분이 여기서 충당되고 있다. 그런 만큼 도시문화에 대한 지방정부의 발언권은 그만큼 강할 수밖에 없고 이 문제는 도시문화산업의 역동성을 크게 떨어뜨리는 요인으

---

118) 외지에서 찾아온 관광객이나 외지 출신으로 전주에 거주하고 있는 시민들의 전주에 대한 평가 중에 빠지지 않는 것이 전주는 '느리고 답답하다'는 것이다. 오랜 농경문화의 전통 속에서 호흡이 길고 그다지 바쁠 일이 없이 살아온 사람들의 전통이 도시의 문화적 분위기를 보수적으로 만든 것이다.

로 작용하고 있다.

2) 전주 문화도시전략의 주체

다음으로 전주의 문화도시전략을 이끌어가는 주체의 문제를 살펴보자. 먼저 앞서 살펴본 두 도시와 마찬가지로 중앙정부의 영향력이 점차 쇠퇴하고 지방정부의 영향력이 강해지고 있다는 것은 분명한 사실로 보인다. 전주의 많은 문화산업들 가운데서 현재 중앙정부의 문화정책이나 전략을 이어받아 추진되고 있는 문화전략은 영상산업을 제외하고는 거의 남아 있지 않다.

〈표 7-14〉는 영상산업도 초기에 정부의 전략에 호응하여 시도되었지만, 현재는 영상산업업체에 대한 시 차원의 지원이 거의 독자적으로 이루어지고 있다. 이 밖에 처음부터 지방정부가 주도하고 있는 문화산업들로는 전통문화특구 조성, 판소리전용극장, 판소리박물관, 실버타운 건설, 비빔밥 상품화 등이 있다. 한편 동학농민혁명기념사업과 한지축제는 민간차원에서 소규모로 추진되다가 지방정부가 적극적으로 지원하는 형태로 발전했고, 풍남제와 전주국제영화제는 지방정부가 부분적인 예산지원을 담당하되 별도의 추진 기구를 독립시킨 경우이다.

〈표 7-14〉 전주시의 추진주체별 주요 도시문화산업

추진주체	주요 도시문화산업	비 고
중앙정부 →지방정부	① 영상사업육성전략(95) ② 미디어밸리 유치신청(95)	정부 영상산업 지원전략 미디어밸리 탈락
지방정부 주도	① 전통문화특구 조성 ② 판소리전용극장/판소리박물관 ③ 실버타운 건설 ④ 비빔밥 상품화	
민간주도 →민관합동	① 동학농민혁명기념사업(94) ② 한지축제(종이축제)	전주시 지원
지방정부주도 →민관합동	① 풍남제 ② 전주국제영화제(2000)	

　　마지막으로 전주시의 문화산업전략이 시민들의 삶에 어떻게 영향을 미치는가를 살펴볼 필요가 있다. 그러나 엄밀하게 말한다면 시민들의 문화향유 기회를 정확하게 측정할 수 있는 지표는 아직 개발되지 못하고 있고, 대단히 복잡하고 어려운 과정을 거쳐야 한다. 이러한 한계를 전제하고 여기에서는 전주시의 문화기반시설의 현황과 추이를 살펴봄으로써 간접적으로 도시의 문화석 발전이 시민의 문화적 '삶의 질'에 어떻게 영향을 미치는가 보기로 한다.

　　〈표 7-15〉를 보면 전주시민의 문화활동은 앞장에서 살펴본 경주나 춘천에 비해 상대적으로 높은 수치를 보여준다. 박물관 관람인구가 지속적으로 증가하고 있고, 종합문예회관이나 미술관도 그 수가 늘어나 있다. 그러나 전주의 인구가 60만을 넘는다는 점을 감안한다면 문화도시로의 의미는 대단히 낮게 평가될 수밖에 없다. 이 문제는 역시 전주시의 문화도시전략에서 가장 큰 과제로 남겨진다.

264

<표 7-15> 전주시의 문화기반시설 현황 및 추이

연도	박물관 (관람인원)	문화원	극장 (좌석수)	시민회관	종합 문예회관	미술관
1990	4(25,921)	1	13(4,906)	1	1	—
1995	4(168,991)	1	12(4,658)	1	—	1
1998	4(278,306)	1	12(6,885)	1	2	2
1999	4(304,625)	1	10(4,381)	—	4	2

*자료: 『도시연감』 각 년도

3) 전주의 문화적 쟁점: 전통에 대한 이해

　　…… 전주로 가자. 전주에서 어줍잖은 무대 배경들은 보고도 그냥 지나가자. 못 볼 것을 본 것으로 치자. 전통건축을 재현한다고 하는 콘크리트 건물들. 기차역, 박물관, 공중전화박스, 버스정류장, 결혼식장. 모두 기와를 머리에 얹고 있다. 빙상경기장, 동물원까지도 참을 수 없는 전통의 어색한 무거움을 머리에 얹고 있다. 콘크리트와 플라스틱으로 번안된 전통. 전주는 시침을 돌려 사라진 과거의 시점에서 도시의 모습을 각인하려고 한다. 경주(慶州)라고 다르랴. 부여(扶餘)인들 다르랴. 우리에게는 강박관념이 있다. 20세기의 격동기를 살아남지 못한 과거를 찾아내야 한다는 강박관념이다. 실체가 없으면 껍데기만의 모형이라도 만들어 보여줘야 한다고 믿어왔다. …… (중략) …… 기와지붕에서 처마의 외곽선만 보지는 말자. 용마루에서 죽죽 뻗어 내린 수키와의 박력, 막새기와의 묵직한 모서리도 보자. 날개 같은 서까래와 공포도 보자. …… (중략) …… '선(線)'을 잊고 '힘'을 읽기 시작하면 우리는 맞배지붕의 아름다움도 찾을 수 있게 된다. 전통은 교과서의 문장을 외우는 것이 아니고 마음을 읽는데서 살아온다. 흙을 빚고 나무를 깎은 마음을 읽자. 콘크리트로

기와집 모양을 만드는 어설픈 연극은 주위의 다른 나라들에게 맡겨
두자. 21세기의 건축은 21세기의 이야기를 하게 하자. 기다려도 고
도는 다시 오지 않는다.(동아일보 99. 3. 29 '서현의 우리거리 읽기'
중에서)

건축가 서현이 말하는 전주의 모습은 경주나 부여와 전혀 다르지 않다.
전통의 어색한 무거움을 머리에 얹고 있는 도시이며, "20세기의 격동기를
살아남지 못한 과거를 찾아내야 한다는 강박관념"에 시달리는 도시이다.
실제로 2002년 월드컵만을 위해 2천5백억 원을 투입하여 건설하는 전주
월드컵 경기장도 부채형 지붕에 솟대형 기둥이라는 이름으로 전통은 살아
있다. 그러나 그렇게 서현의 표현대로 도시의 건물마다 기와를 얹는다고
도시가 전통을 회복하는 것은 아니다. 그가 지적하는 대로 전통이 "마음을
읽는 것으로부터 살아온다"고 말하는 것은 너무 추상적이지만 획일화되고
공식화된 전통이 사람들을 감동시키지 못하는 것은 틀림없다. 또 그 같은
전통에 대한 과도한 의미부여가 오히려 도시의 문화를 훼손시키는 것도 분
명한 사실이다.

그렇다면 전주시민들의 전통에 대한 의식은 어떤 것인가. 2000년 5월
제1회 전주국제영화제가 열린 직후 영화제 평가와 전주시민의 정체성 조
사를 위하여 전주시민 500명을 대상으로 실시한 조사의 결과를 두고 이
문제를 좀 더 살펴보기로 하겠다. 앞서 살펴본 바와 같이 전주시민들이 전
주에 대해서 갖고 있는 일차적인 감정인 귀속감이나 그에 대한 평가는 일
단 상당히 높은 것으로 확인되고 있다. 이러한 귀속감을 각 독립변인별로
세부적으로 분석해보면 재미있는 결과가 나타난다. 즉 귀속감이나 자랑스
럽다는 느낌 모두 남자보다는 여자가, 연령이 높을수록, 전북지역 출신일
수록, 거주기간이 길수록, 학력이 낮을수록, 가구소득이 낮을수록 높게 나
타난다는 사실이다. 또 직업별로도 블루칼라와 주부집단에서 귀속감이 강
하고 더욱 자랑스럽게 여기는 것으로 나타나고 있다.

그러나 전주에 대한 귀속감과 느낌이 상당히 높은 호응을 받고 있는 것은

분명하지만 이 두 가지는 또 상당한 편차를 보여주고 있다. 전주에 대한 귀속감과 느낌을 −2점에서 +2점까지의 5점 척도로 구성하여 그 수치를 평가해보면 보다 분명하게 드러나는데 귀속감은 전체 평균 1.26을 기록하여 대단히 높은 수치를 보여주고 있으나 느낌에 대해서는 0.68로 나타나 귀속감에 비례하여 좋은 느낌만을 갖는 것은 아니라는 점을 알 수 있다.

〈그림 7-2〉 현재 전주는 어떤 도시인가: 전주는 전통도시인가

1	2	3	4	5	6	7	8	9	10

전통성 33(7.3) 51(11.3) 124(27.4) 75(16.6) 103(22.7) 18(4.0) 22(4.9) 12(2.6) 5(1.1) 10(2.2) 매래

〈그림 7-3〉 전주는 앞으로 어디로 가야 하는가: 전주의 미래

1	2	3	4	5	6	7	8	9	10

전통성 28(6.0) 22(4.8) 34(7.3) 17(3.7) 74(16.0) 24(5.2) 64(13.8) 67(14.5) 36(7.8) 97(21.0) 매래

두 번째로는 전주시민의 전주에 대한 평가를 살펴보았다. 한 도시의 시계를 과거, 현재, 미래라는 틀로 놓고 분류한다면 전주라는 도시는 과연 어떤 시간 속에 존재하는가 하는 것이 이 설계의 의도였다. 이 설문의 방법은 현재 전주의 도시적 특성을 전통성은 1점으로, 미래지향성은 10점으로 놓고 그 사이에서 응답자들의 평가를 묻는 방식이었다. 그리고 역시 같은 방식으로 미래 전주의 방향에 대한 바람을 물었다. 그 결과가 다음 〈그림 7-2〉와 〈그림 7-3〉에 나타나 있다.

다시 〈그림 7-4〉는 이 결과를 단순화시켜 정리한 그림이다. 전통성과 미래지향성을 10점 척도로 놓고 전주시민들의 전주에 대한 평가를 받아본 결과 현재의 전주는 3.82로 전통성에 훨씬 가까운 점수로 표현되었다. 그러나 전주시민들의 미래에 대한 기대는 6.29점으로 나타나 전주가 현재의 전통성에서 벗어나 미래지향적인 도시로 발전하기를 기대하고 있음을 보여주고 있다.

〈그림 7-4〉 전주의 현재에 대한 평가와 미래에 대한 기대

                    3.82(현재 평가)
전통성 ─────────────────────────────────── 미래지향
                              6.29(미래의 바램)

이 문제는 같은 조사에서 여러 차례 다른 방식으로 집중적으로 질문되었
다. 전주의 전통성이 전주시민들에게 실제로 어떻게 받아들여지고 이해되
고 있는가를 살펴보는 것은, 전주의 문화적 정체성과 관련하여 대단히 중
요한 문제이다. 바로 그런 점에서 몇 가지 설문항목이 설계되었고 가장 먼
저 질문되었던 것은 전주가 '전통과 예향의 도시'라는 인식에 대한 전주시
민들의 평가였다.

〈표 7-16〉 전주시민의 예향평가와 향유실태

	강한 긍정	약간 긍정	응답 유보	약간 부정	강한 부정
예향론에 대해서	20.4%	52.0%	19.2%	4.5%	1.8%
전통문화의 향유	6.7%	36.4%	17.0%	24.4%	15.6%

*자료: 전주시, 2000, 『전주국제영화제와 통합축제 평가보고서』

〈표 7-16〉은 전주가 지닌 분화적 기반의 하나라고 할 수 있는 '전통과
예향의 도시'라는 일반적 인식에 대해서 전주시민들이 어떻게 평가하고 있
는가 하는 문제를 정면으로 짚어본 것이다. 응답자 가운데 72.4%가 이
평가에 동의하고 있고 이 가운데 20.4%는 적극적인 동의를 보내고 있다.
전주시민들의 의식 속에서 전주는 역시 전통과 예향의 도시로 인식되고 있
는 것이다. 이러한 평가는 성별, 연령별 등 여러 독립변수들 속에서도 별
다른 차이를 보이지 않고 있다. 또 역시 −2에서 +2점까지의 5점 척도에
서도 평균값이 −0.89(−값에 가까울수록 전통적)를 기록하여 전주의 전

통성에 대한 인식은 대단히 높다고 할 수 있었다.

그러나 시민적인 인식과 평가가 전통과 예향의 도시임을 인정하고 있다고 해서 그것이 실제로 문화적 힘으로 연결되는 것은 물론 아니다. 〈표 7-16〉의 두 번째 항목은 전주시민들이 실제로 전통문화에 얼마나 친밀하게 접촉하고 있는가를 측정하기 위한 설문항목이다. 위에서 보듯이 전통문화를 접하고 있는 응답자는 43.1%를 기록하고 있으나 적극적으로 전통문화에 접하고 있는 응답자들은 6.7%에 불과한 것으로 나타나 있다. 이것을 다시 여러 독립변인으로 살펴보면 연령이 높을수록, 거주기간이 길수록 전통문화에 대한 접촉빈도가 높다는 사실이 확인되고 있다. 전통문화에 대한 이해 및 접촉빈도가 연령이 낮을수록 낮아지고 있다는 사실은 단순히 인구적 특성이 아니라 전통문화의 생명력과 관련하여 깊이 고려해야 할 문제가 될 것이다.

〈표 7-17〉 전주시민의 도시문화에 대한 평가

	강한 긍정	약간 긍정	응답 유보	약간 부정	강한 부정
문화적 발전	4.6%	20.4%	25.3%	44.4%	6.7%
전통이미지 만족도	8.3%	20.4%	12.8%	38.9%	20.7%

*자료: 전주시, 2000, 『전주국제영화제와 통합축제 평가보고서』

전주의 전통성과 관련하여 전통도시로서 전주의 이미지에 대한 시민들의 만족도와 전주의 문화적 발전에 대한 평가를 살펴보았다. 표 〈7-17〉은 전주의 문화적 발전에 대한 평가와 전통도시로서 전주의 이미지에 대한 만족도를 묻고 있다.

전주의 문화적 발전에 대한 전주시민들의 평가는 비교적 부정적인 것이었다. 긍정적인 응답이 25%에 불과했고 절반이 넘는 응답자(51.1%)가 전주의 문화적 발전을 부정적으로 평가했다. 역시 남성보다는 여성이 긍정적인 평가를 내리고 있고 학력이 낮을수록 문화적 발전을 긍정평가하고 있었다. 전체 평균값으로 볼 때도 −0.43을 기록하여 전주의 문화적 발전에 대한 부정적 평가를 보여주고 있다. 또 전통도시라는 전주의 이미지에 대한 만족도 역시 높지 않았다. 역시 전통도시라는 현재의 이미지에 대한 만족감은 28.7%에 불과했고 평균값으로는 −0.44를 기록했다. 전체 응답자의 59.6%는 전주가 전통도시라는 이미지에서 벗어나야 한다고 생각하고 있다는 사실을 확인시켜 주고 있는 것이다.

<그림 7-5> 전주시민의 정체성을 점수화한 그림

전주사람이라는 생각	전혀		1.26	자주한다
전주사람이라는 느낌	부정적		0.68	긍정적
전주는 예향이다	아니다		0.89	그렇다
전통문화와 자주 접촉	전혀	−2	−0.56 +2	자주한다
전주는 문화적으로 발전	전혀		−0.43	그렇다
전주의 전통이미지 만족도	불만족		−0.44	만족

<그림 7-5>는 전주시민의 정체성을 5점 척도로 정리하여 그 평균값을 정리한 것이다. 평균값이 마이너스값(−)에 가까울수록 전주에 대해 부정적이거나 전통적인 것이다. 우선 전주사람이라는 귀속감이 대단히 높고 또 도시의 전통성에 대한 평가가 역시 대단히 높으나 문화적 발전과 도시의 이미지에 대한 만족도는 일단 부정적이라고 할 수 있다.

마지막으로 <그림 7-6>과 <그림 7-7>은 전주의 도시적 정체성에 대한 시민들의 바람 혹은 혼란이 그대로 드러난 재미있는 결과이다. 앞서 전주를 전통도시로 인정하면서도 그것이 실제로 자신들의 삶과 밀접하게 연관되어 있지 못하다는 점에서 부정적인 평가를 하거나 혹은 평가를 유보했던 응답자들은 비슷하게 설정된 두 개의 설문에 각기 서로 다른 응답내용을 보여주고 있다. 먼저 <그림 7-6>을 보면 전체 응답자의 60.7%가 전주가

전통도시로의 이미지를 벗어야 한다고 주장하고 있다. 특이한 것은 거주기
간이 길수록 그리고 고향이 전북인 사람들일수록 현대도시로의 변화를 갈
망하는 태도가 높게 나타난다는 것인데, 이것은 이들이 오랜 세월 동안 전
북지역에 살아오면서 몸으로 겪어왔던 도시적 침체에 대한 심리적 반발의
드러난 것이라고 볼 수 있다.

〈그림 7-6〉 전주이미지의 방향 〈그림 7-7〉 전주의 발전: 문화와 경제

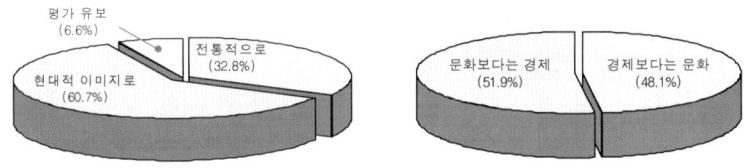

그러나 〈그림 7-7〉의 경우 앞서 계속 확인되어 왔던 전주시민의 문화적
정체성을 의심하게 만드는 결과라고 할 수 있다. 즉 앞서 전주시민들은 비
록 현재의 발전상황에 불만족하기는 하지만 기본적으로는 전주의 문화에
대해 호의적인 태도를 보여주었다. 그런데 〈그림 7-7〉에서 '문화와 경제'라
는 절대적인 선택기준을 주고 거기서 어떤 선택을 하게 되는가를 분석한
결과는 거의 우열을 가릴 수 없을 정도로 팽팽하게 대립되어 있음을 보여
준다.119) 경제적 발전에 대한 선호가 그야말로 간발의 우위를 차지하고
있다는 점에서 이 결과는 그간 여러 차례 이루어진 조사결과와 일치하고
있다. 또 특징적으로 여성보다는 남성이, 연령별로는 20대(54.2%로 역
전)가 유일하게, 전북출신보다는 전북 외 출신이, 학력수준이 높을수록,
화이트칼라와 학생층이 문화적 발전을 선호하고 있음을 보여준다. 요컨대

119) 참고로 지난 1996년 〈전라북도 21세기 발전기획단〉이 의뢰하여 전북대사
　　회과학연구소가 주관한 설문조사에서 전북이 앞으로 지향해야할 발전목표에
　　대한 조사결과를 보면 전북도민들의 49.6%가 공업발전을 선호한 반면 문화
　　적 발전은 31.9%, 생활환경 개선은 18.4%로 나타난 바 있다.

상대적으로 사회경제적 지위가 높은 계층일수록 문화적 발전을 선호하고 있다는 것으로 정리할 수 있겠다.

 위의 결과는 전주시민들이 현재 전주에 대해서 갖고 있는 정체성의 혼란 혹은 부재를 단적으로 보여주는 지표라고 할 수 있다. 전주시민들은 전주가 문화도시라고 믿고 있고 또 그렇기를 바라고 있지만 그것을 경제적 발전과 맞바꾸고 싶어 하지는 않는다는 것이다. 그것은 한편으로 문화도시로서 전주의 이미지가 어쩌면 지나치게 과장되어 있거나 이데올로기화한 것은 아닌가 하는 의구심도 갖게 한다. 전주시민들의 문화적 자부심은 대단히 높았으나 실제 생활 속에서 자신들의 삶이 문화적이라고 느끼지는 못하고 전주의 문화적 발전을 높게 평가하지도 않고 있는 것이다. 즉 문화에 대한 현실적 지표와 인식이 일치하지 못한 채 일종의 불일치를 보여주고 있다는 것이다. 그 결과 전주시민들은 결정적으로 문화와 경제가 맞서는 상황에서 경제적 발전의 길을 선택하는 이중적 태도를 보여주고 있고 그것은 한편으로 전주시민의 문화적 정체성을 솔직하게 보여주는 것이라고 할 수 있다.

 전주시민들의 전주에 대한 정서적 느낌은 대체로 전통적이고 인간적이다라는 것이었다. 지난 2000년 5월의 조사에서 전주에 대한 느낌을 묻는 질문에서도 '전통적이고 보수적이다'는 응답이 33.8%, '따뜻하고 포근하다'는 응답도 30.5%가 나왔으나, '후진적이고 낙후되어 있다'는 응답도 17.3%가 나왔다.[120] (〈표 7-18〉 참조) 전주의 정서적 이미지에 대한 외지인들의 평가도 크게 다르지는 않았으나, 전통성에 대한 평가가 더 높게 나타났고, 이는 그

120) 1996년에 이루어진 전북도민 전체를 대상으로 한 조사에서 진취성, 능동성, 미래지향성, 합리성, 보수성, 신용의 여섯 가지 항목으로 전북도민의 이미지에 대한 스스로의 평가를 물은 결과 단연 보수성이 가장 강한 정서적인 이미지(76.9%)로 나타난 바 있었다. 이 조사는 비록 전북도민 전체를 대상으로 한 조사였으나 당시 지역 간 차이가 거의 나타나지 않았으며 전주시민의 대체적인 정서로 평가할 수 있다.

동안 오랜 고도로서 역사와 예향의 고장이라는 전주의 이미지가 의식화된
결과라고 할 수 있다.

〈표 7-18〉 전주의 정서적 이미지에 대한 시민의식

단위: %

	전통적 (보수적)	후진적 (낙후함)	맛깔 스러움	따뜻함 (인간적)	깨끗함 (평온함)	기타	계
전주시민	160(33.8)	82(17.3)	10(2.1)	166(35.2)	22(4.6)	33(7.0)	473(100.0)
외부인	744(48.6)	176(11.5)	33(2.2)	307(19.2)	97(6.4)	174(9.8)	1531(100.0)

*자료: 전주시. 2000. 『전주국제영화제 평가 시민의식조사』

또 〈표 7-19〉에서 살펴보듯이 전주의 대표이미지에 대한 전주시민의 의
식은 음식문화(34.1%), 문화와 예술(25.5%), 역사와 전통(21.2%)의 순
서로 나타나고 있다. 이러한 결과는 외지인들에게서도 같은 차례로 나타나
고 있으나, 음식의 이미지가 무려 50.7%로 나타나고 있다. '전주 하면 떠
오르는 것'을 물은 전주의 최초 이미지 조사결과는 훨씬 더 적극적으로 나
타났다. 전주시민들은 68.7%가 음식 특히 비빔밥을 떠올렸고, 외지인들은
79.0%가 음식을 떠올렸다.

〈표 7-19〉 전주의 대표이미지에 대한 전주시민의식(2000년)

단위: %

역사전통	문화예술	환경	교육	인재	첨단산업	음식문화	계
21.2	25.5	6.3	7.3	0.8	2.6	34.1	495(100.0)

*자료: 전주시. 2000. 『전주국제영화제 평가 시민의식조사』

〈표 7-20〉 전주의 대표이미지에 대한 외부인들의 의식(%)

자연환경	문화유적	음식	교통/ 숙박시설	주민태도	기타	계
13.3	19.9	50.7	1.6	10.7	3.8	1689(100.0)

*자료: 전주시. 2000. 『전주국제영화제 평가 시민의식조사』 중 관객조사

〈표 7-21〉 전주에 대한 최초의 이미지(첫인상) 조사(%)

	음식	한지나 부채	대사습 (국악)	문화 (예향)	역사와 유적	기타	계
전주시민	68.7	6.4	5.2	8.1	6.6	5.0	483(100.0)
외지인	79.0	4.6	5.4	5.3	2.1	3.5	1639(100.0)

*자료: 전주시. 2000. 『전주국제영화제 평가 시민의식조사』

① 전통성의 문제: 논리의 문제와 삶의 문제

전주의 도시문화를 이해하는 가장 핵심적인 키워드라고 할 수 있는 '전통의 현대적 계승'이라는 과제는 현실적으로는 여러 가지 문제를 가져왔다. 논리적으로는 과연 전통이란 무엇인가 하는 점과 그것을 어떤 방식으로 현실화시킬 것인가 하는 문제가 논쟁의 중심이 되었다. 그리고 '삶의 문제'라는 측면에서는 전주의 전통과 그에 기반한 문화가 전주시민들에게 어떤 의미를 주는가 하는 문제가 핵심이 된다.

전주의 중요한 문화산업 가운데 하나인 전통문화특구(한옥보존지구) 조성사업은 이 문제에 대한 좋은 사례가 된다. 전통문화특구를 둘러싼 논쟁의 주요 주체는 전주시, 해당 지역주민, 시민 단체(문화운동가 그룹) 등이다. 〈표 7-22〉는 전통문화특구 조성사업의 일지를 정리한 것이다.

역시 앞서 정리했던 방식으로 지자체 이전과 민선 1기 그리고 민선 2기

274

로 시기구분을 하여 살펴보았다. 지자체 이전 이 지역은 한옥보존지구로
지정되면서 사실상 어떤 형태의 개발도 이루어지지 않은 채 오로지 '보존'
만 되었다. 이 보존정책은 이 지역에 살고 있는 주민들의 재산권을 침해하
는 결과를 가져왔을 뿐만 아니라 막대한 생활상의 불편을 초래했다.

〈표 7-22〉 전주시 전통문화특구 조성사업 일지

시기		주요 사업 및 내용
지방자치제 이전	1976	한국종합조경공사 '이조문화권 개발계획' 제안 *한옥보존지구 지정 제안
	1977	교동, 풍남동 일대 8만7천 평 한옥보존지구로 결정
	1982	전주시, 한옥보존지구 관리방안 학술조사
	1986	전주시, 도시문화환경조성 기본계획 *제4종 미관지구 제정 제안
	1987	제4종 미관지구(한옥지구)로 변경결정
민선자치 1기 (95. 6-98. 5)	1995	전주시, 문화예술 관광도시 종합개발 기본계획 용역 *전통거리 조성을 위한 방안 제시
	1995. 6	4종 미관지구 해제-민속의 거리로 개발하기로 교동 일대 2만7천 평 도시설계지구로 지정 지역주민 결사반대-사유재산권 침해에 반발
	1995	현 일반주거지역, 주차장 정비지구, 고도제한(5층 이하)등의 용도지정으로 개발제한
	1997	민속의 거리 조성을 위한 상세계획구역 설정 제안
	1995. 6	4종 미관지구 해제-민속의 거리로 개발하기로
민선자치 2기 (98. 6-현재)	1999	전통문화특구 개발 기본계획 및 사업용역
	2000. 6	경기로, 은행로 실시설계 용역시행 도시설계구역 지정 및 계획시설 결정
	2000. 8	문화지구지정 및 시범도시 지정
	2000. 10	전주시의 전통특구 개발방식에 시민 단체 반대

주민들의 끝없는 민원과 정책변화 요구에 시달리던 전주시는 민선시대를
맞아 이 지구를 전통거리로 보존·개발한다는 방침을 세우고 95년 일단

한옥지구를 해제했다. 그러나 전주시는 해제결정과 함께 다시 이곳을 도시설계지구로 묶으면서 특구개념의 개발계획을 세우기 시작했다. 물론 이 과정에서 지역주민들의 격렬한 항의와 민원은 계속되었다.

민선 2기는 이 지역에 대한 기존의 구상들이 구체적으로 실현되는 시기였다. 특히 이 지역 내에 있던 경기전이 TV드라마 〈용의 눈물〉의 촬영지가 되면서 이 지역 일대를 조선의 거리로 개발하자는 의견에 힘입으면서 이 지역에 대한 특구개념의 개발계획은 빠르게 진전되었다.

이 시기의 특징은 이전의 개발과정에서 드러난 대립구도가 전주시와 지역주민들 사이에서 형성되었다면 여기에 지역 문화단체가 이 개발과정에 본격적으로 개입하기 시작했다는 점이었고, 이 과정에서 가장 큰 쟁점은 현재의 옛 도로를 확장하겠다는 전주시의 계획이었다. 즉 지역문화단체들은 이곳의 도로가 한국의 옛 거리의 정취를 그대로 갖고 있다며 더 이상 개발하는 것 자체를 반대하고 나서는 입장을 보여주고 있다. 그러나 전주시와 지역주민들은 도로의 확장을 통해서 이곳을 전통특구로 개발하여 쌈지 박물관과 전통 풍물거리로 조성하겠다는 계획을 세우고 있다. 특히 지역주민들의 도로확장에 대한 기대는 대단히 높아서, 옛 정취를 그대로 간직하기를 원하고 도로확장을 반대하던 학계·문화계 인사들과 대립하는 양상을 보이기도 했다.

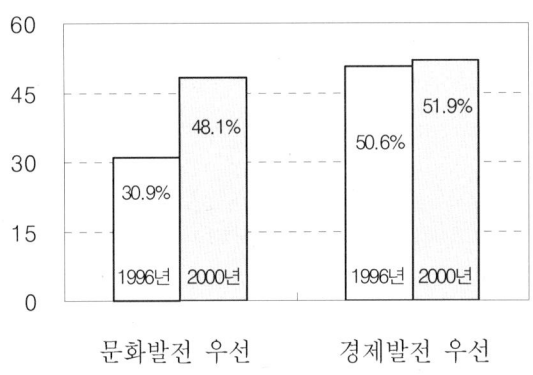

〈그림 7-8〉 전주 발전방향에 대한 시민의식

이제 전주시의 문화산업을 형성해가는 각 주체들의 문화산업에 대한 태도와 가치를 살펴보고 그 속에서 드러나는 사회적 갈등의 양상을 살펴보기로 하겠다. 먼저 전제되어야 할 것은 전주시의 문화산업의 특징은 문화적 가치가 시민들 사이에서 아직 확고하게 자리 잡지 못하고 있다는 사실이다. 〈그림 7-8〉은 전주의 발전방향에 대한 시민의식의 변화를 1996년과 2000년의 조사결과로 비교한 것이다. 확실히 문화발전에 대한 기대치가 높아진 것은 사실이지만 경제발전을 더욱 소중한 가치로 평가하는 시민들도 여전히 50%를 상회하고 오히려 증가했다는 사실을 주목할 필요가 있다.

전주시민들이 이 같은 태도는 근본적으로 문화산업의 가능성에 대한 확신의 문제와 이러한 사업들이 추진되는 과정에서 드러난 시민적 합의와 동의의 과정에서 문제가 생겼기 때문에 생겨난 것이다. 시민들은 문화산업의 중요성을 이해하지만 춘천의 시민들과 달리 성공사례에 대한 경험이 없다는 것이 이 같은 태도를 결정하게 하는 요인이 되었다.

두 번째 특징은 '전통'에 대한 과도한 해석이 도시문화 전체를 지배하고 있다는 점이다. 전주의 도시문화에서 가장 결정적인 약점은 전주 인구의 약 20-30%를 차지하는 대학생들과 고등학생들을 전혀 끌어들이지 못하고 있다는 사실이다. 이것은 극단적으로 전통문화의 미래가 어떻게 될 것인가를 보여주는 중요한 지표이다. 그리고 이 같은 부적응은 거의 모든 장르의 예술 활동과 문화산업에서 그대로 드러나고 있다.

세 번째 전주문화의 특징은 문화산업의 주체가 형성되지 못했다는 사실이다. 특히 문화도시를 자처하고 있음에도 불구하고 또 다양한 문화적 장르가 제기되고 있음에도 불구하고 이러한 문화적 자원을 의미화 시키고 상품으로 발전시킬 수 있는 문화적 주체는 여전히 형성되지 못하고 있다.

5. 소결: 전주 문화도시전략의 의의와 평가

이 연구에서 전주시는 전통과 현대문화가 혼합된 문화산업도시로서 분석되었다. 전주는 경주와 함께 천년 고도로서의 역사와 전통을 가지고 있지만 경주와 같은 역사의 흔적을 갖고 있지는 못한다. 전주의 도시성과 역사성은 찬란한 고대문명의 중심지로서가 아니라, 눈에 보이지 않는 역사의 도시로 존재한다. 따라서 전주의 전통과 역사라는 문화적 자원은 흔히 유형적인 것이 아닌 무형적인 자원으로 존재한다.

또한 전주는 60-70년대 근대화과정에서 정책적으로 소외받았으며 공업화에도 실패한 도시로 남겨져 있다. 그래서 전주는 경주와는 천년 고도로서의 이미지를 공유하고, 춘천과는 근대화에 실패한 도시로서의 의미를 공유하고 있다. 그러나 전주는 경주가 가진 고내도시의 유적과 유물을 공유하지는 못했으며, 또 춘천이 가진 자연자원과 청정 도시의 이미지를 공유하지도 못했다.

전주의 이 같은 문화적 특성은 문화도시로서 전주의 전략과 방향을 대단히 혼돈스럽게 한다. 그 결과 90년대 이후 본격적으로 시작된 전주의 문화산업전략은 수많은 자원요소들 가운데 전략적이고 정책적인 자원의 선택에 실패한 채 산발적으로 진행되어 괄목한만한 성과를 거두지 못했다. 특히 그동안 전주의 도시문화산업은 원칙과 일관성 없이 지나친 전통문화 지향성을 보여 왔고, 그것은 또 다른 의미에서 무의미한 건설로 이어졌다.

　그러나 2기 민선지방정부가 들어서면서 전주의 도시문화전략은 조금씩 개선되고 안정되고 있는 것으로 보인다. 현재 전주 문화도시전략의 주체라고 할 수 있는 지방정부는 도시문화전략의 기본관점을 전통문화에 두고 다양한 프로그램으로 이를 뒷받침하면서, 한편으로는 영상문화산업을 핵심적인 수익모델로 설정하고 있다고 평가할 수 있다. 그럼에도 불구하고 도시적 경관의 측면에서 문화도시로서 전주의 이미지는 아직 분명치 않아 보인다. 그것은 상대적으로 나아졌다고는 하나 전주시의 문화정책이 아직도 일관성과 원칙을 갖지 못하기 때문이다.

　그런 의미에서 전주 역시 문화도시전략의 원칙과 방향을 설정하고 목표를 달성하기 위한 일종의 마스터플랜으로서 도시문화발전의 중장기문화계획이 세워져야 한다. 이 계획이 세워지고 만들어지는 과정 자체가 문화도시전략 속에 시민들이 참여하고 합의하는 과정일 수 있다.

　마지막으로 전주의 문화도시전략에서 나타난 많은 갈등의 근본적인 원인은 전주시가 가진 문화적 자원을 이해하는 방식에서 차이가 발생하기 때문이다. 즉 한편에는 전통문화가 대단히 중요한 자원으로 인식되지만 다른 한편에서는 생활을 불편하게 하고 재산권을 제한하는 요소로만 인식되고 있다는 것이다. 또 전통적인 도시계획의 관점에서도 전통성과 역사성은 우선적으로 고려되지 못하는 경우가 많다. 그런 의미에서 전주는 아직 문화도시전략의 1단계와 2단계의 사이에 놓여져 있다.

제8장 요약 및 결론

이 연구는 96년 민선지방정부의 출범을 기점으로 한국 도시발전의 패러다임이 전환하고 그 과정의 핵심에 도시문화산업이 자리 잡고 있음을 밝히고자 했다. 더불어 도시문화산업의 유형과 내적동학을 분석함으로써 도시의 문화적 발전이 어떤 의미를 갖는지 전망하고자 했다. 이상과 같은 연구를 통해 우리는 다음과 같은 몇 가지 결론을 얻을 수 있다.

첫째, 60년대 이후 산업화 과정을 통해서 획일화되었던 한국의 도시들은 1990년대 초반의 사회적 변화와 힘입어 도시발전 패러다임의 변화를 모색하기 시작했다. 이 같은 조건 속에서 한국 도시발전 패러다임은 60-70년대의 산업화 전략에서 80년대 중반 이후의 첨단산업화 전략 그리고 90년대 중반을 기점으로 문화산업화 전략으로 변화하였다. 그러나 이러한 도시발전 패러다임의 전환은 근본적으로 도시를 변화시키지는 못하고 있으며 일종의 과도기적인 전환기 속에 있는 것으로 보여진다. 즉 현재 한국의 도시발전 패러다임은 문화산업화 전략이 강력히 대두되고 있기는 하지만, 다른 한편으로 첨단산업화 전략이 포기되거나 축소되는 경향을 보여주지는 않고 있다.

둘째, 그럼에도 불구하고 90년대 중반 이후 한국 도시발전 전략의 가장 중요한 특징은 문화산업전략이라고 할 수 있다. 지자체 이후 한국의 각 도시들이 경쟁적으로 개최하고 있는 국제적 규모의 축제나 문화이벤트들은 21세기를 향한 도시의 생존전략으로서 의미를 갖는다. 한국도시의 문화산업은 다양한 형태로 나타나고 있지만 내용적으로 보면 크게 이벤트산업(축제, 엑스포 등), 문화유산산업(유적지 관광, 박물관, 전통문화특구 조성사업 등), 관광레저산업(테마파크, 경마/경륜/카지노산업 등), 정책적 문화산업(콘텐츠산업, 영상산업, 게임산업, 애니메이션산업 등), 상품판매산업(자체 캐릭터산업, 브랜드 활용산업 등)의 다섯 가지로 구분될 수 있다.

셋째, 도시문화산업에서 가장 기본적으로 고려되고 활용되는 것은 도시가 지닌 문화적 자원들이다. 도시의 문화적 자원은 유형무형으로 다양한 범주를 갖고 있으며, 도시문화산업의 기본방향과 전략 그리고 내용을 결정해주는 요소가 된다. 문화적 자원의 성격 및 내용에 따라 문화도시의 유형을 분류해보면 대개 문화유산 관광형 도시, 현대적 문화산업 개발형 도시, 전통－현대 문화산업 혼합형 도시로 각각 개념화할 수 있다. 먼저 문화유산 관광형 도시들은 전통적인 역사와 문화를 기본자원으로 하여 대체로 원형을 보존하고 그것을 그대로 드러내는 관광산업을 중심전략으로 하는 도시들이다. 또 현대적 문화산업 개발형 도시들은 기존의 자원과 관계없이 특정한 문화장르를 특성화하는 한편 이를 축제를 비롯해 다양한 문화산업으로 연결시키는 전략을 구사한다. 또 전통－현대 문화산업 혼합형 도시는 전통문화와 현대문화와의 가운데 위치하면서 보다 혼합적인 형태로 문화산업을 추진하는 도시들이다.

네 번째는 도시의 문화산업전략에서 주체의 문제와 사회적 갈등에 관한 것이다. (1) 도시문화산업의 발전과정에서 국가는 여전히 가장 중요한 주체로서 영향력을 행사하고 있지만 그 영향력은 점차 약화되고 있다. 그러나 경주의 사례에서와 같이 국가가 종합적인 국토개발계획에서 각 도시를 어떤 위상으로 평가하는가 하는 점은 대단히 중요한 요소가 된다. (2) 중앙정부의 영향력이 퇴조하면서 지방정부의 영향력과 권한은 상대적으로 커지고 있다. 도시문화산업에서 지방정부는 핵심적인 주체로 자리 잡고 있다. (3) 그러나 도시문화산업을 둘러싸고 지방정부끼리의 갈등양상도 두드러지고 있다. 여기에는 도시들끼리의 캐릭터를 둘러싼 다툼이나 분쟁도 있지만, 광역단체와 기초단체 사이에 벌어지는 상징투쟁의 양상도 나타난다. (4) 도시정치의 분석에서 빈번하게 사용되는 성장연합 대 반성장연합의 갈등은 도시문화산업에서는 기존의 구분이 거의 불가능해진다. 즉 성장연합이나 반성장연합 모두 문화적 발전전략에 대해서는 특별한 이의를 제기하지 않고 있으며, 아직은 커다란 경제적 이해관계를 두고 갈등이 발생하지도 않는다. (5) 문화산업을 둘러싼 주체형성의 문제로 보면 반성장연합은 아직 확고한 조직과 사회적 발언권을 갖지 못했다고 할 수 있다. 문화운동을 표방하는 문화단체들의 경우 지역사회 내에서 차지하는 위상이 크지 않고, 따라서 사안에 따른 단발적 평가나 운동은 적지 않지만 도시발전전략으로서 문화산업의 방향을 이끌어내지는 못하고 있다는 것이다. 그러나 지역문화예술인들의 문화산업에 대한 참여는 갈수록 늘어가고 있으며, 실제로 중요한 인적자원으로 성장할 가능성을 보여주고 있다. (6) 한편 도시발전전략의 핵심주체인 자본도 아직까지는 문화산업전략에 이렇다할 영향력을 행사하지 못하고 있다. 그것은 지역의 상공인을 중심으로 한 토착자본들의 세력의 자체적인 발언권이 약하고, 현재의 도시문화산업이 소규모 민간자본이 개입하기에는 어려운 조건에 놓여있기 때문이다. (7) 그러나 무엇보다도 도시문화산업의 성패를 결정하는 요소는 주체로서 시민적 참여의 문제이다. 이제 도시발전은 지역엘리트들의 의욕만으로 이루어지지는 않으며, 치밀하게 시민적 합의를 이끌어내고 그로부터 시민들의 자발적인 참여를 이끌어낼 수 있을 때 문화산업전략은 성공할 수 있다.

다음으로 이 연구에서 사례로 비교한 세 도시의 특징을 요약하고 그 함의를 정리해보기로 하자.

첫째 앞서 유형화한 문화도시의 분류를 따라 문화유산 관광형 도시의 사례로 분석된 경주의 경우 천년 고도로서의 역사자원과 광범위한 불교문화의 유산이라는 문화유산을 가지고 있는 도시로서 천년 고도의 이미지와 자원은 경주시의 도시정체성을 규정하는 요소가 되었다. 경주는 박정희 정권의 등장 이후 국가의 관광전략이라는 차원에서 집중적인 지원을 받으며 육성되었고, 이후 한국을 대표하는 관광도시로 성장하였다. 원형의 보존과 관광산업을 기본전략으로 했던 경주는 역사문화도시와 관광도시로서 자리 잡았지만, 그 이면에는 시민들의 사유재산권이 제한되고 개발이 억제되는 대가도 뒤따랐다.

 96년 지방자치제의 출범과 함께 문화도시로서 경주의 위기를 가져온 근본원인은 바로 이 개발과 보존의 갈등에 있었다. 이 같은 경주의 위기는 지방정부와 지역상공인을 중심으로 한 성장연합에 의해서 격렬하게 제기되었으며, 이들의 개발에 대한 염원은 90년대 한국 문화계의 뜨거운 이슈였던 고속철도 경주경유와 경마장 건설의 문제를 둘러싸고 정부 및 학계, 문화계와 첨예한 갈등을 빚었다. 그러나 이러한 문제의 근본원인이 개발과 보존의 갈등이라는 문제로 정리되는 것은 본질적으로 올바른 시각이 아니다. 경주의 근본원인은 문화도시로서 일관된 정책의 부재와 시민적 합의가 전제되지 않은 일방적인 보존정책에 있다고 할 수 있다.

 경주의 사례는 문화도시 전략이 가져올 수 있는 거의 모든 문제들을 다 드러냈다는 점에서 앞으로 문화도시를 지향하는 도시전략에 중요한 시사를 주었다. 특히 도시정치의 영역에서 성장연합과 반성장연합이 사안에 따라서는 얼마든지 서로 다른 견해와 입장을 가질 수 있는 것이 바로 문화산업의 특징이라고 할 수 있다.

 두 번째, 현대적 문화산업 개발형 도시로 분석된 춘천은 본래의 자연자원과 도시의 문화예술을 결합하여 도시문화산업의 방향을 설정하고 여기에 첨단산업을 결합시키는 전략이 구사되었다. 춘천의 경우도 경주와 마찬가지로 국가에 의해서 수도권의 전원·휴양도시로 설정되어 그린벨트로 재산권이 제한되는 경험을 겪었으며 극도로 개발이 제한된 도시였다.

 춘천은 1996년 지방자치제 이후 문화도시와 휴양도시로서의 발전전략을 굳히고 독자적인 프로그램으로 문화도시로서 나름대로 성공적인 위치를 확보했다. 즉 도시의 자연자원은 휴양도시로서의 이미지와 연관시켜 오락/레저산업을 유도하고 인형극, 마임, 만화 등의 문화자원은 대규모 축제와 영상산업 또는 애니메이션 분야의 첨단산업을 유치함으로써 도시발전전략의 일관성을 유지하였다. 이 과정에서 춘천은 상대적으로 시민적 갈등의 요소가 거의 드러나지 않았으며, 지방정부와 지역상공인 그리고 지역 언론의 유기적인 협력관계가 설정되었다. 그러나 춘천의 도시축제에서 드러나고 있는 아웃소싱된 외부전문 인력과의 갈등은 춘천의 문화적 정체성과 실질적인 기반이 아직 완전한 형태에 이르지 못했음을 말해주는 것이다.

세 번째, 전통적이고 역사적인 자원을 가지고 있음에도 불구하고 그 자원의 성격이 무형적인 것이고, 또 60-70년대의 공업화 과정에서도 소외된 전통도시들의 일반적인 전략인 전통－현대 문화산업 혼합형 도시도 분석되었다. 여기서는 사례로 분석한 전주시의 경우 전통의 예향을 도시정체성의 근간으로 삼고 있으나, 실제로 그 전통성은 도시경관이나 건축물 등 유형적인 형태로 존재하지 않는다. 또 공업화 과정에서 소외되기는 했으나 한편으로는 공업단지가 조성되어 있고 서해안 개발사업의 후방기지로서의 역할도 부여받고 있는 것이 전주시의 사회문화적 조건이 된다.

전주시 역시 지방자치제 이전까지 국가로부터 부여받은 도시적 역할은 전주권 공업발전의 중심도시라는 것이었으나, 현재에 와서는 그 같은 의미는 거의 상실되었다. 전주의 도시적 정체성의 혼란은 외부적으로는 이 같은 공업화 전략의 실패와 그에 뒤이은 첨단산업화 전략의 성과 없음에 기인하는 것이었고, 내적으로는 전통문화의 지속적인 쇠퇴와 그로 인한 정서적 공백이 그 원인이 되었다.

지자체 이후 문화도시로서 전주의 발전전략은 전통문화의 현대화라는 기본전략위에 영화제나 월드컵 유치 등과 같은 현대적인 문화산업의 개척이라는 형태로 드러나고 있다. 전주 역시 현재까지는 이러한 전략이 진행 중에 있고, 따라서 그 성과를 예단하기는 어렵지만 이러한 전략이 지방정부와 지역상공인 등 성장연합에 의해서 추진되고 있고 시민적 참여가 보장되지 못하고 있다는 점에서 문제를 드러내고 있다.

이상에서 살펴본 세 도시는 문화적 자원과 중심전략이 각기 달랐음에도 불구하고 현실적으로 드러나는 도시문화산업의 정책이나 내용은 서로 중복되거나 겹치고 있었다. 이것은 도시문화산업이 갖는 일반성에 기인한 것이기는 하지만 한편으로는 도시문화전략이 서로 학습되고 모방되는 과정에서 독창적인 정책개발에 실패한 측면도 없지 않다. 결국 이러한 문화산업정책의 유사성은 문화도시를 지향하는 도시들의 획일화를 가져올 가능성도 있다고 하겠다.

또 이 세 도시는 모두 상대적으로 도시문화전략이 상당히 진전되어 있음에도 불구하고 시민의 문화적 삶의 질을 향상시키는 문화기반시설에 대한 투자나 생활문화에 대한 정책이 거의 없다는 것도 공통적인 특징이었다.

한편 세 도시의 사례는 각각 문화적 자원이 활용되는 방식과 기본전략에 있어서 중요한 차이를 보여주고 있다. 경주의 경우는 도시의 문화적 자원에 대한 신뢰의 문제가, 춘천은 문화적 자원의 통제를 둘러싼 대립이, 전주는 문화적 자원을 둘러싼 이해의 방식에서 대립지점이 형성되었다고 할 수 있다.

또 본 연구가 설정한 문화도시전략의 세 단계로 발전정도를 측정해 본다면 경주의 경우 문화적 자원의 산발적으로 존재하는 1단계에 머물러 있고, 춘천은 산발적으로 존재하던 문화적 자원이 선택과 탈락의 과정을 거치면서 특성화의 단계에 접어든 2단계에 놓여져 있다고 할 수 있다. 그렇다면 전주는 한편으로는 아직도 많은 문화자원들이 산재한 가운데 각기 운동을 계속하고 있고, 또 한편으로는 특성화의 방향이 설정되기 시작한 1단계와 2단계의 사이에 놓여져 있다고 할 수 있다.

마지막으로 문화도시전략의 주체라는 측면에서 본다면 이 세 도시 모두 지방정부가 가장 커다란 영향력과 권한을 행사하고 있지만 경주는 광역단체인 경상북도의 영향력이 큰 것으로 나타났다. 전주의 경우 지방정부가 거의 절대적인 힘을 발휘하고 있었으며, 춘천은 세 도시 가운데 시민사회와 지방정부의 상호보완적인 관계가 가장 잘 이루어지고 있었다.

이제 이 연구가 갖는 이론적 함의를 살펴보기로 하자. 이 연구는 도시사회학과 문화사회학의 중간에서 도시연구의 지평을 넓혔다는 의미를 갖는다. 즉 그간의 도시연구가 지역연구로 출발하여 도시연구로 이동하고 있는 이론적 흐름 속에서 도시에 대한 문화적 분석을 시도했다는 점에서 의미를 찾을 수 있다. 그리고 문화적 분석의 맥락에서 도시문화산업과 그 발전방향 및 주체의 문제를 둘러싼 사회적 관계를 규명하고 했다는 점에서 이 연구는 사회학적 분석으로 평가받을 수 있다. 한편 비록 불완전하기는 하나 도시문화를 분석하면서 기존의 사회적 관계 및 주체의 문제로부터 도시의 문화적 자원을 통해 도시에 대한 의미(아우라)적 분석이 이루어졌다는 것도 나름대로 새로운 시도였다고 할 수 있다. 다음으로 이 연구가 실천적으로는 도시문화산업의 내적 동학과 구성을 밝힘으로써 90년대 이후 폭발적으로 나타난 도시축제 및 각종 문화적 이벤트들이 어떤 사회적 맥락에서 이루어지고 있는가를 밝히고, 규범적인 차원에서 방향성을 제시했다는 점에서 의의를 찾을 수 있다. 또 그동안의 도시연구가 서울을 비롯한 수도권 지역에 집중되었던데 반해 이 연구는 문화도시를 표방한 지방 도시를 분석하고 있다는 점에 의미가 있다고 하겠다.

그러나 이 연구가 갖는 한계와 과제 역시 결코 작지 않다. 무엇보다도 이 연구의 중심축인 도시발전전략의 변화가 보다 세밀하게 검토될 필요가 있다. 한국의 도시문화산업이 제대로 분석되기 위해서는 문화도시들 간의 비교만이 아니라 전형적인 공업도시들과의 비교를 통해 도시발전전략의 변화를 평가할 수 있어야 한다. 또 공업도시 내부의 문화적 발전전략이 어떻게 이루어지고 있는가를 살펴보는 것도 중요한 과제라고 하겠다.

한편 이 연구가 사회학적으로 보다 진보적인 형태와 내용을 갖추기 위해서는 도시문화를 측정하는 공통의 지표가 먼저 개발될 필요가 있다. 도시문화에 대한 분석적인 접근은 도시를 '이해(verstehen)'적으로 바라보고 분석하는데 도움을 주는 것이 사실이지만, 그 같은 분석에만 의지할 경우 자칫 자의적이고 주관적인 분석에 치우칠 가능성이 높다. 이 연구 역시 나름대로 객관적인 자료를 통해 도시문화를 분석하고자 했으나 이 같은 함정을 피할 수 없었다.

따라서 앞으로 보다 진전된 도시문화의 분석을 위해서는 도시의 발전전략과 문화산업을 상호 연관적으로 측정할 수 있는 방법론 및 자료의 개발이 선행되어야 한다. 특히 도시문화산업이 실제로 어떤 효과를 거두고 있는지를 측정하고 평가할 수 있는 자료의 개발은 절실한 과제로 남겨졌다.

마지막으로 이 연구가 가진 가장 커다란 약점은 연구의 목표에서 밝혔던 도시 내부의 정치적 관계를 제대로 분석하지 못했다는 점이다. 그것은 무엇보다도 문화도시전략에서 도시정치가 어떤 메커니즘으로 작동하는가에 대한 이론적 연구가 미흡한데 그 원인이 있었다. 이러한 문제들은 차후 더욱 진전된 연구를 통해서 해결해 나가야 할 것이다.

참고문헌

● 자 료

강원일보, 1992-2000. 3 춘천 관련 신문기사.

건설부・경주개발건설사무소. 1979, 『경주관광종합개발사업지』.

경주개발동우회. 1998, 『그래도 우리는 신명 바쳐 일했다』, 고려서적.

경주시 인터넷 홈페이지(http://www.kyongju.kyongbuk.kr/).

관광개발연구원. 1989-2000 각 년도, 『한국관광연감』.

광주광역시. 1999, 「시민의식종합조사 및 정책연구」.

광주광역시. 2000, 『빛과 생명의 문화광주 2020 기본계획』.

국토개발연구원. 1982, 『전라북도종합개발계획』 중간보고.

내무부 지방재정경제국, 1987-1999년 각 년도, 『지방재정연감』.

내무부・한국지방행정연구원, 1987, 『한국지방행정사』.

내무부・행정자치부. 1989-2000 각 년도, 『한국도시연감』.

대구매일신문, 영남일보, 1992-2000. 3 경주 관련 신문기사.

문화체육부. 1998, 『한국의 지역축제』.

전국 각 시도 인터넷 공식 홈페이지(http://jijache.co.kr/).

전남대 사회과학연구소・서울대 사회과학연구소・부산대 사회조사연구소.
    1995, 『전남 이미지 실태연구』.

전라북도. 1996, 『전라북도 21세기 발전방안에 대한 도민의식 조사연구』.

_____. 1989, 『전라북도장기발전계획』(1989~2001).

288

_____. 1999, 『동학농민혁명정신 선양사업 기본계획』 보고서.

전북문화저널. 2000, 『제1회 전주국제영화제와 통합축제 평가』 보고서.

전북문화저널사, 월간 〈문화저널〉 1987년 10월호(창간호)-2000. 12월호.

전주대사습놀이보존회. 1992. 『전주대사습사』 참조.

전주문화방송. 1992, 『전북인의 의식조사』.

전주상공회의소. 1995, 『전주상의 육십 년사』.

전주시 인터넷 홈페이지(http://www.chonju.chonbuk.kr/).

전주시. 1997, 『전주시사』.

조선, 동아, 중앙, 한국, 한겨레 1992-2000. 3 춘천, 경주, 전주 관련 신문기사.

춘천백년사편찬위원회. 1996, 『춘천백년사』(상 · 하).

춘천시 인터넷 홈페이지(http://www.chunchon.kangwon.kr/).

춘천시. 1997, 『춘천시 종합장기발전구상-21세기 춘천 비전과 개발전략』.

_____. 1998, 「2016년 춘천도시기본계획」.

한국개발연구원. 1985, 『전라북도 공업진흥 종합계획에 관한 연구』.

한국관광공사. 1993, 『외래 관광객 여론조사』.

_____. 1997, 『외래 관광객 여론조사』.

한국문화정책개발원. 1995, 『지방자치단체별 문화지표 조사연구』.

_____. 1995, 『춘천인형극제의 지역경제 · 사회문화적 효과』.

_____. 2000, 「문화산업비전 21」(『문화산업진흥 5개년 계획』 요약본).

한국지방행정연구원. 2000, 『지방문화산업 육성방안』.

행정자치부. 1998, 『지방자치단체 기본현황』.

• 국내문헌

강내희. 1994, 「서울, 그 일상공간의 동학」, 〈문화과학〉 제5호, 문화과학사.

강대기. 1987, 『현대도시론』, 민음사.

강명구. 1992, 「도시 및 지방자치의 정치경제학」, 한국공간 환경연구회 편, 『한국공간 환경의 재인식』, 한울.

_____외. 1996, 『수원지역의 현황과 과제』, 아주대 출판부.

_____. 1998, 「한국의 도시와 권력」, 한국도시연구소 편, 『한국도시론』, 박영사.

강희경. 1999, "수도권과의 공간적 거리와 지역정체성: 충북을 중심으로", '1999 지역사회학회 학술대회 자료집.

경남대 경남지역문제연구원 편. 1996, 『마산 창원지역 연구』, 경남대 출판부.

고석규. 1999, '공간의 이중성과 신파성 - 서울과 목포의 사례를 중심으로', 〈열린 지성〉 6호, 교수신문사.

공유식·장원호. 1999, "지역정체성의 탈지역 현상: 글로벌 문화 형성기반으로서의 지역정체성", '1999 지역사회학회 학술대회 자료집.

十농회. 1995, 「새로운 문화지리학을 향하여」, 한국공간 환경연구회 편, 『새로운 공간 환경론의 모색』, 한울아카데미.

_____외. 1995, 『공간의 문화정치: 공간 문화 서울』, 현실 문화 연구.

_____편. 1999, 『영화 속의 도시』, 한울.

구미래. 1992, 『한국인의 상징세계』, 교보문고.

권숙인. 1996, 『현대 일본사회와 지방의 아이덴티티』, 서울대학교 출판부.

권용우. 1992, 「도시성장의 한계와 도시정책」, 한국공간 환경연구회 편, 『한국공간 환경의 재인식』, 한울.

권정화. 1995, 「영상소비문화시대의 일상경험과 도시경관의 상징화」, 한국공간 환경연구회 편, 『일상공간과 생활정치』, 도서출판 대윤.

권태준. 1991, 「지역개발의 새로운 주체로서 지역주의」, 김종철·최장집 외, 『지역감정연구』, 학민사.

김경일. 1997, 「좌절된 중용: 일제하 지식 형성에서의 보편주의와 특수주의」, 한국사회사학회 편, 〈사회와 역사〉 제51집, 문학과지성사.

김광희. 1997, '현장-제9회 춘천인형극제·제2회 춘천막국수 대축제', 한국문화예술진흥원, 〈문화예술〉 218호.

김규호 외. 1997, 『경주문화의 이해』, 중문.

김덕현. 1992, 「지역발전의 한계와 국가의 역할」, 한국공간 환경연구회 편, 『한국공간 환경의 재인식』, 한울.

김만흠. 1992, 「한국정치의 전개와 지역균열의 구조」, 한국공간 환경연구회 편, 『한국공간 환경의 재인식』, 한울.

_____. 1997, 「지방자치와 참여민주주의」, 참여사회연구소 편, 『참여민주주의와 한국사회』, 창작과비평사.

김문조. 1993, 「지역주의의 형성과정과 특성」, 『오늘의 한국사회』, 나남.

_____. 1994, 「영상시대의 사회학적 진단」, 〈고려 사회학 논집〉 제8호.

_____. 1997, 「후기산업화시대의 사회구조와 문화」, 『한국의 도전과 선택』, 나남.

김문조·윤인진. 1998, 『대전·충청권의 도시화와 도시발전』, 백산서당.

김문환. 1997, 『문화경제론』, 서울대학교 출판부.

_____. 1998, 『지역문화발전론』, 문예출판사.

_____외. 1998, 『19세기 문화의 상품화와 물신화』, 서울대학교 출판부.

김석준 외. 『부산지역 현실과 지역운동』(1999), 부산대학교 출판부.

김석철. 1997, 『김석철의 세계건축기행』, 창작과 비평사.

_____. 1997,『천년의 도시 천년의 건축』, 해냄출판사.

김성국. 1999, "지역주의와 지역정체성 형성: 지역주의의 재인식을 위하여", '1999 지역사회학회 학술대회 자료집.

김세훈. 1997, '호주의 영상산업정책', 한국문화예술진흥원, 〈문화예술〉 218호.

김소영. 1994, 「서울, 영화 속의 도시」, 〈문화과학〉 제5호, 문화과학사.

김영범. 1991, 「망탈리테사: 심층사의 한 지평」, 한국사회사학회 논문집 제31집, 『사회사 연구와 사회이론』, 문학과 지성사.

김영정. 1997, '한국 지역발전격차의 실태 및 균형발전전략의 모색: 지방 주도 특성화 발전전략 구상', 호남사회연구회 창립 10주년 기념학술회의 「지역문제와 21세기 한국사회의 과제」.

_____. 1997, 「한국 지역발전의 실태비교」, 성경륭 외, 『지방자치와 지역발전』, 민음사.

_____. 2000, 「지역정보화와 지역발전의 관계」, 지역사회학회 편, 『정보화와 지역발전』, 한울.

김왕배. 1995, 「지역정치의 조건: 이론과 실제」, 한국공간 환경연구회 편, 『새로운 공간 환경론의 모색』, 한울아카데미.

_____. 1997, 「자본주의 산업구조의 변화와 지역공간의 구조화」, 성경륭 외, 『지방자치와 지역빌진』, 민음사.

김왕배. 2000, 『도시, 공간, 생활세계』, 한울.

김용창. 1995, 「생활공간이 관점과 생활세계의 식민화」, 한국공간 환경연구회 편, 『일상공간과 생활정치』, 도서출판 대윤.

김우창. 1998, 「도시와 문화」, 한국도시연구소 편, 『한국도시론』, 박영사.

김원. 1999, 『우리시대 건축이야기』, 열화당.

김원동. 1997, 「한국의 지방선거와 지방자치」, 성경륭 외, 『지방자치와 지역발전』, 민음사.

김일철. 1994. 『일본농촌과 지역활성화 운동』, 나남출판.

김정호. 1998. 「지방자치시대의 문화시민운동」, 한국향토사연구전국협의회, 『향토사와 지역문화』, 수서원.

김종덕. 1999. 「지역사의 해석과 축제」, 정근식 편, 『축제, 민주주의, 지역활성화』, 새길.

김종엽. 1997. 「자아 정체성과 정치: 푸코와 기든스를 중심으로」, 〈경제와 사회〉 35호. 한울.

_____. 1998. '동작동 국립묘지의 형성과 그것의 문화정치적 의미', 한국사회학회 1998 후기사회학대회 자료집.

_____. 1999. 「프랑스 대혁명과 혁명적 축제-뒤르켐과 프로이트의 토테미즘 연구와의 연관을 중심으로」, 정근식 편, 『축제, 민주주의, 지역활성화』, 새길.

김준태. 1997. 『20세기 말과 지역문화』, 나남출판.

김진송. 1999. 『서울에 딴스홀을 許하라』, 현실 문화 연구.

김택규. 1998. 「지역자치와 문화자치」, 한국향토사연구전국협의회, 『향토사와 지역문화』, 수서원.

김한배. 1998. 『우리 도시의 얼굴 찾기』, 태림문화사.

나승만. 1997. '마을 굿의 변천과 축제화 과정', 전북문화저널 창간 10주년 기념 심포지움, 〈지역문화축제의 현황과 과제〉.

도정일. 1992. 「문화, 상징질서, 일상의 삶-비판이론의 현 단계: 루이 알튀세르와 앙리 르페브르」, 〈문화과학〉 창간호. 문화과학사.

류우익. 1997. 「21세기 한반도의 발전축」, 서울대학교 21세기 문화연구호 편, 『국토와 산업의 미래상』, 집문당.

문석남 외. 1994. 『지역사회와 사회의식-광주·전남 지역연구』, 문학과지성사.

문옥표. 1994.『일본의 농촌사회-관광산업과 문화변동』, 서울대학교 출판부.

박동철. 1991.「5.16정권과 1960년대 자본축적과정」, 양우진 외,『한국 자본주의의 분석』, 일빛.

박명규. 1994.「국제화, 지역화 속의 한국사회」,〈경제와 사회〉22호, 한울.

_____. 1997.「역사적 경험의 재해석과 상징화: 동학농민전쟁의 기념물」, 한국사회사학회 편,〈사회와 역사〉제51집, 문학과지성사.

박세훈. 1995.「세계도시의 정치경제와 일상생활」, 한국공간 환경연구회 편,『일상공간과 생활정치』, 도서출판 대윤.

박영민. 1995.「도시 공간의 문화정치와 계획담론」, 한국공간 환경연구회 편,『새로운 공간 환경론의 모색』, 한울아카데미.

박준식. 1997.「지역연구의 역사와 흐름」, 성경륭 외,『지방자치와 지역발 전』, 민음사.

박태호. 1998.「서구의 근대적 주거공간에 관한 공간사회학적 연구」, 서 울대학교 대학원 사회학과 박사학위논문.

서울시립대부설 서울학연구소. 2000.『주민생애사를 통해 본 20세기 서울 현대사』, 서울학 연구소.

서현. 1998.『건축, 음악처럼 듣고 미술처럼 보다』, 효형출판.

손정목. 1998.「한국에 있어서 도시의 발달」, 한국도시연구소 편,『한국도 시론』, 박영사.

송병락. 1997.「산업의 미래상」, 서울대학교 21세기 문화연구호 편,『국 토와 산업의 미래상』, 집문당.

신광영. 1997.「계급과 정체성의 정치」,〈경제와 사회〉35호. 한울.

양선아. 1999.「지방의 '문화관광'과 지역 정체성의 재구성-제주도 사례 를 중심으로」, 서울대 인류학과 석사학위논문.

양윤재. 1995.「지방자치시대의 새로운 공간 환경계획의 과제」, 한국공간 환경학회 편, 〈공간과 사회〉 제6호, 한울.

염미경. 1998, 「일본 기업도시의 재구조화에 관한 연구-키타큐슈의 도시 정치를 중심으로」, 전남대 사회학과 박사학위논문.

오수성. 1996, 「역사적 사건과 정신구조의 연구: 역사심리학적 접근」, 전남대 사회과학연구소 편, 『지역사회 연구방법의 모색』, 전남대학교 출판부.

오숙희. 1998, 「중소도시 지역경제개발의 가능성과 한계」, 한국공간 환경학회 편, 〈공간과 사회〉 10호, 한울.

오영교. 1999, '원주문화와 원주학', http://168.126.197.21/information

원도연. 1996, '오월문화, 그 새로운 실험의 시대', 〈문화저널〉 5월호. 전북문화저널사.

_____. 1998, 「전북지역 문화의 현황과 향후 과제」, 정문길 외, 『삶의 정치-통치에서 자치로』, 크리스찬 아카데미 대화출판사.

_____. 2000, 「도시의 이미지와 지역정체성-전주, 과거에서 미래로」, 〈Trans〉 창간호. 한국예술종합학교 영상원.

윤인진. 1998, 「서울시의 사회계층별 거주지 분화 형태와 사회적 함의」, 『서울학연구』 제10호.

_____. 1999, 「한국의 도시와 지역공동체의 변화와 전망」, 한국사회 제2집.

윤택림. 1998, 「지방화와 문화적 정체성」, 정문길 외, 『삶의 정치-통치에서 자치로』, 크리스찬 아카데미 대화출판사.

윤형근. 1998, 「새로운 지역문화운동」, 정문길 외, 『삶의 정치-통치에서 자치로』, 크리스찬 아카데미 대화출판사.

이규목. 1988, 『도시와 상징』, 일지사.

이규식. 1999, '원주학 정립의 의의', http://168.126.197.21/information

이기석. 1998, 「한국 근대도시의 공간적 이해」, 한국도시연구소 편, 『한국

도시론』, 박영사.

이기태. 1996. '경북의 지역축제 현황과 과제'. 전국향토사연구회. 1996. 제7차 전국향토사연구 심포지움, 〈지역축제의 과제와 전망〉.

이남복. 1999. 「지역문화경제의 활성화전략」, 정근식 편, 『축제, 민주주의, 지역활성화』, 새길.

이득연. 1998. 「지역사회 개발전략으로서의 생태관광」, 한국공간 환경학회 편, 〈공간과 사회〉 10호, 한울.

이만형 외. 『영남지역 계획도시의 사회구조와 생활문화 — 구미의 사례연구』, 백산서당.

이상헌. 1995. 「자본주의 소비공간의 근대성과 탈근대성」, 한국공간 환경 연구회 편, 『일상공간과 생활정치』, 도서출판 대윤.

이상호. 1998. 「아비튀스와 상징질서의 새로운 사회이론」, 현택수 외, 『문화와 권력 — 부르디외 사회학의 이해』, 나남출판.

이성호. 1998. 「저발전지역의 산업재구조화와 기업전략」, 정근식 외, 『지역발전과 기업전략』, 전남대학교 출판부.

_____. 1998. 『공업적 저발전지역에서의 지역체제의 형성과 전환』, 동국대 대학원 사회학과 박사학위논문.

이영미. 1998. 『한국 대중가요사』, 시공사.

이우재. 1990. 「80년대 지역운동의 정립과 그 발전」, 조희연 편, 『한국사회운동사』, 죽산.

이은진. 1999. 「도시 속의 마을축제」, 정근식 편, 『축제, 민주주의, 지역활성화』, 새길.

_____. 1999. 「지역사회 연구의 현황과 쟁점」, 지역사회학회 편, 〈지역사회학〉 1호, 한울.

이장섭. 1996. '지역축제의 바람직한 형식'. 크리스찬아카데미 문화포럼 제

4회 "지역문화와 지역축제".

이재열. 1999, "대전·충남 지역의 사회의식과 지역정체성", '1999 지역사
　　　회학회 학술대회 자료집.

이재혁. 1999, "Identity of ambiguity: 춘천 지역정체성 조사", '1999
　　　지역사회학회 학술대회 자료집.

이정재. 1994, 「도시 문화경관」, 〈문화과학〉 제5호, 문화과학사.

이진경. 1997, 「근대적 주체와 정체성: 정체성의 미시정치학을 위하여」,
　　　〈경제와 사회〉 35호. 한울.

이창우. 1995, 「지속가능한 도시개발의 실현을 위한 도시 공간의 실재론
　　　적 이해」, 한국공간 환경학회 편, 〈공간과 사회〉 제6호, 한울.

이해준. 1992, 「향토사 연구의 필요성」, 김정호 외, 『향토사 이론과 실제』,
　　　향토문화진흥원.

＿＿＿. 1992, 「향토사 연구의 현황과 문제점」, 김정호 외, 『향토사 이론
　　　과 실제』, 향토문화진흥원.

임덕순. 1994, 『600년 수도 서울』, 지식산업사.

임동확. 1997, '광주의 미래와 비엔날레', 전북문화저널 창간 10주년 기념
　　　심포지움, 〈지역문화축제의 현황과 과제〉.

임재해. 1998, 『안동문화의 수수께끼』, 지식산업사.

임희섭. 1987, 「전환기 사회의 문화와 문화변동」, 임희섭 편, 『한국사회의
　　　발전과 문화』, 나남출판.

＿＿＿. 1987, 「한국문화의 변화와 전망」, 임희섭 편, 『한국사회의 발전과
　　　문화』, 나남출판.

＿＿＿. 1999, 『집합행동과 사회운동의 이론』, 고려대학교 출판부.

장명수. 1994, 『성곽발달과 도시계획 연구-전주부성을 중심으로』, 학연
　　　문화사.

장연옥. 1997, '아름다움과 자유, 그리고 여유로움의 축제 영국 에딘버러 페스티벌', 한국문화예술진흥원,〈문화예술〉218호.

전남대 사회과학연구소 편. 1996,『지역사회 연구방법의 모색』, 전남대 출판부.

전성옥. 1997, '지역문화축제의 발전방향과 전망', 전북문화저널 창간 10주년 기념 심포지움,〈지역문화축제의 현황과 과제〉.

전성표. 1999,「공업도시 전통축제의 위상과 전망」, 정근식 편,『축제, 민주주의, 지역활성화』, 새길.

_____. 1999,「지역사회에 대한 공업도시 주민들의 의식」, 지역사회학회 편,〈지역사회학〉1호, 한울.

정강환. 1996, '지역축제의 관광 상품화 및 이벤트 개발을 위한 연구', 전국향토사연구회. 1996, 제7차 전국향토사연구 심포지움,〈지역축제의 과제와 전망〉.

정근식. 1995,「집단적 역사경험과 그 재생의 지평」, 한국사회사학회 논문집 제47집,『설화와 의식의 사회사』, 문학과 지성사.

_____. 1996,「지역정체성과 도시상징 연구를 위하여」, 전남대 사회과학연구소 편,『지역사회 연구방법의 모색』, 전남대학교 출판부.

_____. 1998,「지역활성화와 장소 마켓팅」, 전남대학교 아시아태평양지역연구소,『아시아태평양지역연구』제1권 제1호.

_____. 1999,「러시아 혁명과 축제」, 정근식 편,『축제, 민주주의, 지역활성화』, 새길.

_____. 2000,「지역발전패러다임의 전환」, 강태구 외,『광주지역의 투자환경』, 전남대 지역개발연구소.

정근식・박명규. 1998,「지역발전과 기업전략」, 정근식 외,『지역발전과 기업전략』, 전남대학교 출판부.

정병순. 1995,「기업가적 정부에서 지방국가로」, 한국공간 환경학회 편,

〈공간과 사회〉 제6호, 한울.

정종수. 1997, '지역문화축제의 현황과 문제점', 전북문화저널 창간 10주년 기념 심포지움, 〈지역문화축제의 현황과 과제〉.

정준영. 1998, 「정체성 논의에 대한 Novert Elias의 문명화과정론의 사회학적 함의」, 서울대학교 대학원 사회학과 석사학위논문.

정준호. 1994, 「현단계 도시이론의 쟁점-문화론을 중심으로」, 〈문화과학〉 제5호, 문화과학사.

정호기. 1999, 「지역축제의 활성화와 문화정치」, 정근식 편, 『축제, 민주주의, 지역활성화』, 새길.

조명래. 1992, 「자본의 재구조화와 지역불균형의 재생산」, 한국공간 환경연구회 편, 『한국공간 환경의 재인식』, 한울.

_____. 1994, 「서울의 새로운 도시성-유연적 축적의 도시화와 대도시의 삶」, 〈문화과학〉 제5호, 문화과학사.

_____. 1995, 「포스트모던 도시론」, 한국공간 환경연구회 편, 『새로운 공간 환경론의 모색』, 한울아카데미.

_____. 1998, 「전환기 대도시 발전의 딜레마와 전망」, 한국도시연구소 편, 『한국도시론』, 박영사.

조은·조옥라. 1992, 『도시빈민의 삶과 공간』, 서울대학교 출판부.

조종혁. 1994, 『커뮤니케이션과 상징조작: 현대사회의 신화』, 성균관대학교 출판부.

주명준. 1998. 「천주교와 개신교의 전라도 선교 비교」, 전북전통문화연구소 편, 〈전주의 역사와 문화〉 참조.

지역사회연구회. 1997, "지역산업구조와 지역사연구" 자료집.

진양교. 『청량리의 공간과 일상』(1998), 서울시립대 부설 서울학 연구소.

천진기. 1996, '향토축제의 합법칙성 모색', 전국향토사연구회. 1996, 제7

차 전국향토사연구 심포지움, 〈지역축제의 과제와 전망〉.

추명희. 1999, 「전남지역 이벤트관광의 특성과 변화과정에 관한 연구」, 전남대 지리학과 박사학위논문.

최병길 외. 1998, '제주 섬정체성 변화에 관한 연구', 한국사회학회 1998 후기사회학대회 자료집.

최병두. 1991, 『한국의 공간과 환경』, 한길사.

_____. 1994, 「자본주의 도시 공간의 정치경제학」, 〈문화과학〉 제5호, 문화과학사.

_____. 1995, 「자치시대 공간 환경계획의 딜레마」, 한국공간 환경학회 편, 〈공간과 사회〉 제6호, 한울.

최영진. 1999, 『한국 지역주의와 정체성의 정치』, 오름.

최인학. 1996, '지역축제의 과제와 전망', 전국향토사연구회. 1996, 제7차 전국향토사연구 심포지움, 〈지역축제의 과제와 전망〉.

최장집. 1991, 「지역감정의 지배 이데올로기적 기능」, 김종철·최장집 외, 『지역감정연구』, 학민사.

최태룡. 1999, "삶의 질과 지역정체성 II", '1999 지역사회학회 학술대회 자료집.

하송근 외. 1995, 『창원시 연구』, 민영사.

한국공간 환경연구회. 1993, 『서울연구: 유연적 산업화와 새로운 도시·사회·정치』, 한울.

_____. 1996, 〈문화예술〉 207호, '집중기획－국민의 문화권을 찾자'.

_____. 1997, 〈문화예술〉 218호, '권두대담－지역문화축제: 전통문화를 지키려는 노력과 함께 이루어져야 할 축제의 세계화와 현대화'.

300

_____. 1998, 〈문화예술〉 226호, '지역문화축제의 장을 찾아서'.

_____. 1998. 9, 〈문화예술〉 230호, '집중기획-지방자치단체장의 문화예술 정책구상'.

_____. 1999.1, 〈문화예술〉 234호, '특별기획-21세기를 향한 우리의 건축문화'.

한국기독교사회문제연구원. 1986, 『부산지역실태와 노동운동』, 민중사.

_____. 1986, 『성남지역실태와 노동운동』, 민중사.

_____. 1988, 『대구·울산 지역실태와 노동운동』, 민중사.

한국역사연구회. 1998, 『우리는 지난 100년 동안 어떻게 살았을까』, 역사비평사.

한림대사회조사연구소·춘천문화방송. 1990, 『춘천리포트-지방자치와 전환의 모색』, 나남출판.

_____. 1999, 『'99 춘천리포트-춘천의 삶과 꿈』, 나남출판.

한상진. 1991, 「탈지역정치의 잠재력과 민주발전」, 김종철·최장집 외, 『지역감정연구』, 학민사.

____. 1994, 「1980년대 수도권 지역의 산업 재구조화」, 〈경제화 사회〉 23호, 한울.

____. 1998, '지역주의와 계급정체감이 투표성향에 미치는 영향: 울산시장 선거를 중심으로', 한국사회학회 1998 후기사회학대회 자료집.

한상진. 1999, 『도시와 공동체』, 한울.

허권. 1996, 「지속가능한 관광의 새로운 전략과 유산의 보호」, 김용정 외, 『개발과 유산의 보존』, 유네스코한국위원회.

허석렬. 1988, 「지역적 불균등발전과 도시문제-지역격차의 재해석」, 〈실천문학〉 복간호.

허영록. 1996, 「역사적 도시지역의 보존과 사회문화적 활성」, 김용정 외, 『개발과 유산의 보존』, 유네스코한국위원회.

헤이만. 1998, 「춘천시 축제에 나타난 장소마케팅의 성격」, 서울대학교 대학원 지리학과 석사학위논문.

현실 문화 연구. 1995, 『공간의 문화정치: 공간 문화 서울』.

현택수. 1998, 「문학예술의 사회적 생산」, 현택수 외, 『문화와 권력—부르디외 사회학의 이해』, 나남출판.

형기주. 1995, 「자치시대 공간 환경에 대한 전망」, 한국공간 환경학회 편, 〈공간과 사회〉 제6호, 한울.

홍동식. 1988, 『농촌사회학의 이해』, 법문사.

● 외국문헌

A. Appadurai. 1990, "Disjuncture and Difference in the Global Culture Economy", M. Featherstone eds, Global Culture: *Nationalism, Globalization, and Modernity*, SAGE.

A. 허우지(백낙청 외 역), 1980, 『문학과 예술의 사회사—근세편』, 창삭과 비평사.

A. 하우저(이진우 역). 1997, 『예술과 사회』, 계명대학교 출판부.

Albert Hunter. 1981, "Persistence of Local Sentiments in Mass Society" J. John Palen, *City scenes: problems and prospects*, Little brown and company.

Alison Ravetz, Richard Turkington. 1995, *The Place of Home: English domestic environment*, E & FN SPON.

302

Andrew David Fretter. 1993, "Place Marketing: A Local Authority Perspective", Gerry Kearns and Chris Philo eds, *Selling Place: The City as Cultural, Past and Present*, Pergamon Press.

Anthony Giddens. 1990, *The Consequences of Modernity*, 이윤희 · 이현희 역(1991), 『포스트 모더니티』, 민영사.

_____. 1991, *Modernity and Self-Identity: Self and Society in the Late Modern Age*, 권기돈 역(1997), 『현대성과 자아정체성』, 새물결.

C. J. F. Williams. 1989, What is Identity?, Clarendon Press.

Chandra Talpade Mohanty. 1995, "Feminist encounters: locating the politics of experience", Linda Nicholson & Steven Seidman ed, *Social postmodernism: Beyond identity politics*, Cambridge University Press.

Charles D. Elder, Roger W. Cobb, *The Political Uses of Symbols*, 유영옥 역(1993), 『상징의 정치적 이용』, 홍익제.

Chris Philo and Gerry Kearns. 1993, "Culture, History, Capital: A Critical Introduction to the Selling of Places", Gerry Kearns and Chris Philo eds. *Selling Place: The City as Cultural, Past and Present*, Pergamon Press.

Christopher Gosden. 1994, *Social Being and Time*, Blackwell.

Cindy Patton. 1995, "Refiguring social space", Linda Nicholson & Steven Seidman ed, *Social postmodernity: Beyond identity politics*, Cambridge University Press.

Claude S. Fischer. 1981, "The Urban Experience" J. John Palen, *City scenes: problems and prospects*, Little brown and company.

Craig Calhoun. 1987, "Class, place and industrial revolution", Nigel Thrift and Peter Williams ed, *Class and space: The making of urban society*, Routledge & Kegan Paul.

_____. 1994, "Social Theory and the Politics of Identity", C. Calhoun ed., *Social Theory and the Politics of Identity*, Blackwell Publishers.

Craig Calhoun. 1995, *Critical Social Theory: Culture, History, and the Challenge of Difference*, Blackwell.

David Harvey. 1989a, *The Condition of Postmodernity*, 구동회, 박영민 역(1994), 『포스트 모더니티의 조건』, 한울.

_____. 1989b, *The Urban Experience*, 초의수 역(1996), 『도시의 정치경제학』, 한울.

_____. 1993, "From space to place and back again: Reflections on the condition of postmodernity", J. Bird ed. *Mapping the Futures*, Routledge.

Davis Theo Goldberg. 1993, *Racist Culture: Philosophy and the Politics of Meaning*, Blackwell.

Douglas Kellner. 1992, "Popular culture and the construction of postmodern identities", Scott Lash and Jonathan Friedman ed, *Modernity and Identity*, Blackwell.

E. Barbara Phillips. 1996, City Lights: Urban-Suburban Life in the Global Society, Oxford University Press.

Edward C. Banfield. 1981, "The Urban Crisis: Reality or Myth" J.John Palen, *City scenes : problems and prospects*, Little brown and company.

Edward Soja. *Postmodern Geographies*, 1997, 이무용 외 역, 『공간

과 비판사회이론』, 시각과 언어.

Eleonore Kofman and Colin H. Williams. 1989, "Culture, community and conflict", *Community conflict, partition and nationalism*, Routledge.

Eleonore Kofman. 1989, "Religious Plurality, Social Relations and Stratification in Rural Alsace", *Community conflict, partition and nationalism*, Routledge.

Eli Zaretsky. 1994, "Identity Theory, Identity Politics: Psychoanalysis, Marxism, Post-Structualism", Craig Calhoun ed, Social Theory and Politics of Identity, Blackwell.

Ernest Gellner. 1987, *Culture, Identity, and Politics*, Cambridge University Press.

Fred Inglis. 1993, *Cultural sudies*, Blackwell Publishers.

George De Vos. 1982, "Ethnic Pluralism: Conflict and Accommodation", George De Vos and Lola Romanucci Ross eds, *Ethnic Identity: Cultural continuities and change*, University of Chicago Press.

Gerry Kearns. 1993, "The City as Spectacle : Paris and Bicentenary of the French Revolution", Gerry Kearns and Chris Philo eds, *Selling Place: The City as Cultural, Past and Present*, Pergamon Press.

Grady Clay. 1973, *Close-up: How to read the American city*, New York, Praeger Publisher's

Graeme Tunner. 1995, *British Culture Studies*, 김연종 역, 『문화연구입문』, 한나래.

Hank Johnston. 1994, "New Social Movements and Old Regional Nationalisms", Enrique Larana,, Hank Johnston, and Joseph R. Gusfield eds, *New Social Movements : From Ideology to Identity*, Temple University Press.

Henri Lefebvre. 1974, *La Production de l'espace*, Translated by Donald Nicholson-Smith(1991), *The Production of Space*, Blackwell.

Henri Tajfel. 1982, "Instrumentality, identity and social comparison", Henri Tajfel ed, *Social Identity and intergroup relations*, Cambridge University Press.

James E. Blackwell. 1985; *The Black Community: Diversity and Unity*, Harper & Row, Publishers.

Jan Nederveen Pieterse. 1991, "Image and Power", Raymond Corbey & Joep Leerssen ed, *Alterity, Identity, Image: Selves and Others in Society and Scholarship*, Amsterdam-Atlanta GA.

Jean Claude Deschamps. 1982, "Social identity and relations of power between groups", Henri Tajfel ed, *Social Identity and intcrgroup rclations*, Cambridge University Press.

Jean Duvignaud. 1991, Fêtes et civilisations, 류정아 역(1998),『축제와 문명』, 한길사.

Jim McGuigan. 1996, *Culture and The Public Sphere*, Routledge.

Joel B.Goldsteen, Cecil D. Elliott. 1994, *Designing America: Creating Urban Identity*, ITP.

Joep Leerssen. 1991, "Echoes and Images: Reflections upon Foreign Space". Raymond Corbey & Joep Leerssen ed, *Alterity, Identity, Image: Selves and Others in*

Society and Scholarship, Amsterdam-Atlanta GA.

John R. Logan and Harvey L. Molotch. 1987, *Urban Fortunes: The Political Economy of Place*, University of California Press.

Keith Bassett and John Short. 1980, Housing and residential structure: Alternative Approaches, 윤인숙 역(1994), 『도시주택연구』, 한울.

Lawrence Grossberg. 1996, "Identity and Cultural Studies - Is That All There is", Stuart Hall and Paul Du Gay ed, *Questions of Cultural Identity*, SAGE Publications.

Lewis Mumford. 1961, The City in History, 김영기 역(1990), 『역사속의 도시』, 명보문화사.

Manuel Castells. 1983, *The City and The Grassroots*, University of California Press.

Manuel Castells. 1997, *The Power of Identity: The Information Age Vol II*, Blackwell Publisher.

Mark Goodwin. 1993, "The City as Commodity: The contested Spaces of urban Development", Gerry Kearns and Chris Philo eds, *Selling Place: The City as Cultural, Past and Present*, Pergamon Press.

Marshall Sahlins. 1990, Food as symbolic code, Jeffrey C. Alexander, Steven Seidman ed, *Culture and society*, Cambridge university press.

M.호르크아이머 & Th.W.아도르노. 1947, *Dialektik der Aufklärung*, 김유동 외 역(1995), 『계몽의 변증법』, 문예출판사

Mike Featherstone. "Global Culture : An Introduction" in M.

Featherstone ed. *Global Culture : Nationalism, Globalization, and Modernity,* SAGE.

Mike Featherstone. 1995, *Undoing Culture,* SAGE Publications.

Mike Savage and Alan Warde. 1993, *Urban Socialogy, Capitalism and Modernity,* 김왕배, 박세훈 역(1996), 『자본주의 도시와 근대성』, 한울.

Mircea Eliade. 1952, *Image et Symboles,* 이재실 역(1998), 『이미지와 상징』, 까치.

Murray Edelman. 1988, *Construting the Political Spectacle,* 이성헌 역(1996), 『상징의 정치시대』, 고려원.

Neil Smith. 1984, *Uneven development : Nature, Capital and the Production of space,* Basil Blackwell Publishers.

Nicholas B. Dirks ed. 1994, *Culture/Power/History,* Princeton University Press.

Nick Stevenson. 1995. *Understanding media cultures: Social theory and mass communication,* SAGE Publications.

Nicolas Rose. 1996, "Identity, Genealogy, History", Stuart Hall and Paul Du Gay ed, *Questions of Cultural Identity,* SAGE Publications.

Nobert Wiley. 1994, "The Politics of Identity in American History", Craig Calhoun ed, Social Theory and Politics of Identity, Blackwell.

Paul Morris. 1996, "Community Beyond Tradition", Paul Heelas eds, *Detraditionalization: Critical Reflections on Authority and Identity,* Blackwell Publisher.

Peter M. Allen. 1997, *Cities and Region as Self-Organizing*

   Systems Models of Complexity, Gorden and Breach Science Publishers.

Peter Wagner. 1994, *A Sociology of modernity*, Routledge.

Pierre Bourdieu. 1979, *la distinction: critique sociale du juge-ment*, 최종철 역(1996), 『구별짓기: 문화와 취향의 사회학』, 새물결.

Rachel Woodward. 1993, "One Place, Two Stories: Two Interpretations of Spitalfields in the Debate Over its Redevelopment", Gerry Kearns and Chris Philo eds, *Selling Place: The City as Cultural, Past and Present*, Pergamon Press.

Raymond Corbey & Joep Leerssen. 1991, "Studying Alterity: Backgrounds and Perspectives", Raymond Corbey & Joep Leerssen ed, *Alterity, Identity, Image: Selves and Others in Society and Scholarship*, Amsterdam-Atlanta GA.

Richard Jenkins. 1996, *Social Identity*, Routledge.

Richard T. Schaefer. 1979, *Racial and Ethnic Group*, Little Brown Company.

Robert Meister. 1990, *Political Identity: Thinking through Marx*, Basil Blackwell.

Ron Eyerman. 1994, *Between Culture and Politics*, Polity Press.

Scott A. Hunt, Robert D. Benford, and David A. Snow. 1994, "Identity Fields: Framing Processes and the Social Construction of Movement Identities", Enrique Larana,, Hank Johnston, and Joseph R. Gusfield eds, *New Social Movements : From Ideology to Identity*,

Temple University Press.

Scott Lash. 1990, "Postmodernism as Humanism? Urban Space and Social Theory", Bryan S. Tunner ed, *Theories of Modernity and Postmodernity*, SAGE Publications.

_____. 1996, "Tradition and Limits of Difference", Paul Heelas eds, *Detraditionalization: Critical Reflections on Authority and Identity*, Blackwell Publisher.

Sharon Zukin. 1992, "Postmodern urban landscapes: mapping culture and power", Scott Lash and Jonathan Friedman ed, *Modernity and Identity*, Blackwell.

Stephen Mennell. 1994, "The Formation of We-Images: A Process Theory", Craig Calhoun ed, *Social Theory and Politics of Identity*, Blackwell.

Stuart Ewen. 1988, *All consuming images: The politics of style in contemporary culture*, 백지숙 역(1996), 『이미지는 모든 것을 삼킨다 - 소비사회와 스타일의 문화정치학』, 시각과 언어.

Stuart Hall. 1992, "The Question of Cultural Identity", *Modernity and Its Futures*, The Open University.

_____. 1996, "Who needs 'Identity'?", Stuart Hall and Paul Du Gay ed, *Questions of Cultural Identity*, SAGE Publications.

Stuart Lowe. 1986, *Urban Social Movements*, Macnillan.

Sue Wilkinson. 1992, "Towards a new city? A case study of image-improvment initiatives in Newcastle upon Tyne", P. Healey eds, *Rebuilding The City*, E & FN Spon.

Susan Krauss Whitbourne. 1999, "Identity and Adaptation to the Aging Process", Carol D. Raff, Victor W. Marshall ed, *The Self and Society in Aging Processes*, Springer Publishing Company.

Tamsin E. Lorraine. 1990, *Gender, Identity, and the Production of Meaning*, Westview Press.

Thomas Scheff. 1994, "Emotions and Identity: A Theory of Ethnic Nationalism", Craig Calhoun ed, *Social Theory and Politics of Identity*, Blackwell.

Timothy W. Luke. 1996, "Identity, Meaning and Globalization: Detraditionalization in Postmodern Space-time Compression", Paul Heelas eds, *Detraditionalization: Critical Reflections on Authority and Identity*, Blackwell Publisher.

Warter Benjamin(박설호 편역). 1992, 『베를린의 유년시절』, 솔.

_____ (반성완 편역). 1983, 『발터 벤야민의 문예이론』, 민음사.

_____ (차봉희 편역). 1980, 『현대사회와 예술』, 문학과지성사.

_____. *Illiunination*, 이태동 역(1987), 『문예비평과 이론』, 문예출판사.

William B. Gudykunst. 1988, *Culture and Interpersonal communication*, SAGE publications.

Yi-Fu Tuan. 1977, Space and Place, 정영철 역(1995), 『공간과 장소』, 태림문화사.

Ross, R. and Telkamp, G.(eds) 1985, *Colonial Cities*, Boston, Lancaster, Dordrecht: Martinus Nijhoff.

Fernand Braudel. 1969, 「역사와 사회과학-장기지속」 신용하 편(이정옥 역), 『사회사와 사회학』, 1982, 창작과비평사.

池上 惇・植木 浩・福原 義春. 1998,『문화경제학』, 황현탁 역(1999), 나남출판.

· 저자 ·

원도연   · 약력 ·

1964년 남원에서 태어났다. 전북대 사회학과와 같은 대학
원에서 산업사회학으로 석사를 받았으며, 2001년 고려대
에서 〈도시문화와 도시문화산업전략에 관한 연구〉로 박사
학위를 받았다. 전북의 문화전문지인 〈문화저널〉에서 6년
여 동안 편집장을 지냈고 새전북신문에서 기획실장을 하
기도 했다. 지금은 전주시정발전연구소에서 연구원으로
일하면서 전북대 등에서 강의를 하고 있다.

도시문화와 도시문화산업전략

· 초판 인쇄	2006년 2월 10일
· 초판 발행	2006년 2월 10일
· 지 은 이	원도연
· 펴 낸 이	채종준
· 펴 낸 곳	한국학술정보㈜
	경기도 파주시 교하읍 문발리 526-2
	파주출판문화정보산업단지
	전화 031) 908-3181(대표) · 팩스 031) 908-3189
	홈페이지 http://www.kstudy.com
	e-mail(e-Book사업부) ebook@kstudy.com
· 등 록	제일산-115호(2000. 6. 19)
· 가 격	30,000원

ISBN   89-534-4672-4 93330 (Paper Book)
         89-534-4673-2 98330 (e-Book)